珍藏本
纪念版

汉译世界学术名著丛书

中世纪与文艺复兴

〔意〕欧金尼奥·加林 著

李玉成 李进 译

2017年·北京

Eugenio Garin

MEDIOEVO E RINASCIMENTO

本书根据 Gius. Laterza & Figli 1984 年意大利文版译出

汉译世界学术名著丛书
（120年纪念版·珍藏本）
出 版 说 明

2017年2月11日，商务印书馆迎来120岁的生日。120年前，商务印书馆前贤怀揣文化救国的理想，抱持“昌明教育，开启民智”的使命，立足本土，放眼寰宇，以出版为津梁，沟通中西，为中国、为世界提供最富智慧的思想文化成果。无论世事白云苍狗，潮流左右激荡，甚至战火硝烟弥漫，始终践行学术报国之志，无改初心。

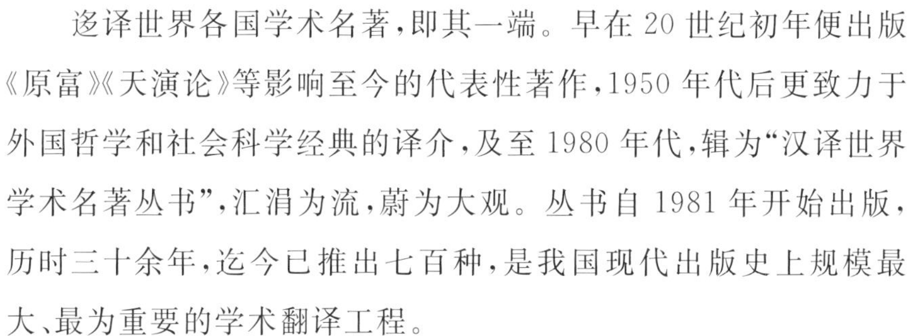

迻译世界各国学术名著，即其一端。早在20世纪初年便出版《原富》《天演论》等影响至今的代表性著作，1950年代后更致力于外国哲学和社会科学经典的译介，及至1980年代，辑为“汉译世界学术名著丛书”，汇涓为流，蔚为大观。丛书自1981年开始出版，历时三十余年，迄今已推出七百种，是我国现代出版史上规模最大、最为重要的学术翻译工程。

丛书所选之书，立场观点不囿于一派，学科领域不限于一门，皆为文明开启以来，各时代、各国家、各民族的思想与文化精粹，代表着人类已经到达过的精神境界。丛书系统译介世界学术经典，引领时代思想，为本土原创学术的发展提供丰富的文化滋养，为推动中国现代学术和现代化进程做出了突出的贡献。

为纪念商务印书馆成立 120 周年，我们整体推出“汉译世界学术名著丛书”120 年纪念版的珍藏本，寄望既利于文化积累，又便于研读查考，同时向长期支持丛书出版的译者、编者和读者致以敬意。

两甲子后的今天，商务印书馆又站在了一个新的历史时间节点上。我们不仅要铭记先辈的身影和足迹，更须让我们的步伐充满新的时代精神。这是商务人代代相传的事业，更是与国家和民族的命运始终紧密相连的事业。我们责无旁贷，必须做好我们这代人的传承与创造，让我们的努力和成果不仅凝聚成民族文化的记忆，还能成为后来人可以接续的事业。唯此，才能不负前贤，无愧来者。

商务印书馆编辑部

2017 年 10 月

译　序

本书作者欧金尼奥·加林(Eugenio Garin,1909—2004),佛罗伦萨大学、比萨高等师范学院教授,《文艺复兴》杂志主编。主要著作有:《意大利文艺复兴》、《意大利人文主义》、《中世纪与文艺复兴》、《从文艺复兴到启蒙运动》、《文艺复兴时期的人》等。英国历史学会前会长丹尼斯·哈伊教授在《近25年来对文艺复兴的研究》中说:"要了解文艺复兴的研究情况,必须回顾某些在二次大战前后出版的非常重要的著作和它们对后世的影响。这些作品主要由三个人所写,他们是汉斯·巴伦、保尔·克里斯特勒和欧金尼奥·加林。这三位学者构成从战前到战后的桥梁。"[①]加林几乎一生都是在佛罗伦萨度过的,倾毕生精力致力于文艺复兴的研究,积累了许多鲜为人知的15世纪的珍贵资料,体现了"近年来在指导文艺复兴研究中居统治地位的'巴伦—加林'路线,即重视对历史背景、政治形势和经济情况的研究"。[②] 改变过去只从文化的角度研究文艺复兴的做法。已往争论的焦点是中世纪和文艺复兴是否是两个"断裂"的时期,加林的观点是:既非连续,也非断裂。中世

① 丹尼斯·哈伊:《意大利文艺复兴的历史背景》,附录《近25年来对文艺复兴的研究》,三联书店,1988年,第253,255页。

② 《意大利文艺复兴的历史背景》,第279页。

纪仍未失去同古代文化的联系，但到 14 世纪出现了“跳跃”，只有在社会环境发生变化之后，文艺复兴才会发生。作者在本书中从中世纪晚期出现的思想危机，异教神话的影响，巫术和占星术的作用，柏拉图思想的传播等几个方面，说明这种变化。为了便于阅读本书，结合已翻译的加林和哈伊的著作，作扼要介绍。

“文艺复兴”这个词来自于意大利语 rinascere，意思是再生或复兴，是当时意大利人，特别是佛罗伦萨人对他们的历史思考的结果。认为文艺复兴重现了古代希腊、罗马的辉煌，而此前的中世纪是“黑暗的”。由此产生了“中世纪”概念，把欧洲通史划分为中世纪史和现代史，文艺复兴则被认为揭开了现代史的序幕——这一概念是在 19 世纪由瑞士人布克哈特提出来的。[①] 一般认为中世纪是神权统治的“黑暗”时代，而到 14 世纪才又重新发现了古代以人为本的灿烂文化，故称之为文艺复兴。但近百年来，很多历史学家并不认为中世纪是“黑暗的”，中世纪在文学艺术和自然科学方面，也有卓越贡献。作者在本书中认为，中世纪的神学使人类脱离自然，通过把人固定在原罪上来取消人性。教会谴责人生来有罪，不可能获得彻底解放。人即使处于“上升”时期，也会感到害怕，因为不久又将“堕落”。[②] 人只能在“孤独的修炼中”放弃一切。中世纪的哲学是一种固定秩序的神学，它本身已十分完善和永恒不动，人在其中并无任何意义，只能接受一切事先的安排，在神学统治的

① 《意大利文艺复兴的历史背景》，第 31 页。

② 参见欧金尼奥·加林：《中世纪与文艺复兴》，李玉成译，商务印书馆，2012 年。

地方，不再有理性的地位。

而文艺复兴时期的宇宙观是无限的和开放的，充满着一切可能性。新的哲学，从人的自由、意志和活动方面做出解释，要创造积极生活的尊严。人不能在对“原罪”的悔过中耗尽一生。当认识到宇宙是无限的时，一切都改变了面貌，大地和海洋都充满繁殖力，从“无限”中源源不断地产生新的物质。布鲁诺赞扬宇宙的无限“推倒了世界上所有的隔离墙”[①]，隔离墙的倒塌使生命力获得没有边界的自由。世界并非事先完全设计好的，而是可以通过人“奇迹般”地改变的，但这里既要有冒险精神，又要有良好的道德。新哲学的目的，在于建立属于人的王国：把哲学从神学中分离出来，把天文学从占星术中分离出来，把物理学从炼金术和巫术中分离出来，经过两个多世纪的争论，笛卡尔终于认识到所有的科学都在“宇宙数学”的统一性中，组成一部百科全书。[②] 人是具有工作愿望的活着的上帝。但这些“新哲学家”当时无一例外地遭受迫害，有的被监禁，有的被烧死，著作被列入禁书目录。在中世纪末期和新思潮的初期到来之前，存在着14世纪“被封闭的人”向“创造者”的跳跃[③]：人不再需要为来世忏悔，在他的面前已出现无限多的可能性。世界不再是僵化的模式，一切都是可以重新塑造的。它标志一个新时代的产生和历史的转折。

古代诗歌带来的思想危机。古代诗歌反映人的观念，把目光

① 《中世纪与文艺复兴》，见本书第160页。

② 欧金尼奥·加林：《文艺复兴时期的人》，李玉成译，三联书店，2003年，第198页。

③ 《中世纪与文艺复兴》，见本书第34页。

转向求助的人，而不是转向被求助的上帝，这样就产生了人文主义。荷马、维吉尔、奥维德、贺拉斯和卢克莱修的著作，投下了古代神话中人性的阴影，人从宗教的束缚中解放出来，并成为艺术创作的源泉。诗人戴着"童话的面具"，用幻想的谎言传播哲学真理。"思想被引导去发现新奇，盖上美丽寓言的面纱：教育懒惰的，激励胆怯的，规劝鲁莽的，惩治有罪的，赞扬优秀的。"异教徒写的诗通过幻想的形式，让人的形象和精神世界再现。它歌颂的不是上帝，而是自然和人，或者说按照人的形象塑造的神。神话中所有怪物都表明，人能够找到自己的神圣本性。诗人被认为是神的传信人，他能把神的旨意翻译成人的语言。但是，真神只能有一个，基督教的诗歌颂的是上帝；而异教徒的诗歌颂的是世俗生活，神话的内容与《圣经》不符：异教的众神与"真正"上帝相对立，真神与假神把人撕裂开来的紧张状态，贯穿整个中世纪。但丁《神曲》的每篇开头，都提到阿波罗神。这样，关于"诗"的一场大辩论爆发在薄伽丘时代，持续整个 15 世纪。[①]

在理智和信仰无法调和的情况下，15 世纪的佛罗伦萨，研究柏拉图成为一种时髦。认为亚里士多德止步于数据之前，他的世界观是封闭的、不动的和终极的。而柏拉图则要通过事物的表象寻找"灵魂"，或者说它的节奏、本质和美的闪光。而这种"灵魂"是"自主的运动"，并非"永恒的运动"。当感觉到事物的形式只不过是一个符号时，就可以超越它。"柏拉图主义是开放和能容纳各家之言的哲学，认识到任何选择的界限都同样地会受到自身的

① 《中世纪与文艺复兴》，见本书第 63 页。

排斥”。[1]“柏拉图给人以信心:证明人和上帝有相似之处,上帝的礼物就是爱”。[2] 希腊学者阿尔季罗普洛从1457年开始在佛罗伦萨大学任教多年。费奇诺翻译了柏拉图的全部著作并建立了“柏拉图学园”。数年之间,柏拉图的《理想国》一书有了四个版本。“亚里士多德提供了科学的手段,强调运用逻辑学;而柏拉图比他更高明,他用锐敏的智慧思考宇宙的秘密,企图破解上帝的心思。”[3]

对禁欲主义的批判,颂扬勤劳家庭。积极生活这个问题在14世纪以前的古代人和14世纪以后的现代人之间形成尖锐的对立。它首先表现在反对天主教教育中推行禁欲主义的原则上。在这种教义笼罩下,人们消极对待生活,不仅颂扬“童贞”,提倡独身,而且蔑视财富和荣誉。中世纪这些天主教义笼罩着尘世生活,引导人们走向荒野,寺院林立,僧侣成群。在15世纪的佛罗伦萨、威尼斯和米兰,大约有13%的妇女生活在修道院里。而人文主义者从古典著作中认识到积极生活的价值。“沉溺于睡觉、无所事事和闲聊,会使我们虚度光阴;致力于研究那些被忽视的学科,也许会改善我们的处境,但也可能使我们陷入灾难之中,但无论在任何困难的形势之下,我们都要安慰自己和相互帮助”。费奇诺说:“人是真正天生的雕塑家,他按照自己的形象塑造了子女,……此外他还建立了一个家庭共和国,他倾注了自己智慧和品德的力量来管理这个家庭。……最后,他还可以从妻子和家庭中得到甜蜜的安慰以

① 欧金尼奥・加林:《意大利人文主义》,李玉成译,三联书店,1998年,第10页。
② 《意大利人文主义》,第126页。
③ 《中世纪与文艺复兴》,见本书第55页。

减轻日常劳累之苦，这真是一桩伦理学的深刻实践。”瓦拉说，人的行为应当顺乎自然规律，“善”是顺乎自然行事的结果，而禁欲主义违反自然规律。布鲁尼说：“对外部物质财富的占有，提供了实施德行的机会。”“有的人不愿勤学技艺，努力工作，怎能赢得别人的尊重呢？”“只要不损害别人，凭熟练的技艺增加自己财富的人是值得称赞的”。“一个自由的市场可以使很多人富起来，为依靠自己劳动的人提供援助，改变好逸恶劳的习惯。”[①]在这些批判声中，长期束缚人们思想的禁欲主义逐渐瓦解了。到了 15 世纪中期，法官、商人和士兵终于抬起了头来。僧侣不再是道德的垄断者。

中世纪的人主要停留于“观察”，因为一切都是事先安排好了的，而文艺复兴时期已强调行动。巫术、占星术和炼金术就是企图采取行动的尝试，是一种同上帝较劲的“反叛”力量。它既包含古代迷信的残余，也是显示出“科学研究的曙光”。[②] 中世纪对巫术是严格禁止的，巫师被迫害。文艺复兴时期又有新的发展。这些人认为，自然界是统一的，它能与人合作，通过巫术、占星术和炼金术可以探索自然的“秘密”，“劝说”和利用它为人服务（如治病和改变命运）。人们遇到灾难已不再限于被动地忍受。随着科学的进步，巫师头上神秘的光环逐渐消失，但他们的行为也是企图展示人的能力的表现。

佛罗伦萨是文艺复兴的摇篮。丹尼斯·哈伊接受在 1375 年

① 《意大利人文主义》，第 83 页。

② 《中世纪与文艺复兴》，见本书第 171 页。

至1700年间存在着文艺复兴这一前提。承认这个文艺复兴在14世纪和15世纪从意大利开始，往后程度不同地扩展到欧洲其他地区。但它并非来自“突变”，城市国家的兴起、古代文物的发现、神权统治的衰落和资本主义的萌芽，为文艺复兴创造了客观条件。其发展有阶段性：但丁首次提出政教分离的思想，彼特拉克大胆地袒露爱情追求，薄伽丘揭露教会的腐败。随着薄伽丘1375年的去世，结束了以文学为特征的初期时代，为盛期文艺复兴的到来做了准备。萨卢塔蒂从1375年起担任佛罗伦萨共和国的文书长，迈出了坚实的步伐。新文化进入了一个新阶段。文艺复兴的伟大意义并不在于复古，而在于创新；它的许多杰作都大大超越了古人，并且其涉及的领域也不仅仅在文艺，人们在政治、经济、科技、历史和地理等诸多方面都有重大的创造和发现。它引发了宗教改革，为启蒙运动奠定了基础，是近代史的起点。

继文学之后，艺术也出现空前繁荣。教会对雕像、祭坛画、教堂装饰的需求非常之大。但对于如何画《圣经》故事，并无明确规定，画家们由此获得“创作自由”，[①]产生自然主义和高雅风格。拉斐尔、达芬奇和米开朗琪罗是这一时期的杰出代表。到15世纪末和16世纪初，当意大利遭受外族侵略时，文艺复兴向欧洲传播，并逐渐接近尾声。[②] 这种17世纪尚存的绘画、建筑和音乐中的一致性，直到18世纪初才被另一种新的一致性所取代，这时进入了物理学地位不断上升，工业以农业为代价发展起来的时代。“文艺复

① 《文艺复兴时期的人》，第258页。

② 《意大利文艺复兴的历史背景》，第109页。

兴”一词的含义并不确切，因为当时文学和艺术的繁荣有自己的创新，并非古代文化的“翻版”。文艺复兴是一场巨大的革新，对现代意识的形成产生了重要影响，不能以只有“少数人参加”来否定其重要性。它不仅是艺术家们的时代，也是科学家们的时代。通过对人文科学的学习，人们再不盲目崇拜过去的权威。随着神学化哲学框架的破裂和经院哲学空谈的消失，对各门学科的具体研究开始充满活力，蒸蒸日上，从这里升起了现代科学的曙光。[①]

地理因素对意大利产生了很大影响。如果说阿尔卑斯山和海洋给意大利带来统一，亚平宁山就破坏了这种统一。亚平宁山脉从北向南，像一个鱼背，非常适合于容纳彼此差别很大的地方势力集团。因此，在意大利各地之间的冲突比其他国家多，他们之间一旦产生政治隔阂，冲突就变得旷日持久。14 世纪是一个经济衰退的时期。人口减少，农业和工业生产下降，特别是在佛罗伦萨表现得尤其明显。1348 年又爆发了黑鼠疫。战争和灾难使人们更强烈地需要思考。罗马帝国时期有两样东西被保留下来：一是罗马法，二是城市。罗马人的城市到了 9 世纪和 10 世纪又再次复兴。意大利政治生活的核心是在城市，而不是在乡村的城堡里。14 世纪时，意大利第一次可以自己走一段相当长的路，从而摆脱从 11 世纪以来从未间断过的西罗马帝国皇帝同教皇之间的战争干扰。1309 年，教皇克莱门特五世移居到法国的阿维尼翁城，以后的 70 年间，他的继承者们都把阿维尼翁作为他们的首府。14 世纪意大利在政治上的发展受到的限制较小一些。14 世纪，除了一些小国

① 《意大利人文主义》，第 216 页。

家以外，相继出现了五个大国：那不勒斯王国、教皇国、威尼斯共和国、佛罗伦萨共和国和米兰公国。它们在15世纪期间共同控制着意大利的命运。他们之间的斗争是激烈的，并各自寻求国外援助，并导致1494年法国的入侵和1527—1559年法国和西班牙在意的争夺，最后以拿破仑的占领而告终。直到19世纪中期以后，意大利人才开始管理自己的国家。然而，1453年面对君士坦丁堡的陷落以及土耳其的威胁，又促使米兰和威尼斯于1454年签订《洛迪和约》，佛罗伦萨、那不勒斯和教皇国也加入了进来，目的是相互承认和保持现有边界，共同对付外来侵略。《洛迪和约》签订后的40年间，被认为是意大利历史上的和平、安定时期。各国之间不是通过战争，而是靠精心策划的外交和文化活动来促进各自的利益。"当时意大利大大小小的国家都成为丰富多彩的文化中心。"[①]

14世纪的佛罗伦萨共和国，贵族被排斥在权力之外。政府建立在行会的基础之上，而在大行会里富人又居统治地位。税赋往往就是一切政治纠纷的根源。坚持根据土地和商业收入按比例征税的政策，是佛罗伦萨在15世纪上半叶政局稳定的主要原因。毛纺业同银行界的结合使不少佛罗伦萨人富了起来，但同时也使很多人沦为无产者，1378年发生了梳毛工人罢工，没有任何一个城市出现过如此明显的社会分化。商人已成为资本家的先驱，并把经济实力转变为政治权力，美第奇家族实际统治佛罗伦萨60年(1434—1494)，同时也成为文艺事业的促进者。商业活动塑造了

① 赫·赫德和德·普·韦利编：《意大利简史》，罗念生、朱海观译，商务印书馆，1975年，第150页。

中产阶层，是激发活力和创造精神的酵母。文艺复兴对生产力提出了新的需求，所有的城市当局，都通过建筑物向公众展示它们的权威，如市政大厦、教堂、高级住宅、广场、雕像、图书馆等。这些“文化投资”使意大利在14世纪更快摆脱经济衰退。

15世纪的作家和艺术家们都把塑造崇高的人作为重点。绘画中的革新表现在打破了中世纪以神为中心的传统，开辟了以人为中心的写实主义道路。中世纪把人的肉体视为罪恶的根源，画中人物表情痛苦，鄙视尘世，向往天堂，充满禁欲主义气氛。到了文艺复兴初期，绘画虽仍以宗教题材为主，但已可以看到圣母脸上露出笑容，圣婴充满生气，并开始把绘画建立在透视学和解剖学的基础之上，艺术家也从手工艺人中分离出来，地位大大提高，并留下不少传世佳作。雕塑中米开朗琪罗的《大卫像》所表现的爱国主义精神，极大地鼓舞了佛罗伦萨人民。建筑方面追求整体的和谐、稳定，力求对称，并将设计建立在数学和透视学的基础之上；多采用古希腊罗马时期的柱式结构；窗户和门为方形或半圆拱，不再是尖拱形；空间不再用装饰性图案和镶边塞满，而是让它空着，给人以朴素大方的感觉，如佛罗伦萨大教堂圆顶和维琴察的“圆厅别墅”等。

但雕刻、绘画和建筑中出现的新气象，仅仅是容易看到的一部分。文艺复兴的兴起，首先在于人文主义的内涵。通过考古，唤起对学习古典著作的兴趣，随着古希腊—罗马世界的发现，把历史和与之相应的人类崇高精神，向前延伸了10倍或20倍，感到古典文化仍然是进行道德教育的源泉，从而对古典著作的收集超过过去任何时代。通过航海，人们的眼界进一步扩大，除了地中海之外，发现还有大西洋、太平洋和印度洋；与欧洲并存的还有美洲、非洲和亚洲。不同地区的人不仅身体情况不同，而且文化上的差异也很大。欧洲人开始认识到文化的多样性。[①] 在15世纪的意大利，曾经有过一场关于人文科学价值的激烈争论。人文主义者认为，一切精神生活都有它的根基，人文学科是精神生活的基础。皮科洛米尼说："自然科学过于重视人的身体，而轻视人的内在品德。""热心学习的人往往只从物理、数学和形而上学方面获得知识，而扔下了对我们来说最重要的学科，即我们借以掌握生活的艺术——掌握通向德行和良好风尚之路的学科，而只有这样的学科才会把我们引向快乐和幸福"。"难道有谁感觉不到，一旦人们缺少人文主义艺术，生活不仅变得残缺、贫乏，而且甚至比许多动物更卑劣吗？"[②]因此，应当重视对人文学科的学习。

历史可以使人在同过去的对比中，认识人生的价值。没有历史学家的佐证，伦理学家的格言就将成为空洞的教条。要超越时间和空间，"谦逊地"倾听不同时代的思想家的声音，从他们的真实环境里出发，去理解他们的作品。值得重视的并不是抽象的人，而是一个活生生的具体的人，要从时间和空间的坐标上找到他，同时也定位我们自己，看到我们同他之间的距离和人的面孔发生的变化。亚里士多德是个伟大的人物，但他的理论仍是历史的产物，取决于某些先决条件。"真理是时间的女儿"，看到人类业绩价值的阶段性。但历史不是循环运动，而是"获得自由的进程"，摆脱那种

① 《文艺复兴时期的人》，第325页。

② 《意大利人文主义》，第53页。

认为世界是固定不变的、等级分明的和最终确定的形象。

文学的价值在于能塑造人的灵魂，医学只能“修理”人的身体。她能用虚构的故事引人入胜，不用哲学的枯燥语言，教育更多公众。使人性“受牵引而向上”，她敲开人们的心扉，唤醒沉睡的精神，指出通向智慧之路。布鲁尼说：文学和科学是相辅相成的，有文学而无科学就会显得空泛无力；有科学而无文学会显得隐晦和暗淡无光。语言学是一个批判的行为，把一切文献都置于时间的坐标之中，还历史的本来面目。修辞学是一种说服人的艺术，只有通过有说服力的语言，才能对人进行真正的教育。要重新“点燃人们心灵中的火焰”。对待不同的人，要用不同的语言诱导。在尊重人的情况下，通过简化、明白和易懂的语言，“劝人去做有利于国家和改恶扬善、消灾避祸的事情”。要用优美的语言描绘真理，“善于在盛着良药的杯子边上涂上香甜的醇酒”。逻辑学是一门工具，像铁匠的铁锤，把粗糙的铁打得越来越完善。

法学是社会生活的灵魂。正义的原则是永恒的，它是一切法的基础。对法的重视，助长了知识分子的世俗化倾向。它不是把人引回圣经，而是引向法典。越来越多的人学习目的，不再是成为神职人员，而是成为律师、公证人和官员。

文艺复兴的本质在于它的人文主义本原。14 世纪和 15 世纪的佛罗伦萨是人文主义的摇篮。“人文主义者”这个词的产生在 15 世纪中期，学生们称教“人文学科”的教师为“人文主义者”。彼特拉克是人文主义创始人，经过萨卢塔蒂、布鲁尼、波焦和马内蒂得到发展。

人文主义者主张加强对人的研究，提升人的价值。人的历史、人的命运、人的形象和人的身体本身应成为关注的中心。彼特拉克说：人应该成为研究的主题。“有人对野兽、飞禽和鱼类的事情知道得很多……而对人的本性一无所知，不知道我们从何处来，往何处去，以及为什么生活，这到底有什么好处？”[①]认为人人生来平等，反对以出身、门第来决定个人社会地位的封建等级制度。个人的社会地位应主要根据他的品德和才能来决定。用忍受和哭泣的态度来对待厄运，是怯弱的表现。自然和命运的局限性并非是盲目的和不可克服的，人可以通过计算来认识这种局限。人的价值在于能工作、创造，让大自然规律为人服务。当人们获得这种共识时，新的时代开始了。

人文主义者强调道德的作用，“道德”不是依靠遗传得来的“善”。要追求建立“良好的风俗和生活准则”，节制的态度是处理内心冲突的理想手段。即使在不幸中，道德也具有绝对权威，给人以荣誉和教育。道德首先是人与人之间的“真诚关系”，失去相互信任之后，任何人都不再有生活的准则。伦理学也将随时间而变化，它与人的生存条件的不稳定性密切相关。即使自然和命运阻碍道德的发展，道德也总是胜利者。在道德教育中，宣传爱的作用，认为爱像太阳一样，给万物注入生命。皮科认为：“和平”或“和谐”的基本条件是真理的统一性。[②] 爱的力量优于抽象的知识。“当你作为爱的象征，而不是作为理论象征的时候；当你表现为爱

① 《意大利人文主义》，第 23 页。

② 《意大利人文主义》，第 103 页。

人，而不是表现为被人认识的时候，你的形象就更加光彩夺目。这就是为什么有时用理智难以得到的东西，可以在欢乐中用瞬间的爱得到”。理智的爱不再认为人单纯保存自己就是合理的。而应当把自己奉献给别人，融合在丰富多彩的洪流中，和被爱者融为一体。爱像阳光，给万物注入生命。“在对人类生活所作的道德教诲中，最重要的是关系到国家和政府的那部分，因为它们涉及为所有人谋幸福的问题。如果说为一个人争取幸福是件好事，那么为整个国家争取幸福不是更好吗？幸福覆盖的范围越广，这种幸福也就越神圣……。”真正的道德是旨在为公众谋利益的行为。“除了使家乡更幸福，共和国更昌盛的行为之外，再没有任何别的行为是伟大和崇高的了。人类最值得称颂的事情，不外乎为了国家的富强、城市的优美和为公众的利益而进行的活动。”[①]。

在宗教问题上提倡宽容。费奇诺认为不同的宗教只是表达的方式不同，真理是唯一的，要从宗教的僵化的文字和仪式障碍中解脱出来，不同宗教之间存在深刻的一致性，一切形式的宗教祈求，都是人性的表现。希望在对“善”的崇拜中实现宗教的和平。文艺复兴时期对宗教真正持淡漠态度的人还是极少数，而这种态度更多地来自于商人而不是来自于学者。[②] 人文主义者不拒绝宗教，只是要求哲学与神学脱离。马基雅维里说，从世俗的观点看，教徒们对天堂的向往也被认为完全是一种世俗的现象，它同各种极其广泛的社会问题有关。

① 《意大利人文主义》，第 65 页。

② 《意大利文艺复兴的历史背景》，第 131 页。

最后说一下人文主义(humanismo)这个词，在某些辞典上既注解为人道主义，又注解为人文主义，常常引起混淆。但实际上人文主义不同于人道主义，后者作为一种道德规范，到了19世纪末才出现。罗素在《西方哲学史》中分别用humanismo表示人文主义，用humanitarianismo表示人道主义。[①] 人道主义一般用于当某些人处于困境或当了俘虏时，呼吁应当像对待人一样对待他们，也就是救死扶伤，扶贫济困，并经常同教会合作。而人文主义“首先针对宗教神学中的禁欲主义”[②]，强调汲取人类文明，弘扬奋发图强精神，不接受神或命运的安排，称“人是尘世间的上帝”，对教会的腐败往往持批判态度。

我是原驻意大利使馆参赞，在意工作多年。早年在罗马留学时就听说加林以《意大利人文主义》一书而闻名于世，后来认识了他，并有过多次交谈。他已于2004年去世。本书在翻译过程中，在资料方面得到加林教授的朋友萨拉·博内基博士(Dott. ssa Sara Bonechi)的帮助，在拉丁文方面得到经贸大学的阿乌西利亚·贝洛莫教授(Prof. ssa Ausilia Bellomo)的帮助，在希腊文方面得到前驻希腊大使杨广胜同志的帮助，在此一并致谢。

李玉成

2010年8月31日　于北京

① 参见张椿年:《从信仰到理性——意大利人文主义》，浙江人民出版社，1993年，第142—155页。

② 参见朱龙华编著:《意大利文艺复兴》，商务印书馆，1964年，第28页。

目　　录

初 版 前 言

这里所收集的文章大部分写于 1950 年至 1953 年之间：其中 3
包括报告会上的讲话，在某些场合发表的文章，以及为了确定某些
部分研究成果所写的注释。因此，此书在语调上和衔接上有不一
致之处，指出这点并非为其不足之处辩护。其中的某些篇章值得
高度关注，有些观点需要再次证实，或进行修改或确认。但此书总
的情况是，保持了初稿的原始状态，出版时仅增加了一些注释，引
文出处和参考书目录。[①] 这段时期在其他地方所发表和收集的相
同材料，就不在此作介绍。

关于多纳托·阿恰约利（Donato Acciaiuoli）的大量情况介绍 4

① 第一部分的第 1 篇和第 4 篇文章，从 *Dal Medioevo al Rinascimento*, Sansoni, Firenze 1950 一书中复制；第 2 篇文章见杂志《Paragone》di Roberto Longhi, a. III, n. 32, agosto 1952, pp. 3－15；第 3 篇文章见《Rassegna della Letteratura Italiana》del 1953, n. 4；第二部分的第 3 篇和第三部分的第 2 篇和第 3 篇，曾分别发表在《Belfagor》, nel 1950 a pp. 657－67, nel 1951 a pp. 289－301, nel 1952 a pp. 272－89；第二部分的第 5 篇文章曾发表在《Rivista critica di storia della filosofia》del 1951, fasc. 2；第二部分的第 2 篇文章，我在 1953 年为《Archivio di filosofia》写修辞学评论时作了一些修改。第三部分的第一篇文章，按 1950 年在《Rinascimento》中发表的原文出版，只有少数几处有更改。最后，第二部分的第一篇文章，是 Ricciardo Ricciardi 出版社的文集《la Letteratura Italiana. Storia e testi》中 *Prosatori latini del quattrocento* 卷的序言。我的已发表的著作能再次出版，对此我对 Sansonit 和 Casa editrice Sansoni 出版社，以及有关杂志表示衷心感谢。

则几乎是全新的，其中大部分材料都是至今没有使用过的。阐明它对了解 15 世纪佛罗伦萨关键时期的文化，并非没有益处；从中可以看到，这段时期修辞学的散文形式已发生了深刻变化。

这些研究的显而易见的目的毋庸多说：一方面要在某些关键问题上深入探讨 15 世纪人文主义同前几个世纪文化的关系；另一方面要从两个根本方向弄清楚 15 和 16 世纪思想史的有效贡献：人文学科和自然学科。要考虑到当时在“文学”的标题下涵盖了所有语言学科（从语法到逻辑）和所有经济、伦理、政治的道德学科的情况。

为此目的，坚持认为在 14 世纪的“学院派”中进步的和缜密的思考，同完全不同的、全新的、具有争议的人文主义文化之间，存在着模棱两可的关系。首先对于某些有相当专业造诣的学者们来说，他们否认这种对比的合理性，认为“学院派”的“哲学”同文艺复兴时期的人文主义是两种性质不同的东西，而反映出关于人的新观点，存在于人文主义之中的学院同现代世界的科学和哲学之间的“连续性”，是成熟于“学院”之外的。可以说，只有并非在“经院学派”范围内成熟的关于人的观点，才对思想方法和研究方式产生强烈的影响。只有那种以不同的方式理解人同世界的关系的文化，才能有效地利用学院派缜密的思想方法，而这种方法在它们过去传统的采用中却常常劳而无功。

5 正如过去那样，强调人文主义并非“哲学”现象，它完全是文学和修辞学的；人文主义者仅仅是教讲演术和语法的教师，[①]这首先

① “人文主义”这个词的形成，如同其它类似词汇一样，在“经院学派”的语言中表

意味着要平息而不是讨论某种哲学的观点；意味着在一定时期还看不清“人文学科”、“修辞学”和“文学”的意义。还意味着忘记了那场文化运动首先产生于“学院”之外，产生在活动家、政治家、君主、共和国文书官，甚至雇佣兵队长、商人、艺术家和手工业者之间。它通过逻辑和道德课进入“学校”；通过新的语言建立新的关系。对于某些历史学家来说，哲学就是中世纪学院派的极其伟大的“神学”，但是在那些日子里他们的教室却日益显得空旷无人，对教师讲话的回音也越来越弱。经过多少世纪，伟大的世纪，人的思 6
想都首先沉浸在对宗教哲学的研究中，并在这样的梦幻中观察一切，现在人的理智却极力转向“诗人”，转向城市，转向被征服的自然界。如果说想脱离宗教来看中世纪的哲学是愚蠢的话，那么同样愚蠢的是没有看到文艺复兴的哲学是围绕以伽利略和维柯的著

示教“人性”的教师。对此可以参阅：Augusto Campana：*The Origin of Word*《*humanist*》，《Journal of the Warburg and Courtauld Institutes》，IX，1946，pp. 60－73，和 P. O. Kristeller，*Umamesimo e scolastica nel Rinascimento italiano*，《Humanitas》，V，1950，p. 20 dell'estratto（并参阅英文原著：《Byzantion》，vol. XVII，p. 366，n. 62）。在那两位杰出的学者研究的基础上，还可以增加一个罕见的有趣例子。在比萨大学保存的文献中，有一份 1525 年 7 月 4 日的草稿（Arch. di Stato di Firenze，Ufficiali dello Studio，n.7：《Miscellanea di documenti riguardanti lo Studio Pisano，1472－1568》，c. 122），其中写道：“佛罗伦萨大学的一位人文主义者和比萨大学的一位杰出哲学家的迫切需要”。人文主义者是 Lampridio，哲学家是 il Nifo（参阅 c. 119，13 giugno 1525：《... ne advisate di quanta importantia，honore e utile del nostro studio dover essere il Sexa Pholosopho excl. mo et hoggi in Italia unico，et tanto più accresciutogli di reputation per la morte del Peretto，la quale ancora ne significate...》）。在这里，难道对于人文主义学科，我们就不能谈论哲学和哲学思想的重要发展了吗？暂且不谈在 15 世纪的“人文主义者”是所有逻辑和道德学科的教师，难道我们对文化史的任何评论都要从属于大学的设置吗？特别是在某个时期，例如在引人注目的佛罗伦萨，许多重要人物的活动都在“大学”之外的时候。

作命名的“新科学”进行思考的。古代神话从它的出现之初，就奏出了“异端”的声音并非偶然，它不仅是渎神的或无神论的或反基督教的，而且还因为它企图用学习研究的方式获取灵感，这种过去曾毫无顾虑的做法，几个世纪以来如今已成为文化的中心。当其要从彼得拉克和萨卢塔蒂的著作中寻找新知识的曙光的时候，并不想描绘一幅血缘的家谱，以此说明某条物理学的定义或某种逻辑的形式来自于某篇政治或艺术著作。而是想说明这是一种不同的感觉和思维方式，不同的人的意识，人开始意识到他在世界上的地位，缺少这点就无法解释某些兴趣和立场所发生的深刻变化。卡西尔(Cassirer)说这番话并非偶然，他写道：“在人文主义的意识中，有许多过渡到……自然科学和数学复兴的征兆。”[①]但是，如果要避免泛泛而谈，想进行具体研究的话，就不要在旧的观点面前停步不前，一开始就轻率地说我知道，把它归结于修辞学或逻辑—辩

① G. Preti 在他的著作 *Dialettica terministica e probabilismo nel pensiero medievale*, nel vol. Miscellaneo su *La crisi dell' uso dogmatico della ragione*, Milano－Roma 1953, p. 97 中，正确地指出：“说现代科学的产生缘于晚期经院学者对物理学的研究，这是真的，而且是非常真实的；但是，同样真实的是，这种情况能够发生，因为‘真理’的概念已发生了深刻的变化，知识的分类和对方法的认识，也发生了深刻的变化。”确定真理的概念本身如何发生“深刻变化”的，与发现经院学派晚期的贡献，当然还是卓越的贡献相比，并非不重要。但是，首先重要的是不要混淆立场，其中除了某些相似之处外，还存在本质上的前景的差别。仍然在 Preti 的引用过的著作中，第 81 和 86 页，有效地指出人文主义者在经院哲学的适时“衰落”中某些方面的间接影响，以及在新方法的采用中也会产生旧的结果；但是，他首先明确指出在所谓的中世纪的“先行者”同现代科学家存在的距离。现在来对“那个机智的，而不是感觉的、迷信的、引用(常常是可笑)权威的大海”做出评判，也许会有失公正，而这正是那些人文主义者们不加区别地对“野蛮人”表示憎恨的做法。在 14 世纪的经院哲学中无疑可以找到“Loke... e D. Hume... e gli empiriocriticisti moderni”(cfr. G. Martano, “La Parola del Passato”, fasc. XX, 1951, p. 400)!

证讨论与探索的结果，或人文主义者们对历史和语言的研究。而是要不受是与非的困扰，从留下的或明或暗的遗产出发，从对文艺复兴长期的和“无偏见的”争论出发：这就要摆脱长期以来明暗对立的观点，因为这种观点带着隐蔽的，并非总是有根据和恰当的宗教斗争；要理解思想和生命的不同形式，以及某些问题的消失和新的问题的出现，理解生活（包括宗教生活）的不同方式，还应当“感觉”到生命和死亡的永恒“问题”①。为应对这些问题，并不缺少某些人——正如有人认为的那样——经过深入思考，按照形而上学和古典逻辑的原则构建了庄严和系统的工程，这样的人是比继续折磨我们的苏格拉底的幽灵或比已故的修辞学教授维柯更伟大的“哲学家”。不这样想，就必然是一个新浪漫主义颓废派的“献媚者”或一位伪存在主义者。

由于话题又回到了“哲学”，还不能确切地说，不是“哲学”教授 8
的人文主义者们就不想从事哲学研究。自从彼特拉克以后，他们很清楚在他们的学校里已发生了深刻的革新。当然，他们的哲学是“道德的”、“市民的”和逻辑的；但当他们知道这个以后，不再相信已指出的界限：他们相信从他们的学校中将产生自由的人性，具有这样人性的人将能够真正解决生活的问题：“在自由城市中的自由人。”②今天很容易嘲笑那些强调瓦拉或拉莫（Ramo）的“哲学”

① 参阅 A. Tenenti，*La vie et la mort à travers l' art du XVe siècle*，Paris 1952. Un'efficace presentazione di certi temi in R. Spongano，*L' umanesimo e le sue origini*，“giorn. st. d. lett. It.”，CXXX，1953，pp. 289－310.

② 正是 Leonardo Bruni 发出对道德科学的呼吁：“at vero haec altera philosophia tota，ut ita dixerim，de re nostra est”. Ed è，in pieno，*philosophia*.

作用或分量的人：但是这种嘲笑并没有考虑到那些崇尚古典的在西方思想史中所起的作用，他们以不敬的和反传统的文章，动摇了被称为亚里士多德或神圣的“经院派”学者们的古老“权威”。因为这也是真的，即使有些人不情愿，在公正无私的语言下所有最确定的公共场所保持住了起码的尊严，正是在重返古代的过程中，产生了最鲜活的历史感觉[①]。

9 波利齐亚诺除了是一个才华出众的诗人以外，还是当时思想最敏锐的作家之一，他的闪烁着智慧的幽默作品《巫婆》打开了关于《最初分析》的逻辑进程，对于那些认为他是一位受哲学干扰的，不守本分的语法学家的人来说，这部作品展示他的新的哲学思考方法：这就是“批判”，正如他所指出的那样，是人的对话的科学，参与者有诗人、历史学家、演说家、哲学家、医生和法官。

为满足已经成熟并掌握权力的阶级和社会的需要，产生了人文主义，首先是对人进行新的教育的人文主义学校。从那样的文化繁荣中涌现出令欧洲景仰的作家和艺术家，以及以伽利略和维

---

① 在许多例子中，请参阅 l' inizio del de republica di Uberto Decembrio（ms Ambros.，B. 123 sup.，c. 80 r）：“ si animalium reliquorum naturam constitutionemque considerem，arborum pariter et herbarum plurimarumque rerum，quas eadem natura constituit，una ferme vivendi lege et inviolabili ordine cuncta perspicimus. Quid enim aliud，in his omnibus quae nostris Mundus offert aspectibus，intuemur nisi quod ab eterno fuisse in futurumque fieri debere verisimiliter opinaremur ? Hominum vero longe est diversa conditio，ut morum alternatio，urbium ac locorum mutationes docent. Hinc etenim earundem excidia constructionesque，religionum linguarum vestimentorum consuetudinum nivarum in dies ac studiorum omnium multiplices instabilitates cernimus. Nova etenim simper moliri，et vetera tanquam fastidiosa diruere，mos est...”.

柯命名的新的科学。

对这本书中收集的文章,存在着不同的和持相反意见的批评:其中除了更深入的探讨之外,也有一些华而不实的,非理性的和甚至是埃尔梅特式的神秘看法。尽管在对文艺复兴的研究中存在这样的风气,也许记住某些篇章的观点还是有益的。如卡塔内奥(Cattaneo)写的关于文艺复兴时期佛罗伦萨文明的文章,对此,这本书在后面还会更多地谈到。“托斯卡纳地区的,特别是佛罗伦萨的城市特征是:市民的,甚至底层平民的尊严和权利意识非常普遍,……佛罗伦萨的手工业者在欧洲率先具有科学文化意识。机械技术内在地同美术结合起来……眼睛和手准备着最早的智慧科学因素,整个思想进行了事先的梳理,不做狂妄和无益的沉思,而关注培根后来所说的‘积极的科学’(scientia activa)……。这就是推动现代欧洲超越古代,超越中世纪,超越不动和僵化思想的真正内在动力,……当它作用于整个社会生活以后,便成为文明世界共同信奉的进步观念。”按照卡塔内奥的精辟概括,“科学的生命源泉并不在逻辑学和经院学者们的缜密考证中,也不在笛卡尔的怀疑论中,”而是在与政治家们的文明知识紧密联系的伽利略的理论 10
中。“从对托斯卡纳城市充满长期热爱中诞生和成长的大学,不可能脱离自然界事件;但是……她是内在扎根于人类社会的事件中的。”对卡塔内奥来说,维柯的名字是这条路线结出的果实,并非偶然。一个世纪以前,在谈到这方面的研究时,他曾深刻地指出:“学者们希望从我们城市内部完成这种实验科学源泉的研究。”

此书后面篇章的中心是介绍佛罗伦萨的文化生活,并把它作为一个在确定的时期,深入探讨某些确定的,有时并非深奥的问题

的切入点，希望这样做至少有利于阅读某些新著和某些还不太知名的文献。

佛罗伦萨　1954 年

第 一 部 分

第一章　中世纪思想的危机 13

弗伦茨·博尔在他的学术讲演关于《沉思的生活》中，称赞希腊人天才智慧的典型成果之一，就是提出崇尚纯知识生活的哲学主张①。这样，就把亚里士多德在梭伦的关于理论需要同实践推动（κατ'έμποpίαν ἅμα καί κατὰ θεωpίαν）相联系的纽带割裂开来②。欧里庇得斯雄辩地说："掌握实证科学的人是幸福的……，他聚精会神思考的是：大自然经久不衰的秩序是如何构成的，它来自于何方和通过什么途径。"③

11

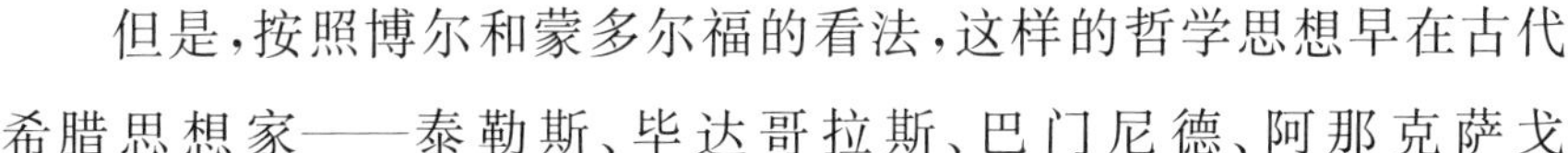

但是，按照博尔和蒙多尔福的看法，这样的哲学思想早在古代希腊思想家——泰勒斯、毕达哥拉斯、巴门尼德、阿那克萨戈

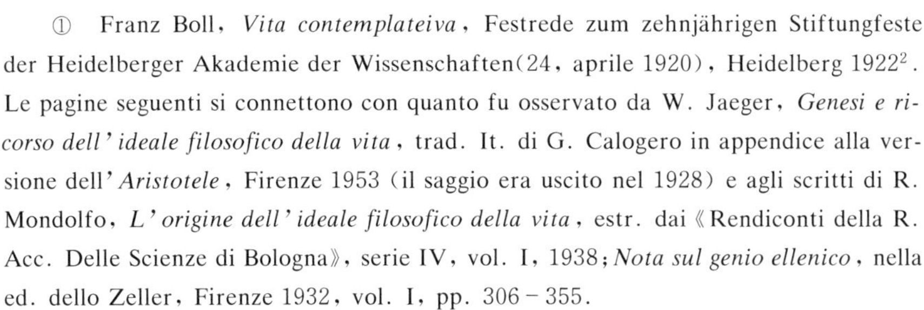

① Franz Boll, *Vita contemplateiva*, Festrede zum zehnjährigen Stiftungfeste der Heidelberger Akademie der Wissenschaften(24, aprile 1920), Heidelberg 1922[2]. Le pagine seguenti si connettono con quanto fu osservato da W. Jaeger, *Genesi e ricorso dell' ideale filosofico della vita*, trad. It. di G. Calogero in appendice alla versione dell' *Aristotele*, Firenze 1953 (il saggio era uscito nel 1928) e agli scritti di R. Mondolfo, *L' origine dell' ideale filosofico della vita*, estr. dai《Rendiconti della R. Acc. Delle Scienze di Bologna》, serie IV, vol. I, 1938; *Nota sul genio ellenico*, nella ed. dello Zeller, Firenze 1932, vol. I, pp. 306－355.

② 'Αθηναίων πολιτεία, XI (ed. Blass-Thalheim, p. 12, 8－9): άποδημίαν έποιήσατο κατέμποpίαν ἅμα καί θεωpίαν είs Αίυπτν. Cfr. Mondolfo, *L' origine dell' ideale filosofico cit.*, p, 4.

③ Fr. 910 Nauck, in Mondolfo, *op. cit.*, pp. 10－11.

拉——中，就早已存在。耶格力图证明：那些走路时眼睛望着天上
14 的星星，在特拉齐亚侍女们的哄笑声中坠入井里的智者们的形象，是仅仅在柏拉图之后，并且在柏拉图主义影响之下才被描绘出来的。“崇尚（βίος）知识生活的主张应当来自于柏拉图，这是他的伦理学决定的，他比较了不同类型的生活方式，最后选择了最好的生活方式”①。实际上，正如蒙多尔福所说的那样，柏拉图明确地说过：一种理论“如果不关心与尘世生活兴趣相对立的与心灵的联系，它就不可能成立；这就是把身体和心灵之间的象征性对立命题作为出发点，把挽救心灵的愿望作为出发点”；挽救就是一种分离，要走另一条路（ὁδός），另一条生命阳光之路（ὁδός του βίου），通过解放和完善对本质的洗涤（κάθαρσις），使本质重新回到它的住处，回到它的自然的地方②。“对于那些从不关心为自己的心灵提供善和美的人，我不愿意为他祝福（μακάριος），而宁愿告诉他：他将为看守别人的财富而终其一生”。这是埃皮卡尔莫的一段名言③。

埃皮卡尔莫、欧里庇得斯、柏拉图，他们的语调虽然不一样，但他们的基本观点是一致的，这就是：尘世的流放、分离、回到真正的家园；作为一个时间上短暂的过客，他原先已经是完善的存在物，他的此生是没有意义的，并且注定要返回自己原先的住地；崇高并非为世俗的杂务忙碌，而是在于看到神秘的仪式（ἐπόπτεια），它使

---

① Jaeger, *op. cit.*, pp. 563 sgg.; Mondolfo, *op. cit.*, p. 5.

② Mondolfo, *op. cit.*, p. 19.

③ Cfr. Anche il fr. 198 Nauck di Euripide, che reproduce in parte questo fr. di Epicarmo, B 45 Diels〚Diels-Kranz, 1951[6], I, p. 205〛= 297 Keibel (Mondolfo, *op. cit.*, p. 12).

我们从世俗骚动的“享受生活”(βίos άπολαυστικόs)和“政治生活”(βίos πολιτκόs)的浊浪中分离出来,恢复永恒和洁净的本质。埃尔梅特式的神秘看法也征服了“伊壁鸠鲁,他对他的门徒墨特罗多罗口授或启示这样一句话:

你要牢记,虽然你生性是要死的,生命是有限的,但是你通过 15
对大自然的思考,认识无限和永恒。你要深思:

它现在是这样,未来是这样,过去也是这样。”①

最后这句话是重要的,因为它表明关于智慧、神圣、分离和短暂的理念,在某个时期如何滋养着希腊人的生活,包括可悲的经历和政治上的失败;但是它在理论上更深刻的根源,不用到实践的危机中去寻找,而是存在于“使不朽大自然的经久不衰的秩序”中,思想对这样的秩序进行沉思,存在的观点不影响存在,因为存在的是存在本身,在自己和关系到自己,是思想的思想和自主的运动,因此它是永恒的,自身是封闭和牢固的,奇妙的和完善的一体,瞬间是永恒和总体的同一。幸福的诗人们(Ολβιos μακάριos)唱道,歌颂智者拒绝自己的人性和在实践中压迫他的死亡,而为了模仿在沉思中认识绝对的存在,让任何特殊的、零碎的个性,消失在统一的整体中。②

① Mondolfo, *op. cit.*, pp. 25－26;E. Bignone, *Epicuro*, Bari 1920, p. 150.

② Un alto senso del valore del sapere aleggia nei versi di Tolomeo, che il Boll citava in *Studien über Cl. Ptolemaeus*, 《Fleckeisen Jahrbücher》, 21, Suppl. 1894, p. 74 (＝ Anth. IX, 577):

Οίδ' δτι θνητόs έφυν χαί έφχμεροs' άλλ'δταν άστων

16 谈到这种认识方式及其影响时，使人想起我们在15世纪众多的知识渊博和对古典著作充满热情的人中的一位作家，他对此呼吁要同宇宙的思想联系起来："我们多次想到，思想应当完全是单一的，但是我们又多次同样习惯地憎恨这种单一。我们常常希望增多和它的多样性，因为我们愿意幸存下来……如果那种思想是唯一的，而且它本身可能成为唯一能够认识的思想，它将会引起憎恨。"这里，对于人的条件来讲，便出现了两种完全对立的立场。其中之一，人的任务，他的不朽（άθανατίζειν）在于认识存在，在于把自己同存在本身的观点等同起来，外部运动要适应存在本身的运动。希莱诺的令人痛苦的名言——"最好不要出生，或者出生后尽快死去"——是从相反的方面，但仅是表面的，表现这位智者的祝福。实际上如果更深地观察，这句话是把真实的人概括为活生生的人的绝灭。存在于它整体上的不变的统一，对于人们之间不断更新的对话，没有现实的意义，它的行为对现实没有任何影响，它出现在现实之外，像一个虚幻的游荡的影子（*ceteri vero omnes velut umbrae volitant，immo umbrae volitant*）①。

从希腊人的智慧所创造的生活中产生的哲学思想，永远都闪烁着光辉——柏拉图说"突然……闪烁光亮"（έξαίΦνηs ... έξέλαμψε），②——它充分表现出构成其基础的抽象的概念。这样，

'Iχνεύω πυχινάs άμΦιδρόμους έλιχας
Ουχέτ' έπιψαύω γαίηs ποσίν άλλά παρ' αύτψ
Zηνί διοτρεΦέos πίμπλαμαι άμβροσίηs.

Cfr. anche *Vita contemplateiva*, p. 39

① Ficini *Opera*, Basileae 1561, I, 317.

② Plat., *Ep. VII*, 341 c, 344 b (cfr. Pasquali, *Le lettere di Platone*, Firenze 1938, pp. 83 sgg.).

便从一种人的现实，或者说从人的存在的理论中，产生了反对这种
存在概念的争论。对此，为了确切词语的含义，我们引用一位 15
世纪作家的无偏见的看法是有益的，他就是洛伦佐·瓦拉，他是这 17
样谈论古典哲学的：“我们不能认识事物的原因吗？这有什么关系
呢？我们在信仰中，而不是在来自理智的纯属可能的知识中，找到
了坚实的东西。知识难道对巩固信仰有帮助吗？……（*Scientia
inflat*，*charitas aedificat*...）。我们不想知道得太多，并且尽量
不要仿效那些哲学家，他们自称是智者，但却很愚蠢；他们为了显
示他们知道一切，便对所有的事情都争论不休，他们把眼睛盯住天
空，似乎要爬上去似的，而且我甚至于可以说他们像傲慢和鲁莽的
巨人那样，想把天打碎，但是上帝有力的手把他们摔到了地上，把
他们埋葬在地狱中。在这些人当中，首先就有亚里士多德，上帝已
揭示和惩罚了所有哲学家轻率的傲慢”①。这样，当这位在 15 世
纪已广为人知的批评家和语言学家瓦拉如此写的时候，他不但一

① L. Vallae, *De libero arbitrio*, ed. M. Anfossi, Firenze 1934, pp. 50—52: “Nescimus huius rei causam: quid refert ? Fide stamus, non probabilitate rationum. Scire hoc, multum ad corroborationem fidei faceret ? Plus humilitas. Ait Apostolus : ‘non alta sapientes, sed humilibus consentientes’. Scientia divinorum utilis est? utilior caritas. Dicit enim idem Apostolus :‘Scientia inflate, caritas autem aedificat’. Et ne de scientia humanorum tantum dici putes, ait : ‘et ne magnitudo revelationum extollat me, datus est mihi stimulus carnis’. Nolimus altum sapere, sed timeamus ne simus philosophorum similes, qui dicentes se sapientes, stulti facti sunt ; qui, ne aliquid ignorare viderentur, de omnibus disputabant, apponentes in caelum os suum, atque illud scandere, ne dicam rescindere volentes, quasi superbi ac temerarii gigantes, a potenti brachio Dei in terram praecipitati sunt, atque in inferno... conespulti. Quorum in primis fuit Aristoteles, in quo Deus optimus maximus superbiam ac temeritatem cum ipsius Aristotelis, tum ceterorum philosophorum patefecit atque adeo damnavit”.

点也没有违背他的立场，而且还隐约看出他从相应的历史观出发，用世俗的卑微工作，从经验和人与人之间的关系中得来的知识，去反对傲慢和孤僻的关于“存在”的科学；他坚持用一种对人的生活
18 更为有益的科学，去替代那种要求人们“无私地”把智慧耗尽在对绝对统一、坚实、固定不变的关于存在的沉思。

按照这种关于人和现实的古代观点进行理解的时候，肯定造成基督教的严重分裂，因为它用人的上帝，人上帝，来反对基督教的上帝，基督教完全拒绝古代希腊词汇表述的这种概念[1]。但首先是促成古典文化同新文化之间的分裂，当这种新文化认识到自己同古代脱离的时候，便超越了古代世界——这就是文艺复兴；在古代的世界和新的世界之间，就是沉思的年代，在那些年代里，所有关于思想的词汇都讨论过、分析过、彻底研究过。经院哲学不可能把对盛期希腊哲学的模仿置于理智与信仰之间的无休止的争论中，这种争论已被承认是失败的；也不可能让它们改变面貌和融合在一起，通过超自然来恢复自然。它首先意味着在对古代思想采取粗暴的决裂和反对、坚持毫不留情的和越来越自觉的批判之后，提出它的哲学观点，提出自己的理论，使基督教教义更为完善。正如在所有的叛乱中的情况一样，当冒着危险，混到敌对方面的阵地上，夺取并使用他们的武器时，胜利的来到就越来越明显。给人的印象是，从基督教初期的著作以来所产生的中世纪思想，一切都是

---

[1] Cfr. in proposito, per la forza della contrapposizione, le pagine del Laberthonnière, *Dieu d'Aristote*, *Dieu de l'Ecole*, *Dieu des chrétiens*,《Archivio di filosofia》, 1933, p. 10:“亚里士多德，像一般希腊哲学家一样，与世界的形式体系的外在性相对应，从外部看人。因此他说世界‘永远是那样，它从属于世界的秩序’。”

表面的回归和奇怪的混合：柏拉图主义、斯多葛主义、新柏拉图主义、亚里士多德主义、阿威罗伊主义。但是，只要往深处看，就可看到重复、讨论、研究甚至夸张这些概念，可以从中看到一个现实的 19
古代形象是否能成立，或者至少它的某些方面是否能成立。经常或一开始就会遇到，对个人、宇宙、逻辑和形而上学的讨论，以及对语法、法学、美学和道德的讨论。这是真实的“存在”的思想同另一个十分荒谬的关于创造了人，而却被钉死在十字架上的上帝的思想之间进行决斗的场所。在中世纪的范围内，无论走哪条路，无论讨论什么问题，最后总是同样的立场以不同的名义归结在同样矛盾的症结上：总之，归结到“化为肉身”的神秘结论上，也是中世纪本身的问题——换句话说——是“基督教文明中最值得讨论的问题，参加讨论的人中更多是不得不自称为基督徒的人，或者它已构成了整个的西方思想史”。[①]

据说这是一场古老的讨论，但是它在很早以前已得到明确的阐述，教父们的柏拉图主义就在其中发出胜利的声音。如果我们援引他们最重要的人中的一位乔尔乔·尼塞诺，他最喜爱的题目之一，也是最富于柏拉图特色的题目，那就是“净化”（κάσαρσις），通过它灵魂找到了上帝，我们发现，正是在词汇的同一性中，存在着根本的分歧。柏拉图的“净化”（κάσαρσις）有一个确定的含义：灵魂，由于他的神圣的性质，看不见他的由肉体覆盖的本质；但是，一旦当他从污泥中出来，便立刻闪耀出他最初的神圣美丽的光彩。在尼塞诺的思想中，我们可以找到所有普罗提诺传统中最喜爱的表

① E. De Negri, *I princìpi di Hegel*, Firenze 1949, p. XIX.

述方式;虽然寻找上帝的形象是神圣生命的目标,但神圣生命也是
20 上帝恩惠的赠与,因此需要同基督结合起来:在必然回归到自然状
态的循环运动中,出现自由选择的冒险同祈求赦免之间的对立①。

基督教思想在各种思潮面前,不断校正自己的立场,在如何对待亚里士多德主义的问题上,开始时似乎处于混乱状态;后来也像对待新柏拉图主义那样,仿效阿拉伯哲学把亚里士多德思想作为珍贵遗产的态度,到 13 世纪以后发展到了高峰,这是了解西方思想发展史需要考虑的因素。对此,罗杰·培根可以说是一个典型,他对希腊文、阿拉伯文、希伯来文,特别是对阿维森纳的研究充满热情,他认为阿维森纳虽然是穆罕默德的追随者,但他仍是一位虔诚的基督徒,因为他承认罗马教皇的权威。正如阿维森纳所说:"罗马教皇作为人间的上帝,在世俗领域和精神领域有最高的权力。"②

① Per tutto questo riferimento al Nisseno cfr. il libro di J. Daniélou, *Platonisme et theologyie mystique*, Paris 1945, p. 8. Sulla《problematicità》come carattere della nostra azione si era finemente fermato nel delineare la《scoperta》cristiana innanzi al mondo Greco A. Tilgher, *La visione greca della vita*, Quaderni di《Bilychnis》, n. 6, Roma 1922, p.45:"我们的道德在于要在我们中创造新的更高本质的善,这是我们从前没有过的善,因此它是没有把握的,本质上是义务、法律和责任的道德,因此它的特点是强制性的和无条件的。而对于希腊人来说,完美早已存在于我们的灵魂深处;只需除去生命感觉中的污泥就可以了……"。

② *Opus maius*, ed. Bridges, II, pp. 227–228, che è il testo a cui si riferisce R. de Vaux, *Notes et texts sur l'avicennisme latin aux confins des XIIe – XIIIe siècles*, Paris 1934, p. 60 e n. 3, il quale, tuttavia, osserva che non va dimenticato che l'Opus maius è revolto al papa,《car Bacon ne l'oubliait pas》. Tuttavia la stessa citazione dalla Metafisica di Avicenna, X, 5, troviamo nel *De viciis contractis in studio theologyie*, ed. Steele, p. 38 :《in omni enim genere est unum ad quod omnia reducuntur : et iste, ut dicit Avicenna, erit quasi Deus humanus quem licet adorare post Deum, quia ipse est rex terreni mundi, et vicarious deum illo...》.

因此，熟悉中世纪哲学史的吉尔松毫不犹豫地认定他是一位典型 21
的阿维森纳主义者[①]。

那么，如果我们翻开贡迪萨利诺的著作《论灵魂》，无疑那是一本拉丁文的阿维森纳主义的重要著作之一，在第十章《论上帝和自己》中，我们可以读到：为了获得真正的知识，即存在于神性认识之中的福音，我们只能在“人的道德和灵魂的秘密修炼中”[②]放弃感觉和一切有形的东西，从尘世和人生的一切关系中摆脱出来。这位作者还固执地使用并非新的语言，颂扬这种孤独地向着完美幻觉的理智提升。而当培根流畅地谈到这个问题时，似乎方向就完全不一样，他引用他所景仰的塞内卡的话：“没有同伴，很难获得任何令人高兴的东西”（*nullius boni*，*sine socio*，*est iucunda posses-*
sio）。他在人类不断进步的教育中，把所有知识的价值都翻转过 22
来，赋予一切知识以逐渐形成的科学含义：“越年轻，越敏锐……经过长期勤奋的研究，秘密大白于天下的一天终将到来。”[③]他把知

① Et. Gilson, *Pourquoi saint Thomas a critique saint Augustin*,《Arch. d'hist. doctr. et litt. du Moyen Age》, I, 1962, p. 104; R. de Vaux, *op. cit.*, pp. 57 sgg.

② Seguo l'edizione del De Vaux, *op. cit.*, pp. 147 sgg., dal ms lat. 8802 della Bibl. Nat. di Parigi. Cfr. J. T. Muckle in《Med. Studies》, II, 1940.

③ *De viciis contractis in studio theologyie*, p. 5:《Cum tamen quanto iuniores tempore, tanto perspicaciores, ut diffinit auctoritas; et cum primi inventores nullum adjutorium habuerunt, et posteriores habuerunt adjutorium priorum, simper crevit sapiencia, et partes arcium dignarum paulatim addebantur; nunc vero nos... labores omnium precedentium habemus paratos... Veniet tempus quo ista quae nunc latent in lucem dies extrahat, juxta sui temporis oportunitatem, ea quae defuerunt prioribus...》.

Ci si è riferiti a Bacone come a《esemplare》. Ma era facile cercare altrove, prima e dopo. Cosi non poco si poteva dire, nel sec. XII su un Giovanni di Salisbury e sul

识转变为实践:知识服务于拯救自己和拯救别人,它不是存在于无益的和无意义的孤独幻觉中,而是存在于社会中,我想说的是存在于全人类一致的合作中[①]。

在《第三部作品》中,庄严地歌颂成为道德和政治的知识:“没有什么比学习照亮人的思想,使其能弃恶扬善的知识,更值得称赞的了……,人们学了这样的知识不仅有益于自己,而且支持教会,
23 辅助君主,领导世俗人士,转变异教徒的信仰和给其他不信教的人带来信仰。”塞内卡的话几乎成了格言:“为了教育别人,我很高兴学习。任何知识,无论它如何崇高和有益,如果学习它仅仅是为了我自己,我将不会感到高兴。”僵化的、闲逸的知识是无用的;好的知识,从它的本性来讲,应当自由流动的(*ad eius liberalem communicationem*)[②]。

suo mondo (cfr., oltre a H. Liebeschütz, *Humanism in the Life and Writings of John of Salisbury*, London 1951, M. Dal Pra, G. d. S., Milano 1951); ma vedi, sul concetto di *naturea genitivea*, *Metal*. I, 8 (P. L., 199, 835); e sulle《scienze》che mutano le《forme》, *Policr*., II, 18 sgg. (436 a sgg.).

① *Opus tertium*, XV, ed Brewer, p. 53, sul primate dell'etica :《et haec est scientia optima, et respectu cuius aliae non habent comparationem; quia haec sola docet bonum animae. Caeterum isti omnes aliae sunt subiectae, et propter quam omnes aliae sunt inventae. Haec enim est finis omnium, et domina et regina. Nec potest utilitas alicuius esse nisi respectu istius scientiae; qua ea quae sunt ad finem, habent utilitatem suam nisi a fine. In se enim vana sunt et inutilia》.

② *Opus tertium*, I, pp. 11 - 2 :《caeterum studiosi non sibi prosunt, sed ecclesiae in omni gradu regendae praeferuntur, et principum rectores effecti, totum vulgus dirigunt laicorum, haereticos et caeteros infideles convertunt, dantque consilia reprimendi obstinatos... Ergo totius mundi utilitas a studio sapientiae dependet, et a sensu contrario eius damno mundus confunditur universus. Nam quails est homo in studio sapientiae, talis est in vita... Bonum sapientiae suapte natura invitat quemlibet ad liberalem eius communicationem. Quoniam Boetius, in prologo *Hypotheticorum Syllo-*

而培根的认识不仅限于此：实际上他不仅倾向于对人的教育，本质上他还关心技术问题：首先，他希望改造世界，改变人的本性。他认为重要的事情不是思考那是什么；而是行动：超越，改变现状。仍然在《第三部作品》中，在由皮埃尔·迪昂出版的他的著作的片段中，培根说，医学和炼金术试验的首要目的，不仅揭示了事物的纯真状态，而且在生物学方面战胜了疾病，延长了生命。在物理和化学领域对金属的冶炼，总是关注重新组织自然界的实践，这是为了"让神的教会和忠于共和国的人找到所有的善……"（*ut Ecclesia Dei et Respublica fidelium dirigatur in omne bonum*...①）。

---

gismorum, dicit:—etsi ipsa speculation veritatis sua quadam specie sectanda est, fit tamen amabilior cum in commune deducitur... Et Seneca...:—in hoc gaudeo discere, ut doceam. Nec me ulla res delectabit, quamvis sit eximia et salutaris, quam mihi uni sciturus sum. Si cum hac exceptione datur sapientia, ut illam inclusam teneam, nec enunciem, rejiciam; nullius enim boni sine socio jucunda est possessio. Et ideo rex magnificus Alexander Macedo, Aristotelis magni discipulus, Dindimum regem Bragmannorum invitans ad communicationem sapientiae, in disputatione philosophica inter eos conflata sic ait:—libera res communitas, et nesciens pati dispendium cum in alterum participata transfunditur; sicut si ex una face lumina plura succenderis, nullum damnum principali materiae generabis, quae quidem facultatem accipit plus lucendi quotiens causas invenit plus praestandi》.

① Pierre Duhem, *Un fragment inédit de l'《Opus tertium》de Roger Bacon*, Ad Claras Aquas, 1909, pp. 180-181:《hic aperiuntur magnarum scientiarum radices, scilicet naturalis Philosophie, Medicine et Alkimie. Et res maxime hic continentur; nam per eas certificatur non solum status innocentie, quantum ad complexiones et causas immortalitatis que potuit fuisse in primis parentibus, et in omnibus, si non fuisset peccatum; iterum status corporum immortalium post resurrectionem. Et ex his extrahuntur cause prolongationis vite humane, et remedia contra infirmitates omnes... et specialiter descendi ad generationem metallorum... Secreta vero Alkimie sunt maxima. Nam non solum valent ad omnem abundantiam rerum procurandam, quantum mundo sufficit, sed illud quod potentius et efficacius peragere opera Alkimie potest in prolongatione humane vite, quantum sufficit homini》.

在《论自然界的隐秘工作》一文中，科学的目的是作为人用来重新塑造事物的力量，并不断成为讨论的话题："心灵处于紧张状态的时候，可以革新许多事物"；处于物质极限并超越极限的人，可以作用于事物并改变它们。纯粹的数学思考不再具有吸引力；哲学家们的忠实的妻子们，也不想仅仅观赏人的不变的、永恒的美丽形式。自然科学和巫术，总之，就善于令人吃惊地把知识和行动结合起来，其中认识作用于事物之上，并改变它们的结构，进行看不见的、难以想象的结合，产生难以预见的和奇迹般的东西：真的，这就是新的哲学[①]。

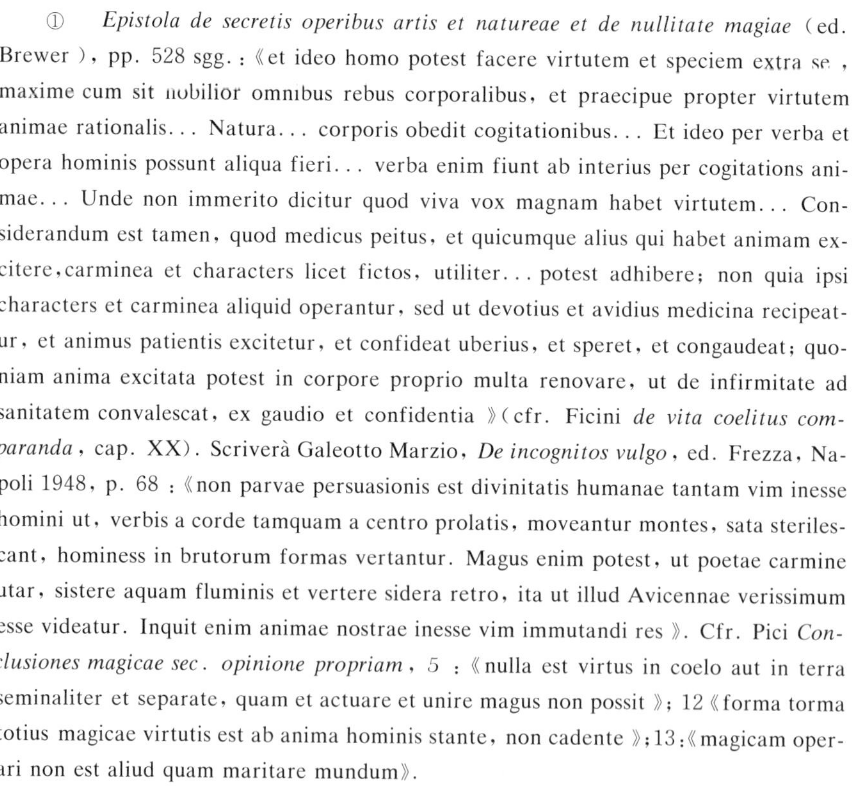

① *Epistola de secretis operibus artis et natureae et de nullitate magiae* (ed. Brewer), pp. 528 sgg.:《et ideo homo potest facere virtutem et speciem extra se, maxime cum sit nobilior omnibus rebus corporalibus, et praecipue propter virtutem animae rationalis... Natura... corporis obedit cogitationibus... Et ideo per verba et opera hominis possunt aliqua fieri... verba enim fiunt ab interius per cogitations animae... Unde non immerito dicitur quod viva vox magnam habet virtutem... Considerandum est tamen, quod medicus peitus, et quicumque alius qui habet animam excitere, carminea et characters licet fictos, utiliter... potest adhibere; non quia ipsi characters et carminea aliquid operantur, sed ut devotius et avidius medicina recipeatur, et animus patientis excitetur, et confideat uberius, et speret, et congaudeat; quoniam anima excitata potest in corpore proprio multa renovare, ut de infirmitate ad sanitatem convalescat, ex gaudio et confidentia》(cfr. Ficini *de vita coelitus comparanda*, cap. XX). Scriverà Galeotto Marzio, *De incognitos vulgo*, ed. Frezza, Napoli 1948, p. 68:《non parvae persuasionis est divinitatis humanae tantam vim inesse homini ut, verbis a corde tamquam a centro prolatis, moveantur montes, sata sterilescant, hominess in brutorum formas vertantur. Magus enim potest, ut poetae carmine utar, sistere aquam fluminis et vertere sidera retro, ita ut illud Avicennae verissimum esse videatur. Inquit enim animae nostrae inesse vim immutandi res》. Cfr. Pici *Conclusiones magicae sec. opinione propriam*, 5:《nulla est virtus in coelo aut in terra seminaliter et separate, quam et actuare et unire magus non possit》; 12《forma torma totius magicae virtutis est ab anima hominis stante, non cadente》;13:《magicam operari non est aliud quam maritare mundum》.

当哲学的历史学家们从危险的启蒙运动遗产中解放出来以 25
后，便学会了在现实意义上充分估价中世纪医学—巫术、占星术、炼金术的巨大创造性。我相信，这使我们明白是生活的需要，让人们根据人的愿望，把对事物本性的深刻认识，同对它们的改造结合起来：让理论和实践、科学和技术，不断地会集在一起。抓住一个现存事物的秩序，但目的是为了改变它[①]。当然，在遇到奇怪和特殊的现象时，就需要持之以恒的不断观察；但是，那是为了揭示更深刻的结构秘密。语言具有特殊的重要性，这是真的——说“语言本身就包含着道德，这话没有错”（*non immerito dicitur, quod vox viva magnam habet virtutem*）；但是，对那句话，对那个“动词”（*verbum*），也被赋予了更广泛的含义，这也是真的。在人的神秘的力量中，人的血肉之躯本身就是一个谜。这样，实验和实验科学便处于物理学和埃尔梅特·特里斯梅季斯托的神秘主义的交叉路口上[②]。

① 请参阅培根（Bacone）的 *l'Epistola* cit., cap. IV sgg. 巫术被拒绝理解为招魂卜卦术，而理解为为了控制大自然而进行的技术和实验艺术。

② Si cfr. nella *Theologia Aristotelis*, VI, 2, quanto si dice sulla *fascinatio* (Aristotelis *opera*, Lugduni 1580, III, pp. 645－647)：《atque id provenit rerum mundanarum cooperatione alteratrice hominis ultra dispositionem pristinam... Et quidem ubi aliquis fascinando invocat Solem, aliasve stellas, orans ut conagat operi opotato, non sol aut aliae stellae audiunt orationem, sed moventur aliquot modo, sicut in corpore humano membrum unum movetur percipiendo motum alterius, utque in Cythara mota una corda movetur altera》. Che è poi anche la giustificazione naturale di tutte le operazioni magiche ed astrologiche, ed il fondamento della medicina astrologica：《Dixit Ypocras medicorum potimus, cuiusmodi medicus est qui astronomiam ignorat, nullus homo deberet se committere in manus illius...》(*Liber Ypocratis de pronostica-tione mortis... quem trastulit frater Gullielmus de Morbecha*, Bibl. Laurenziana, Ashb. 206, c. 64).

26 总之，事物的可塑性，人可以统治事物、改造事物的思想，用语言来劝说和教育上天和其他因素的妖术，在无数的著作中蜿蜒曲折地表现着。这里存在着一个模式的内在断裂，它肯定已超越符号的范围，而暗藏着一个重要的直觉。可以再读一下培根的——已广为流传的——为使用巫医、魔法和驱邪咒语所进行的辩解："对于那些接受治疗的人来说，他们都怀着更大的愿望和信念，病人的精神处于兴奋状态，他相信，希望和愉快；精神兴奋之后，会对身体带来更新，欢乐和亲密信任的感觉本身，就会使他从疾病走向健康"。面对占星术的著作，人们会常常想起这样的格言："有智慧人将会统治星星"①，正如从13世纪以来最受广泛阅读和学习的著作之一《讲话百篇》中，第五部分所叙述和解释的那样。因此，星球的宿命论不是永恒不变的，人也可以按照人的需要移动、干扰，甚至改变它，人也可以永远地拯救自己。在这样的格言面前，人们几乎怀着敬意：

27 "科学总是前进，绝不会后退；总是升高，绝不会衰落；总是揭示，绝不会隐藏"②。但是，我们不要忘记这是写在一本巫术手册

---

① 《*Vir sapiens dominabitur astris*—Ptholemeus in sapientiis Almagesti. Et potest declarari, ille dominabitur astris, qui effectus provenientes ex ipsis astris potest impedire vel prohibere...》(*Scriptum super Alkabicium ordinatum per Johannem de Saxonia in villa Parisiensi anno domini* 1331; Ashb. 206, c. 88).

② 《Scientia... simper acquirit et numquam diminuit; simper elevat et numquam degenerate; simper apparet et numquam se abscondit》. Sono parole di Picatrix, su cui cfr. Lynn Thorndike, *History of Magic and Experimental Science*, New York 1923, vol. II, pp. 813 sgg.; Helmut Ritter, *Picatrix, ein arabisches Handbuch Hellenistischer Magie*, Bibl. Warburg, Vorträge, 1921–1922, Leipzig 1923, pp. 94–124; Peuckert, *Pansophie*, Stuttgart 1936, pp. 46–53. Il Thorndike si serve promis-

的前面的，人们通过这样的手册，研究宇宙的“美德”(*le virtutes*)，28 相信没有什么不可能的事情，那里有各种各样劝说、控制、征服和改变宇宙特征的办法。植物、石头、野兽和星星都进入人的谈话内容，人了解了它们的结构，它们的可塑性的秘密之后，就可以改变它们。这种知识的目的在于行动；这是一种积极的知识，因为它在有形王国的范围之内，有勇气去探索它们的不确定的性质。巫术，或者说实验的科学，经常与魔鬼沾边，就并非偶然；魔鬼和撒旦都企图改变形式，制造出怪异的东西。而巫师，在这一点上他就是让

cuamente dei Mss Magliab. di Firenze, XX, 20, e XX, 21；此外，那些不仅产生的时代不同，而且内容也不同，因为第一部分(最古老，但是保存得不好，不清楚)是纯理论的；而第二部分就去除了理论，剩下的主要是“配方”和实践的“公式”。这样，当谈到科学时说(Magliab. XX, 20, fol. 13 sgg.)：《scias quod scientia est quid vald nobile et altum, et qui studet in ea et per eam operator suam nobilitatem et altitudinem... Et qui in scientiis non laborat est defectuosus et delibilis auctoritatis, et per consequens homo appellari non debetur... postquam non cogitat scientias inspicere ex quibus cognoscetur quod sit ipsemet homo... Et est separatus... et invenit magisterial subtilia... et facit mirabilia... fecitque ipse Deus... inventorem suarum sapientiarum et scientiarum et plantatorem suarum qualitatum... et omnia serviunt ei... et sua voce assimilatur unicuique animali... et facit similes formas suis propriis minibus, suoque verbo numerat et narrat eorum naturas et opera... Et ipse homo sua naturali voce habet potentiam faciendi omnes alios sonos, omnium animalium mutare formas et similitudines quemadmodum voluerit...》. 这里需要考虑另一个问题，就是在“实验”科学中知识最初是怎样产生的；占星术家们引用他们的长期观察并非偶然，他们同古人的错误争论，知道人类知识进步的进程。Non a caso il celebre luogo della *Cena delle Ceneri* del Bruno, dial. I, ed. Gentile, pp. 28－29, su cui ha insistito di recente il Saitta, *Introd. alla filosofia di G. Bruno*,《Giornale critico della filos. it.》, I, 1950, p. 28, riguarda il progressso dell'astronomia, e ci rimanda a continue affirmazioni del genere contenute nel *contra astrologos* del Pico (lib. XI, 2 :《primus Ptolemaeus..., quamquam secuta aetas multis eum in locis *pro temporis beneficio castigaverit*...》; lib. XII, 1:《...artes qtque scientiae..ingeniis posteriorum excogitatae, studii secuta diligentia consummatae sunt...》).

形式消失和再生，认识无所不在的深层力量，这种力量存在于自然界中，也存在于他身上，这样就为行动的无限可能性开辟了道路，他不是接受沉思，而是参与到行动中去。

实际上，在某些特殊的物种里，被僵化地清晰定位的古老形象正在倒塌，那是在固定不变的阶梯式结构中的存在物，它们本身已十分完善和永恒不动，人在其中并无任何意义，在这条必经之路上除了纯粹的观察，接受一切事先的安排，还能做什么呢？德·沃尔夫几乎形象地概括了中世纪的思想：在比萨的圣卡特里纳教堂里，被作为中世纪思想象征的圣托马斯，位于把《蒂迈欧篇》给他的柏拉图和把《尼各马可伦理学》给他的亚里士多德之间，位于“自然界的正义或创造的世界”（*la naturalis iustitia vel mundi creatio*）与确定人的“等级制度的不可更改”的法则之间，这不仅是一个和解的概括，它给我们提供了一个中世纪激烈争论的关键词；而且，如果我们怀着这位诗人的激动心情来看这件事，也只有这样理解，巴黎才会对阿西西带来威胁[①]。实际上是阿西西取得胜利，如果说

① M. de Wulf, *Histoire de la philosophie scolastique dans les Pays - Bas et la princepauté de Liège*, Louvain 1895, p. 268, a cui si riferisce G. de Lagarde, *Naissance de l' esprit laïque au décline du Moyen Age*, vol. III(Paris 1942, p. 30), ove reca, n. 20, altre testimonianze. A cui si possono aggiungere le glosse di Guglielmo di Conches al *Timeo* (presso Cousin, *Ouvrages inédits d' Abélard*, Paris 1936, pp. 648 sgg.):《Est igitur Thimaeus de naturali justitia tractatus ad creationem mundi... Plato tractaturus de naturali justitia... 》. Cosi Guglielmo in tutto il comm.ento, di cui il Cousin pubblicò solo alcune parti, ma che si trova intero in vari manoscritti. Su di esso, e sulle redazioni, cfr. J. M. Parent, *La doctrine de la créateon dans l' école de Chartres*, *Etude et texts*, Paris - Ottawa 1938, pp. 137 - 177 (ove si trovano altri estratti), e E. Garin, *Contributi alla storia del Platonismo medievale*, 《Annali della Scuola Normale Superiore di Pisa》, XX, 1951, che tiene conto, oltre quell iindicati

培根像奥卡姆一样是方济各会修士的话,如果能从方济各会的启 29
示中,得到那些新的,如此丰富的有关创造、意志和个人的营养词汇的话,这时思想的、范例的和类的僵化状态正在消融;这样,人的和社会的固定不变的等级制度的支柱,正在坍塌。

如果说在一定时期,亚里士多德的僵化世界居统治地位的话,正是因为它排除了一切理解新的需求的可能性。阿威罗伊学说的伟大功绩,正是夸大这种立场,赋予它极端严厉的特征,然后再推翻它。“一切事物都从需要中产生”(*Omnia de necessitate eveniunt*)。在一个静止的秩序中,一切都是不动的,“最高的善在于认识真”(*summum bonum est in cognitione veri*)。哲学家把自己关闭起来,“对于他来说,首先是认识自己”(*separatim, magis diligit seipsum*);和蔑视所有的行为,所有的工作,所有的人;他发现人和人之间,或者说有学问的人同无知者之间的差别,比人同猴子之间的差别还要大[①]。在亚里士多德—阿威罗伊学者们的著作中并不少见的对人的歌颂,接近于人文主义者们的论调,他们在表述
上极为近似;但前者追求的是彻底的认识,思想的思想,而后者则 30
强调人在建设世界和塑造自己的过程中行为的自由,他们不重复范例,而是造就范例,他们——像上帝一样——是创造者、诗人,他们总是在冒险中寻求让整个现实发生危机的选择。

---

dal Parent, di altri due mss(della Naz. Di Firenze, Conv. E. 8. 1938, e della Marciana), nonchè della redazione breve publicata da T. Schmid, *Ein Timaeuskommentar in Sigtuna*,《Classica et Mediaevalia》, X, 1949, pp. 220 sgg.

① Cfr. su tutto questo l'analisi e I testi recati dal De Lagarde, specialmente nel vol. III dell'*op. cit.*, pp. 63 sgg.

如果我们再阅读一下最著名的阿威罗伊学派的著作之一《论心灵的幸福》的第三章的结尾部分，我们就可以看到这种庄严的上升节奏，在这个过程中不会获得任何东西，直到实现最高的“联结”之前，都不会有任何新的东西 ——简单的联结只能赋予它某个形式。类的论题和个体之前的形式的论题，充分地展示出它们的影响。个体的最高使命，由于它表现出来的性质，被融化在形式的统一性中。阿威罗伊写道：“任何实体都包含着一个崇高的意图，实体本质在于它的性质，当它达到目的，自身的那部分本质就不致被否定”。人生的目的就是要完全脱离沉思——其中既有自然的因素，也有非理性的因素——一旦达到形体生命的终点，当衰老时情感熄灭，灵魂离开肉体时才知道：“即使进行过多次沉思，远离了似乎认为是多余的事物，到衰老时追求完善的结果也不过如此。似乎有些人认为越把自己孤立起来，就会越接近这种完善，但这样的完善是同身体的完善相对立的”①。这里，谈到把死亡作为哲学思考目的，语调是明确的，只有达到生命的终点，当身体已几乎失去一切力量时，才可能达到作为真正死亡前的脱离。沉思的升华才能充分地表现出来，结束个体无意义的生命，它断然地被消灭在形
31 式的普遍性中。但丁的天堂也是沉思的天堂；但是在天堂里引导他的是贝娅特丽丝，她站在天堂的高处帮助他，为他指路；暂时和永恒，个体和普遍，既未遭到破坏，也未被并列或混淆，而是通过基督化为肉身的神秘革新的中介，达到真正的和谐。阿威罗伊认为，生命和行动如同个体和历史一样，都是表面的东西，它们不会镶嵌

① Averrois *De animae beatitudeine*, *Opera*, vol. IX, Venetiis 1562, c. 151 h.

在永恒秩序的坚硬的现实上。苏格拉底、柏拉图、亚里士多德都是人类某些人的过渡性名字，虽然他们以楷模的形式出现，但实际上他们仅是消亡中的“多”的表象①。这样，在《玫瑰传奇》中，“自然”与“死亡”之间的决斗，除了留下一以外，把所有其他的个体都消灭了，就是在这一的个体中，“自然”挽救了“共同的形式”，它象征性地存在于“不死鸟”的神话中，这种鸟既体现了形式，又体现了个体，个体总是再生。

> 不死鸟是普遍的形式，
> 大自然从碎片中再生②。

总之，阿威罗伊学说，无论从它对在其中生存的现存形势的无政府主义的抗议中，还是在限制古典立场的影响方面，它都对破坏 32
事物的古代形象，作出了极大的贡献。世界被剥去了任何生命，任

---

① *De animae beatitudine*, 149 g :《potentia de necessitate est ut exeat in actum in aliquot individuorum speciei aliquo tempore... ex necessitate est ut sit aliquis philosophus in specie humana; sed non est de necessitate ut sit Socrates philosophus...》. *De anima*, III, comm.. 5 :《opinati sumus ex hoc sermone quod intellectus materialis est unicus omnibus hominibus; et etiam ex hoc sumus opinati quod species humana est aeterna... 》.

② *Le Roman de la Rose* (ed. Langlois), 1591 – 1592. Cfr. G. Paré, *Les idées et les letters aux XIIIe siècle. Le Roman de la Rose*, Montréal 1947, p. 56. Scrive il Paré, p. 343 :《tutti gli esseri dell'universo hanno nature determinate e leggi d'agire regulate dalla loro costituzione; ogni essere trova le leggi della propria operazione nella sua natura》. *Operari*, insomma, *sequitur esse*. Né l'uomo sfugge alla commune necessità. “Jean de Meun 的自然主义还扩展到伦理学：人在自身的本性中发现他的活动的规则，因此这些规则应当同他的本性一致”。

何原始的诗的语言。阿威罗伊的世界前景是永恒;在永恒中不变的存在物以不变的形式清晰地表现出来:历史消失在循环往复的运动中,消失在运动幻觉的自身封闭式海浪的翻滚中。在僵化的等级形式里,没有交流。在一切类的表层上,不断地发生冲动,这些冲动又慢慢地消失得无影无踪,未在深处留下任何痕迹,没有在深处扎根。“天上的星星,总是按照它们运行的轨迹发生着变化;通过必要的影响对每个事物行使他们的权力”——《玫瑰传奇》上的诗句这样唱道。

奥古斯丁和伪丢尼修企图复活宇宙秩序的古老概念;阿威罗伊揭开了它的秘密面孔:“一切事物都从需要中产生”,或者说,像诗人所歌唱的那样,“一切都服从于大自然的权威领导,大自然关注一切,它通过星星的影响管理万物,因为它为一切事物制定最高的法则”。不用隐瞒,阿威罗伊主义在知识界中引起勇敢的抗议;在极其公正的外衣下,理论上从未有过如此严重贬低基督教思想中的人和人的工作的含义。但是,那种严厉,那种勇敢,也起到了遣责对不可能协调的事情采取模棱两可态度的作用,让人们看看在接受某些前提和概念之后会发生怎样的事。对此,由于难以平息的愤怒,在决定中世纪思想的危机中,阿威罗伊主义同奥卡姆主义相遇[1]。

无疑,奥卡姆主义的出现,就使我们感到它是阿威罗伊思想的
33 死敌。尼古拉·达奥特雷考特是一位强硬的拒绝者,他要求他那

① Cfr. per questa conclusione le osservazioni e i test iin De Lagarde, *op. cit.*, III, pp. 67 sgg.

个时代的思想家们都抛弃不结果实的亚里士多德主义——亚里士多德和阿威罗伊的逻辑词汇——而从事道德和政治方面问题的研究。这位严厉的牛津方济各会修士给出的一击是致命的。他的批判摧毁了传统体系思想的所有支柱:固定的类的概念、模范性、永恒的本质和存在物可变生存中的不变性;现实的终结和目的的思想。他对概念的分析也具有深远影响:“谁也不反对——奥卡姆写道——宇宙的统一性存在于确定它的各部分关系的秩序中;但是,这也意味着它的各部分在某种条件下接受这样做……,而不至于使秩序和统一、部分和整体完全分开来”,因为“除了那些部分之外,绝对不存在任何东西”(*praeter illas partes absolutas nulla res est*)[①]。

在另一个地方,他的讲话更为强烈:“宇宙的秩序和统一性不是一个相对的现实,不是宇宙中被联结物体的链条…… 秩序的概念仅要求物体在数量上有所区别,让它们彼此不同;秩序的概念仅表示它们之间的相互立场,不是它们本质中隐含的现实。”[②]

现实分裂为相互脱节的存在的多,在某种情况下,而且倾向于继续分化下去。根据万能上帝意志,捉摸不透的“瞬间”,所设定的本质不是优先于存在,从上帝那里并没有升起任何理智的计划,对于我们来说,他的决定是不可理解的。一方面,上帝消失在光线黑 34
暗的不可比拟的无限中,在那里与圣皮尔·达米阿尼和否定神学

① Occam, in Sent. I, dist. XXX, q. 1 s (De Lagarde, *op. cit.*, V, p. 214; P. Vignaux, *Nominalisme*, art. Del *Dictionnaire de theologyie catholicque*, col. 765).

② Occam, *Quodl*. VII, q. 13 (De Lagarde, *op. cit.*, V, pp. 215-216).

的理论家们相遇;另一方面,无限多的存在物一旦产生,便表明他们具有自主的能力,他们并不属于任何计划之中,几乎沉浸在一个奇特绝对环境里。在某些方面,与奥卡姆—尼古拉·达奥特雷考特学派联系起来,也并非偶然,这一学派之所以闻名,不仅是因为他们否定偶然关系的有效性,而是因为他们已经具有类似于德谟克利特的奇怪的原子论思想①。他们的观点几乎与同时代人尼古拉·博内特的看法相一致:“如果你相信,你就追随亚里士多德学派或柏拉图学派吧。但是,似乎德谟克利特更有理由。”并非偶然,阿喀琉斯的智慧,即著名的爱利亚的诡辩,又回来折磨逻辑学家们和物理学家们。还可以读到尼古拉·达奥特雷考特的谜一般的句子——或者说也许太明白了——:“如果说创造出了什么东西,那就是创造出了上帝”(*si aliqua res est producta, Deus est productus*)②。

① Sull'atomismo di Nicola cfr. J. R. Weinberg, *Nicolaus of Autrecourt. A Study in 14th Century thought*, Princeton 1948, pp. 226 sgg. Per certe influenze averoistiche, cfr., ivi, p. 6. La presenza di Nicola nel pensiero del sec. XIV signalava di continuo il Michalski. Conclude il suo libro il Weinberg, pp. 229–230:“很难说尼科拉的批判把经院哲学的大厦动摇到什么程度,但是无疑最一致和最具代表性的例子是‘思想的类型’,它在从经院哲学过渡到现代哲学的方式中,具有它的分量。我们不能说它的或然论是否对实验科学的起源产生影响;但是,它大概对摧毁亚里士多德的可怕权威出过一臂之力,使人们的思想——正如尼科洛所说——从评论和分辨‘亚里士多德晦涩的句子’中抽出来,转向事物”。

② Su Nicola di Autrecourt, oltre De Lagarde, *op. cit.*, V, pp. 85 sgg., cfr. l'art. Del Vignaux, nel *Dictionnaire* cit., vol. XI〖e i testi in J. Lappe, *Nicolaus von Autrecourt. Sein Leben, seine Philosophie, seine Schriften*,《Beiträge zur Geschichte der Philosophie des Mittelalters》, VI, 2, 1908; e in J. R. O'Donnel, *Nicolaus of Autrecourt*,《Medieval Studies》, I, 1939〗. Ma su tutta la questione qui accennata cfr. Anneliese Maier, *Die Vorläufer Galileis im 14. Jahrhundert. Studien zur*

要在政治和社会领域中，接近奥卡姆所处那个时代被打碎的 35
现实，在他的逻辑和形而上学里，认识其所处的历史条件，并非难事。但重要的是首先要明白，奥卡姆成功地向我们展示了一个完全没有连续性的宇宙，它的意义并不亚于阿威罗伊的统一的、不动的和坚实的宇宙。奥卡姆宣布统一的、等级的、协调的和道德化的宇宙的结束，而这个宇宙是在整个中世纪长期思考中，所描绘的蓝本。但是，如果生命从阿威罗伊的静止的统一性中逃离出来，到奥卡姆主张的个体中间时，我们也感到同样难以理解。只要想一下他对人的概念，他说："存在的绝对特征，把人分裂为绝对平行或相互对立的三四个现实；同时，在每一个现实的内部，又拒绝任何区别。"① 同样，如果我们重温一下 14 世纪在逻辑学家们和物理学家们之间发生的尖锐争论，我们就难以解释运动、变化和质量问题，走出纯数量的王国②。

无论是阿威罗伊的宇宙观，还是奥卡姆的宇宙观——两个代

Naturphilosophie der Spätscholastik, Roma 1949, da cui attingo ed ai cui testi rinvio. Per una analisi e una esposizione dei resultati fin qui raggiunti cfr. Olaf Petersen, *The Development of Natural Philosophy*, 1250 – 1350, 《Classica et Mediaevalia》, XIV, 1953, pp. 87 – 155.

① Per tutto questo cfr. le suggestive conclusioni del De Lagarde (su cui cfr. anche quanto ho scritto in 《Giornale critico d. filos. it.》, XXX, 1950, pp. 93 – 103).

② Su questo punto sono sempre da vedere di p. Duhem, *Etudes sur Léonard de Vinci; ceux qu'il a lus et ceux qui l'ont lu*, voll. I – III, Paris 1906 – 1913, integrati dale ricerche di Kostantyn Michalski e di Anneliese Maier. Per il contatto che certe questioni hanno con la problematica degli astrologi mi sia concesso rinviare anche al mio commento alle *Disputationes* di Giovanni Pico, e specialmente al vol. II, Firenze 1952.

表两种典型立场的名字——都是一个没有“诗”意的宇宙；也许可
以说——似乎有些荒谬——在这两种情况下所说的宇宙，可以理
36 解为既没有人，也没有上帝。但是，这两种立场都有不可取代的价
值——重新召唤阿喀琉斯的智慧和德谟克利特的真理——正是在
这里：把所有内在的影响都限制在一种形而上学的假设中，在虚无
中寻找既定的特征。亚里士多德的整个非人性化的世界，被颠倒
为人的精神自由的本质展示。相反，作为积极活动的人和人在世
界上的价值，并没有模糊地显示出来，也没有建立在甚至是虚构的
人的特征之上。

至此，中世纪的思维分析已完全排除利用古典资源的可能性，并真正到达了极限。但是，在中世纪的末期和新思潮到来之前的初期之间，我们不要忘记，还有整个的14世纪，在这个时期流行着这类纠缠不休的分歧——用当时习惯的说法为例——在身体安静和开始运动之间，在由生病转到最初康复之间，在病危的最后呼吸和死亡来到之间：存在着一个跳跃。在这里，是一个被封闭在他的现实中的人向“诗人”，即向“创造者”的跳跃。对于人来说，他不需要再沉思已经存在的秩序，实现永恒的本质，因为在他的面前已存在无限多的可能性。世界不再是僵化的模式，而是成为可以用越来越新方法塑造的模式。不存在没有裂缝的必然性，没有不可改造的形式；人的自由，表示一个存在物的面貌是不可能最终确定的。

14世纪末，科卢乔·萨卢塔蒂给彼得罗·阿尔博伊尼写了一
37 封信，此人是著名的“伪逻辑学”、“诡辩术”和物理学大师，正在博
洛尼亚大学里讲学。萨卢塔蒂在信中说，应当这样去寻找真理：

"揭露诡辩术的虚伪,使我们重新认识事物。"他还对彼得罗说,首先应当到诗歌里去寻找,因为"诗在一切事物之上,通过她就可以认识事物,只有她才可以同上帝对话"(*que super omnia que sciri possunt sedem habet, et sola de Deo loqui potest*)①。科卢乔赋予诗歌以更广泛的意义;对于他来说,诗歌是人的充分的活动,是人类勤奋完成的工作,在他的眼里,上帝的作品和他的圣经也是诗。总之,一方面是对诗的含义的解释,另一方面是颂扬把知识积极用于改变事物的巫术,这样,思想便朝着一个新的方向发展,人不局限于孤独地沉思,越来越想冒险去改变世界和人自身。从这里产生了新的哲学,当它一旦成熟,使对新科学和维柯理解的新语言学产生影响。

在对待我们文明史中的这一关键时期的评价上,应避免两点含糊不清的态度:首先是忽视构成完全破裂的这种跳跃的深刻性,不应当掩盖它,即使出于不可否认的原因、预感和主张,这些都是很容易找到或推测到的;当带根本性的新事物出现的时候,它们本身就可以作为新时代的报信人,而认为它们仍然表现中世纪和现代之间的连续性,这是通常容易犯的错误。

① Su Pietro da Mantova cfr. P. O. Kristeller, *Humanism and Scholasticism in the Italian Renaissance*, 《Byzantion》, XVII, pp. 346 - 374, e le mie note sul《Giornale critico d. filos. it.》, XXVII, 1948, pp. 202 - 203, p. 389 (cfr. Salutati, *Epistolario*, ed. Novati, III, pp. 318 sgg.; D. P. Lockwood, Ugo Benzi, *Mediaeval Philosopher and physician*, 1378 - 1493, Chicago 1951, p. 151). Mi sia concesso servermi qui di alcune considerazioni pubblicate su《Lo spettatore italiano》, III, 1950, pp. 84 - 86, e rinviare ai giusti rilievi ivi (p. 119) fatti da V. De Caprariis alla visione di R. Weiss dell'umanesimo del sec. XIV (R. Weiss, *il primo secolo dell'umanesimo*: *studi e testi*, Roma 1949).

38 第二点含糊不清的态度与第一点有联系。指责有人只把文艺复兴的本质表现放在文学和艺术领域，没有对哲学和科学思想产生，即使是间接的丝毫影响，而哲学和科学仍按通常的途径发展，没有任何明显变化。持这种观点的人没有注意到：那时所说的哲学，包括尼福、季马拉、博卡费罗、彭达西奥、蒙特卡蒂尼、贾尼尼、利切蒂等人的哲学，也许是造成帕多瓦和博洛尼亚的经院学派之间争吵的哲学，但是这种哲学并没有到达普通的耐心学生那里，那些学生不但旷课，甚至赶走了某些极其有名的教师。

而布鲁诺、康帕内拉和后来的维柯、培根、笛卡尔以及后来的休谟和卢梭，则走的是另外一条路线，研究另外一些问题，引用另一些大师的作品，他们都是 14 世纪末以来勤于思索的人文主义新方向的儿子，尽管有时他们劳而无功。

至少在表述上，也许这话并不完全正确，甚至人文主义的雄辩家秦梯利也说过，是那些不自觉的非哲学家的哲学家，人文主义者们——诗人、文学家、法学家、政治家，也许还有讲道者和预言家——是他们反对和摧毁了哲学家们的哲学；他们本身谈到哲学的地方并不多，如瓦拉的逻辑学，萨卢塔蒂、布鲁尼和马内蒂的伦理学，以及波利齐亚诺的修辞学。如果这些修辞学、诗歌、文学和讲道，都不是真正的哲学，那么比 14 世纪和 15 世纪更古老的真正的哲学，不会在咒骂和嘲笑声中倒塌。真实的情况是，正是这些不是哲学的东西，从它们产生之初，便是新的哲学，它们对“人类的”现实做出真正新的理解，即是从自由、意志和活动方面进行新的理解；世界并不再是一成不变的，并非所有环节都是固定的，历史并非事先完全设计好的，而是通过劳动可以“奇迹般地”改变一切，这

里既要有冒险精神，又需要良好的道德。欢呼充满人性和个性的 39
大自然万岁，万物、星辰和整个世界都属于我们：

> 人啊，你只写你自己的感觉和生活，不要其他……
> 你自己是活着的神庙，塑像，你的面孔多么令人敬仰……

人是具有工作愿望的活着的上帝；
四处都可以看到奇迹般的业绩，
人的内心深处充满着活动的愿望和建设的意志：

> 田野里长着粮食，
> 山上冒着炊烟，
> 双层的蒸汽锅里，
> 翻滚着技艺的波浪。

在一些关于巫术的诗歌和论文著作中，多明我会修士和改革家托马斯·康帕内拉的声音，对笛卡尔时代做了生动的描述。

40 附　录

一

在佛罗伦萨有一份研究阿维森纳的有趣文件，展示了他关于灵魂的理论，这段文字包含在16世纪初的一篇文章中，我认为它并没有引起人们的充分注意。那是一位医生写的作品，既没有注明日期，也没有出版者，但它可能是在1504年左右在佛罗伦萨出版的（大英博物馆在1505年的目录中提到过它）。第一页上只有作者的名字和标题：“安德雷阿·卡塔尼·达伊莫拉：关于理智和原因的具有非凡贡献的拙作”，它以写信的形式，致信给“佛罗伦萨的永恒旗手皮耶罗·索代里尼”。根据这个确切的表示，足以使我们可以得到一个大致的时间概念。而且，它还给我们提供了一些其他关于这位作者，以及当时在“新圣玛丽亚医院”工作的医生和职业活动的有用信息。文章说：“按照习惯的做法，去年我们翻译了亚里士多德的所有关于灵魂的著作，把它们译成人们都能阅读的书，这自然是一项艰巨的任务。我们采用哲学的方法，首先从发现和保护古代著作中的思想开始。因为你知道，实际上我们长时间以来已在从事医学研究，治疗留在新圣玛丽亚医院的病人，我们

想在那里实施医术，尽量给病人的健康带来更大好处……。”卡塔尼由于工作很忙，没有更多的时间学习哲学[①]。但是他很聪明，他还是找到了所有阿维森纳的与众不同的理论，而且他感到有必要展示它和传播它，因为这也符合他的信仰。他说：“我们还没有找 41
到任何比阿维森纳的理论，更接近于真正信仰的理论。”特别在认为不灭的灵魂的多样性方面，他说：“我们将开导人们：按照阿维森纳的概念，我们的灵魂是多样的，但是有一些哲学家鄙视地否认这点。”他的文章分成三个部分：《论理智》、《论幸福》、《论特殊效果的原因》。在前两个部分，作者忠实地转述阿维森纳的观点；在第三部分，作者讲述了他行医的经验。其中讨论了在梦中和在清醒时的预言、魔法（incantatio）、迷惑（fascinatio）问题，探索其形成的自然原因。以下是对魔法的看法：“魔法，或者更确切地说，它是一种实施巫术的方法。魔法是在非常相信此术的着迷者的帮助下，通过狂热地念祷告词来实施的。魔法师是精通此术的人，他能打消别人对魔法的怀疑，充满热情，全神贯注和富于想象力。接受魔法的人要抽签，怀着极大的希望，这样魔法才能在他身上发挥作用，似乎有准备地通过某种物质的渠道准确地渗透到他身上。实际上魔法是某种意念上的东西，如果没有这些条件，它就不会产生任何作用。”一个好医生不能怀疑魔法的效力：“我们可以举出许多魔法产生作用的例子；事实上我们看到由于实施魔法，某个血管正在流出的血就立刻发生凝固，而这种情况只有在医生的干预下才

① Cfr. *Deliberazioni Studio Fior. e Pisano, 1492 – 1503*, Archivio di Stato di Firenze, dove a c. 179 r (e 182) resulta che《 Andreas de Imola die V Jan. 1502 》fu lettore ordinario di filosofia, confermato poi per il 1503.

会发生。”

对此，再看看另一位同样有名的医生安东尼奥·贝尼维耶尼关于奇迹般治愈的论述可能是有益的。他的《论某些隐蔽和奇怪的疾病及其康复的原因》一文，于1507年由他的兄弟季罗拉莫在佛罗伦萨出版。在举出的例子中，有两个是由佩夏的多明我会修士萨伏那洛拉的同伴实施治疗的例子。在第一个例子中，病人是一位在文化史中有名的人物：罗贝尔托·萨尔维亚蒂，他的膝盖痛。这位多明我会修士为他不断地念道：“让小膝盖远离一切隐蔽和奇怪的疾病以及康复引起的疼痛”，然后在疼痛部位的皮肤上画十字之后，他突然不痛了。第二个例子也是这样，一面念念有词，一面在痛的地方画十字之后就痊愈了。那里还提到在使用巫术和占星术中，使用十字架的价值。费奇诺在《论生命》第三卷，第十八
42 节中写道：“古人认为，十字架有时具有天上星星所具有的能量，因为它是星星能量的储存处，它从行星吸取生命的精神和力量，它的形象就包含着巨大能量。”这些，都是医生写的文章（费奇诺写《论生命》时是医生），所有这些文章的一个基本观点就是，把精神和身体联系起来，用来改变身体的状况（参见 *Physiognomica*, cap. I, Aristotelis *opera*, Lugduni 1580, III, p. 439：“quod corpus compatitur passionibus animae manifestum circa amores et timores, dolores et voluptates”）；这方面，还可以阅读蓬波纳齐根据一位医生的要求，在1520年写的一篇文章 *De naturalium effectuum admirandorum causis*。蓬波纳齐写下这段文字（Basileae 1567, pp. 52－53）并非偶然：“正如阿维森纳所说，只有具有这种认识和能力的灵魂，才能发挥作用，但它并非是以不可理解的方

式改变物质，而是根据他的灵魂的愿望改变物质。按照我们的看法，灵魂如果不发生变化的话，实际上并没有这方面的作用，这样的作用是通过灵魂受到善或恶的影响，挥发的气体而实现的。但是，也有许多人认为，发生这样的变化与其说是由于某种气体，还不如说是受到膏药或药物的影响，因为精神是接近自然的立刻能起作用的手段。”费奇诺在谈到关于占星术医学(《论生命》，第三卷，20)时说：“实际上发生变化的是爱的力量。但是信仰和某种不确定的希望，却能保持住人的不安定的精神，正如伊波克拉底和加莱诺教导的那样，病人对自己的医生的感情和信心，对自身内外疾病的康复至关重要，阿维森纳甚至说，这种信心比用药起的作用还要大。那么为什么不相信已经在我们身上存在和起作用，深入到内脏中的星星的影响，以及我们对星星活动的感情和信心呢?”所有这些，都是企图用自然的原因，解释信念可以促使奇迹的发生。

我们再回头来谈卡塔尼所介绍的阿维森纳的思想，也许它是阿维森纳的哲学思想对佛罗伦萨文化产生影响的典型例子之一。大家知道，费奇诺曾大量引用阿维森纳的观点。在皮科的著作中也有阿维森纳的引文，只不过量很小。海茨曼所谈的，建立在莫雷利不可靠议论基础之上的马尔西利奥开始建立的“阿维森纳研究会”(《阿维森纳的阿戈斯蒂诺思想和马尔西利奥·费奇诺哲学的出发点》，见《Giornale critico della filo. It.》，XVII，1936，p. 43
10)，留下了许多可疑之处，使人感到在阅读通常在大学课程中的阿维森纳医生的著作时(A. Gherardi，*Statuti dell' universita' e studio fiorentino*，Firenze 1881，p.404)，会造成混乱。而卡塔尼所写的东西，却是关于阿维森纳著作的正式课程中的准确文件。

二

有一篇谈论以“转变形式”(*de conversione formarum*)的魔法为题,并且引起皮科特别反感的有趣文章,据说是根据加莱诺编辑的[托名]柏拉图的《母牛之书》(参见 Lynn Thorndike, *op. cit.*, II, pp. 777 sgg.)写成。此外,还可以阅读《佛罗伦萨国家手抄本》(ms. fiorentino Naz.)II, 111, 第 214 页,题为《柏拉图实践教育书中伊萨克的儿子胡纳英如是说》的文章,该文开头这样写道:“当加利埃诺斯对被称为《安圭米斯》的[托名]柏拉图的哲学著作进行概括的时候,他的智力得到加强,更加成熟,他决心这样去做……”。其中谈到生物变化的部分很有意思。

如果想获得这方面的知识,可以注意一下包含在同一手抄本中(a c. 24 v)谈到水星和规定相关仪式的《水星之书》。那个富于某些特征的仪式,使人联想起克里斯特勒在他的重要论文《马尔西利奥·费奇诺和洛多维柯·拉扎雷利:对在文艺复兴中传播隐修思想所作的贡献》(见《*Annali della Scuola Norm. Sup. Di Pisa*》, 1938, pp. 236 sgg.)中,描述的隐修派宗教的奇特仪式;对于那本珍贵的古籍《埃诺奇信函》(参见 Ohly, Johannes《*Mercurius*》, Corrigiensis,《 *Beiträge zur Inkunabelkunde*》, 1938, pp. 133 sgg.)。这里摘录佛罗伦萨手抄本的《水星之书》文章的一部分:“这是梅尔库里奥·埃尔梅特的书:对了解科学知识、哲学、口述的和文字的历史有用。可以用它来向人民布道,对孩子和门徒进行
44 教育。如果你愿意这样做,就骑上一匹干净的白色毛驴,手里拿着

他的这本小书，像一个随意阅读的人。你的头上要戴上僧帽，当水星从室女星座的不祥阴影下移动出来的时候，如果正在召开宗教会议，你就注视月亮如何从三角形的星象带中移动出来。这时最好有一个如同你一样单纯的小男孩，身穿长到膝盖的白色外衣，头戴僧帽，手中拿着这本书，还提着一个锡制的香炉，如果可能的话，香炉是银色，里面焚烧着质量最好的苦栎树的木块，香烟冉冉升起，然后就开始'念驱魔咒：啊，你是智慧的光辉，你能看清事物的根本，你一旦显现出来，就光芒四射。啊，你慷慨地普照所有的人，把理智赠与人类，无上光荣。在你的光辉下，人变得思想锐敏，纯洁和热情，多么幸福！我在这巨大的神庙里，用这本小书向你祈求：你要保护我们，感谢你就在我们身旁，受万物崇拜，你是王国中的最强者，上帝的代表。和平来到，你显得更加崇高，权力更大，你选择所有的善，拒绝所有的恶……'。做完这一切之后，骑着你的白毛驴，向右转，向左转，默默地回到你的家。"

桑代克研究了这部佛罗伦萨手抄本，停留在与占星术密切相关的隐修派章节，特别是《月亮之书》。但是，需要把《埃诺奇信函》珍贵的文本，首先是它谈到的象征性的东西（骑驴、小男孩、服饰、僧帽、书、祈祷），同这部《水星之书》的仪式相比较，确定它们之间有哪些是相同的，然后再区别在乔瓦尼·梅尔库里奥的片段中，哪些是古老的巫术——占星术传统和哪些是新的由费奇诺传播的隐修派神学。为了能很快翻阅一下《埃诺奇信函》，我需要借助于朋友德利奥·坎蒂莫里的珍本复印件，我找到了《白驴》（参见第3章《骑白驴》），该书（第3章的第4行："右手拿着具有神秘解说的书"），民众、奴隶（第3行："此后，保罗的祭司就会比士兵们先到这里”),“小男孩”具有明显的占星术意义的形象(“在身穿长到膝盖的白色外衣的小男孩前面,出现了一座有六个小丘的山,山顶上有
45 一颗闪烁的星,它向周围放射出六道风暴和炽热火焰的光芒。在山脚下还可以看到有一行醒目的字:一切都由权力组成。在小男孩的身后,也有同样的三座山,它们组成一个三角形,使人能清楚地看到它们……”)。乔瓦尼·梅尔库里奥的《永恒福音》,把占星术—巫术同隐修派神学奇妙地集合在一起。

第二章　拉丁中世纪的诗歌和哲学 47

一

比德在《英吉利教会史》的第二卷中说，北翁布里亚的国王爱德维诺打算改信基督教，在做出这个重大的决定之前，他想同在场的贵族们讨论一下这件事情。出席会议的一位贵族说："在我看来，国王，我们生活在尘世的一生中，许多事情我们都不知道，我打一个比喻：在一个冬天的晚上，您坐在这里吃晚饭，周围是文武官员。房间里生着火，暖融融的，而外面大雪纷飞。一只迷路的麻雀突然飞了进来，穿过大厅，然后又返回到外面的黑夜里。当它穿过房间的时候，并没有感觉到冬天的严寒，但是一瞬间立刻就过去了，它又消失在暴风雪里。它的经历，陛下，我感到像人的一生一样：我们对人生的过去和未来一无所知。如果新的信仰给我们带来希望，那么，我们听听它怎么说。"

这段令人感动的文字，如果没有错的话，可以说它是拉丁中世纪给我们留下的最优美的诗歌之一；而且，无疑它也是一篇范文，因为在中世纪诗歌的启示中，谈灵魂的调子是最高的[①]。中世纪

① Il luogo di Beda in *Hist. eccl.*, II, 13 (ed. della P.L., 104 b－c). Il gi-

的诗歌也歌颂美酒、爱情和一切尘世上生活的欢乐和忧伤，赞美世界上的鲜花和最美的事物，但是，它总是面临着那个被贝达描述的
48 寒冷的黑夜，黑夜谜一般地、可怕地从各个方面包围着尘世上舒适的住处。除了上帝和另一个世界以外，还有人们往来其中的黑暗；人们对神秘的存在感到恐惧和忧伤，他们用祷告或咒骂来表示不满：这就是人的一切活动的背景，人们所有的尝试和赞美都是为了另一个世界。灵魂转化为肉身，我们的生命是化为肉身的生命，我们总是生活在这个惊人的和奇怪的结合中，下面的程序规定了人生难忘的节奏：

生与死的决斗，
进行奇迹般的较量。

以上这两句诗，不仅表明宗教诗歌难以同世俗诗歌分离，理性诗歌难以同“纯”抒情诗歌分离[①]；它们也表示出中世纪“诗歌”的特殊格调和富有特征的方向。但是，如果想找到和理解中世纪诗

---

udizio cui si allude è del Bremond, *La poésie pure*, Paris 1926, pp. 165 – 166. Per queste considerazioni in genere cfr. specialmente il bel saggio di R. Mc Keon, *Poetry and Philosophy in the Twelfth Century*: *the Renaissance of Rhetoric*, già stampato nel fascicolo del magio 1946 di《Modern Philology》, ed ora nel volume miscellaneo *Critics and Criticism Ancient and Modern*, raccolto da R. S. Crane, The University of Chicago Press, Chicago 1952, pp. 297 – 318. Per taloni testi s'è usata la scelta di G. Vecchi, *Poesia Latina medievale*, Guanda, Parma 1952, con introduzione, traduzione, note e commenti musicali.

① Cfr. E. Gilson, *Poésie impure*,《Le Figaro littéraire》, 27 marzo 1948, e Y. Batard, *Dante*, *Minerve et Apollon*. *Les images de la Divine Comédie*, Paris 1952, p. 109.

歌的真正高峰时期，在接近它时必须小心谨慎，要记住普卢塔科的告诫："没有神话的诗歌，就如同没有舞蹈和没有笛子音乐的宗教仪式一样"，因此，柏拉图虽然没有写过诗，但他是诗人，而不是形式上文字优美的泰奥尼德。

我们不断地发现许多文献，表明这种为提高"诗歌"地位所作 49
的努力，把诗歌作为人的经验中心和最高表现形式。如果说哲学家是在阐述、证明、解释和澄清；但要深入看清人在具体位置中的环境的，并不是哲学。现在要以居高临下的视野，掌握事物变化的生动节奏，并且参与其中，把它们都用人能够交流的形式和形象表现出来：这正是"诗歌"的作用。但是，这类诗歌也像圣经一样，是启示性和预言性的，它们同异教徒的"神话"之间没有任何关系。

即使有人激烈地反对诗歌，也仅仅是反对某些诗歌的方式和对诗人作用的理解：他们认为诗歌中存在和反映宇宙本质的节奏，拒绝单纯把诗歌当作传播悦耳的声音和娱乐的工具，当作人的装腔作势和"发泄"的产物。在圣皮尔·达米阿尼的著作中就可以找到这种既爱诗又反对诗的典型言论（为什么这些愚蠢的诗人做这些令人难以置信的捏造?）。在他的著作《主与你们同在》（*Dominus vobiscum*）中，在咒骂古代神话的同时，以另一种和谐的腔调赞扬与整个宇宙的运动相协调的诗歌。他说："多么美啊，当修道士夜间在他的简陋僧房里念赞美诗的时候，他真像上帝的军队里的一名哨兵。他沉思着在天空运行的星星，从他的口中有节奏地唱着赞美诗。星星的交替运动带来日夜的变化；他口中念出的一句句诗像一股清泉；诗和天上的星星都以同样的运动奔向它们的目标。修士完成了他的任务，星星也完成了它们的使命。一个在

心灵里唱着赞歌，渴望不可企及的光辉，另一些则以和谐的节奏把白天的光辉再次送到人们的眼中。修士和星星都以不同的方式趋
50 向他们的目的，他们都唱着上帝的仆人的颂歌。”①

这位文学、智慧的语法和诗人的神话的坚决反对者，赋予诗歌——包括宗教诗—— 一种宇宙功能，当修士抑扬顿挫地唱着诗的时候，他全身心地沉浸在其中，不仅内视到他的心灵，还体现了宇宙的节奏本身。星星的“歌”——天空讲述上帝的光荣——改变并溶入了“圣诗”中，修士陪伴着它，并在其中表现他在尘世奋斗的生活。皮尔·达米阿尼作为哲学的坚决反对者，他用诗表达了人对自由的追求。

干渴的灵魂，
从永恒的生命中汲取源泉；
这是被封闭的灵魂，
热烈期盼冲出形体的牢笼。

像奋力获得自由的流亡者，
他伸展一下四肢，
开始在周围游荡，

① *Liber qui appellater 'Dominus vobiscum', ad Leonem Eremitam*, P. L., 145, 248 c-d. Contro i filosofi, 232 b:《Platonem latentis naturae secreta rimantem respuo, planetarum circulis metas. Astrorumque meatibus calculus affigentem...》; e, invece, l'invocazione alla cella monacale:(O cella... Eremus est paradises deliciarum...). Cfr. F. J. Raby, *A History of Secular Latin Poetry in the Middle Ages*, Oxford 1934, vol. I, pp. 370 sgg.

然后欣喜地奔向自己的家园。

只有诗人，只有诗歌才能表现出任何理智、任何三段论、任何哲学所无法表现的看法：

那里的房子装饰着天然珍珠，
永远没有寒冬、酷暑，
玫瑰花儿终年绽放……

为了彻底弄清楚基督教作家赋予诗歌的作用，以及他们对于
古典著作的如此模棱两可的认识，需要集中研究他们对诗人的认
识，或者说他们总是不断地从两个方向理解诗歌的作用：有时仅仅
把诗歌看成是修辞学上的装饰，有时又把它看成是一种最高的直
觉、观念和思想的感受。一方面是圣经上揭示“秘密”（σι'
ἀπορρητων）真理的诗，另一方面是古代的寓言诗。大巴西尔在他 51
的《关于青年人从异教徒书籍中汲取营养的讲话》一文中，有这样
一段话：“在对异教徒著作的学习中，首先我们应当了解关于神的
秘密；当我们已在一定程度上观察到水中反射的太阳光之后，我们
就学会直接地观察光本身。”这是一个柏拉图式的形象，与其说是
隐喻，还不如说他自由地引用了《理想国》中著名的神话；但是隐喻
的意义在于它提供了两种类型的形象：作为感觉补充的支撑点的
形象，和作为最高纯思维的形象。异教徒的诗人像历史学家和修
辞学家们一样，引导我们，让我们习惯于向灵魂“求心灵的关注”
（πρós τὴν τῆs ψυχῆs ἐπιμέλειαν）求助，但我们不可能达到目的，只

不过仅仅是一种需要。它让我们知道，还有一种超越表面现象的更深刻的观点。当我们已习惯于看到水中反映的光时，我们也可以直接观察光的灿烂源头。这是另外一个观点，那就是上帝存在于万物中，这也是圣经上的启示。第一个观点的任务是启发我们，让我们感觉自身的不足，这是认识真理的准备阶段，接近真理的“外壳”；第二个观点是直接正视现实。这样，第一个观点看到的世界的美妙只不过是另一个世界的表象；第二个观点看到的才是“另一个世界”。另一个世界的“真”遍布于全世界，它是美的本源。第一种观点所表现的异教徒的“神话”诗，在事物中探索更深刻的思想，但是它并没有发现这种思想的本源，并为众神所模拟的谎言所引诱而失望；第二种观点在事物中又找到了它在源头里显现的光明[1]。第一种观点在坟头上哭泣和对死亡表示深切的悲痛，并抗
52 议死亡的愚蠢；第二种观点认为死亡只不过是生命之途中痛苦的一步，然后把痛苦的哭泣声调转变为坚定。

现在要停止痛苦的哭泣。
让干枯的种子从深深的地下萌芽，
开始变得绿油油的一片，
重新长出已死亡并被埋葬的麦穗。

人不会死亡。

---

① Cfr. le considerazioni di s. Agostino sui poeti－teologi antichi, *De Civitale Dei*, XVIII, 14.

即使他已衰老，
骨头变成灰。
微风把他扬起，
同尘埃一起消逝。

我们将用紫罗兰，
用覆盖青枝绿叶的墓碑，
温暖被埋葬的骨头；
让冷冰冰的大理石，
散发出馨人的芳香。

二

这种对诗和它同哲学关系的模棱两可的观点，即使没有表现出来，它也穿越了大部分中世纪文化，直到12世纪，无疑它是同柏拉图传统相联系的，体现整个柏拉图关于感性认识的态度。因为对于柏拉图来说，从他更晚时期的思想中可以看到，他有一个终极的观点，即最高的美的观点，它是哲学思维的泉源。普罗提诺在《九章集》第三卷令人难忘的文章中，提出宇宙的“诗的活跃创造”是“造物主—诗人”的业绩，并非偶然。可以从两个方面来理解他的这个观点：一个是下降的运动，它可以看清楚事物的表面；另一个是上升的运动，它可以看到事物的整体、本质和深远。正是这种观点和它的艺术表现（心灵中感情的爆发演变成诗）才构成哲学后 53

来宣称的作为概念的最高经验本身。在论述中世纪诗歌时，常常引用薄伽丘谈到但丁时说的一句话："诗歌就是神学"。但是，在对这句话含糊的理解中，也可能违背它的深刻的原意。薄伽丘的原意是想说明某些更微妙的东西，像今天的一位历史学家所讲的那样，如果说现代文化的标志是"考虑存在"（*il cogito ergo sum*），那么中世纪生活的标志就是"相信通过信仰能获得理智"（*il credo ut intelligam*，*la fides quaerens intellectum*）①。如果说把哲学上的认识上升到神学的地位，那么可以更确切地说，哲学就是神学，信仰的行为就是对上帝认知，也就是"神圣"诗人在诗歌中所赞美的深刻观念。总之，诗人是人同神接触的揭示者，他能把人和神之间的事翻译成为人们能够了解的语言；而哲学家则对此进行阐述和澄清，并对那种观点进行推理。所以把圣经作为出发点，并非偶然。《圣经》是最高水平的诗。《圣经》是卓越的创造，是艺术家—造物主的伟大史诗，它同另一部作为自然世界的史诗并列：

世界上的一切创造物，
对我们来说，
都是一本书，一幅画，一面镜子。

① G. Cohen, *Tableau de la literature française médiévale. Idées et sensibilités*, Paris 1950, p. 23. Per le alter considerazioni su poesia e filosofia, poesia e teologia, cfr. I due capitoli di E. R. Curtius, *Europäische Literatur und lateinisches Mittelalter*, Bern 1948, pp. 209-232 (e di A. Buck, *Dichtung und Dichter bei Cristoforo Landino*, 《Romanische Forschungen》, 1947, pp. 233-246, e *Dante im Urteil der Literarästhetik des italicenischen Humanismus*, 《Dante-Jahrbuch》, 1949, pp. 1-15; cfr. anche A. Pezard, *Dante sous la pluie de feu*, Paris 1950, pp. 244-261).

是我们的生命、我们的死亡、 54
我们的存在、我们的命运的忠实象征。

玫瑰描绘我们的存在，
语言表现和评论我们生活的条件。

这样，世界作为上帝的书同圣经之间的有名对话，便延伸到同人写的书之间的对话。而且人写的书越超过神写的书，便越神圣。其中最重要的注释是由智者、哲学家、辩证论者和从事汇编工作的人写的书。

这个任务恰好落在柏拉图的信徒博埃齐奥身上，他首先阐明了唱诗的两重性：趋向感性的娱乐和趋向思想的高度自由释放。哲学被赋予了令人敬仰的形象，近乎于可以给痛苦的人带来安慰，赶走像美人鱼那样用歌声煽动感情的缪斯，而与引导自己内心趋向平静的缪斯们在一起。（迷惑人的美人鱼已经远去，把他交给我的缪斯，好好关心他，治疗他。）令人激动和愉悦的艺术是同追求平静、脱离、自我满足相对立的，只有排除冲动和不安之后，才能“看到”远离感情痛苦的前景，虽然仍能保持对其特征的理解。这就是柏拉图的缪斯，正如更晚时候一位柏拉图主义者所说，像失去记忆那样，从感情过渡到理性才是真正的自由。博埃齐奥在《安慰》一书的第三卷第十二节中描写美丽的奥尔费奥的神话并非偶然，他让诗人处于表现纯粹形式的诗歌同需要抛弃情感的热恋者之间的十字路口上。

对善的源泉进行深思的人，
是幸福的。
解脱尘世沉重枷锁的人，
是幸福的。

55 歌颂和描述神的观点的人所写的诗，将战胜死亡。而向下运动的人将被战胜和制服，失去他的一切财富。

这话讲给你们中的任何人听，
渴望引导灵魂，
直到死亡之日。

正因为如此，博埃齐奥在他的诗和散文中，或在关于哲学的讲话中，阐述了诗歌从诗过渡到逻辑的论述。博埃齐奥的理论巅峰，也是直到整个12世纪的中世纪哲学的相当重要的论题，就是《安慰》第三卷第九节中的内容，它在其中用诗把《蒂迈欧篇》的内容做了精彩的概括：

啊，你，用固定的规则统治世界，
天和地的创造者，在最初，
你使时间流动，不动的你，给万物以推动。
啊，天父，请允许我的思想攀登你崇高的殿堂，
允许我从善的源泉中吸取力量和发现光明，
让我心灵的目光专注地观察你的面容。

在这个文学形式中，他完全地表现了诗和哲学的关系，作为由上帝支配的头脑的最高感觉和逻辑推理的对话。塞杜里奥在谈到自己时说，他习惯于听大卫的诗以后，他也会作诗，但不是带着世俗的情感作诗，而仅仅是表达能够通向拯救自己的道路的真理（这就是我的歌）。

12世纪伟大的诗人—哲学家，从贝尔纳尔多·西尔维斯特里到阿拉诺·迪里拉，改变了博埃齐奥的散文风格，但保持理智的直觉同理性解释之间的关系不变，这种关系也就是后来历史上形成的优秀诗歌《完美的人》中所表现的柏拉图和亚里士多德之间的关系：

> 亚里士多德提供了科学的手段， 56
> 并且强调运用逻辑学；
> 而柏拉图比他更高明，
> 他用锐敏的智慧思考大自然和宇宙的秘密，
> 企图破解上帝的心思。

这表明柏拉图并不否认诗歌，而是一个预言家，是歌唱神话的古代的摩西，他沉醉于天堂的幻觉中，这些幻觉比隐藏在“表皮之下”的哲学真理更好，它们被认为是圣人和预言家的面对面的更为深刻的见解。这里很好地概括了整个中世纪的思想倾向。布鲁诺·纳尔迪[①]在谈到但丁时说，“每个具有天赋的诗人，都有预言

① B. Nardi, *Dante e la culturea medievale*, Bari 1949－1952, p. 375 .

家的素质。在他看来,预言家在表达方式上就是诗人。因此,诗人也常常被称为神的代言人或先知,相信他们都是‘通过神的启示’在讲话……。乔瓦尼·薄伽丘发现了诗歌和神学之间的紧密联系,‘主题都是一样的’,由此认为‘神学不是别的,就是上帝的诗’。”

诗歌是“神的艺术”,崇高的诗,真正揭示和表达观念最纯粹的时刻:

> 任何诗人,他都是神的代言人,
> 过去所说的“神学”,
> 对我们来说就是“诗”。

但是,要注意在这些穆萨托诗里所表现出的,更接近于薄伽丘对但丁看法的立场,已不同于在索尔兹伯里的约翰、维吉尔问题上理论化了的贝尔纳尔多·西尔维斯特里的立场。

> ……在语言的面纱下隐藏着真理。
> 真理被各种事物的形象掩盖着,
> 因为公共法律禁止平民走近神圣事物[①]。

57 这里,正如在其他地方一样,寓言和诗归根结蒂都是诗人们的

---

① Cfr. Curtius, *op. cit.*, p. 211 (e, a proposito di B. Silvestre, il suo commento all'*Eneide*).

"谎言",但是,它们为真理"服务",因为只有透过"童话的面具",才能找到真理。训世诗可以用幻想的形式表达哲学的真理。但是,当崇高的幻想已超越感觉的推动,去接受"神圣世界"的纯粹形式时,诗歌所表达的是大卫所歌唱的同样内容。那么——正如阿维森纳用普遍能接受的语言明确地说——来自上天的印记本身就塑造想象,由此便"产生某种完美形象,或如诗一般的讲话,或极其优美的形式[①]"。充满尘世激情的感觉形象,是与造物主描绘的表现内在的观念相对立的。诗人—预言家在这里并不要求上升到哲学家的高度,但是他却可以向哲学家提供能够充分让人们理解的语言:这里,诗歌更高于神学,因为它面对面地从神圣的源泉汲取灵感,并把光明直接传达给人们。

三

同12世纪的作家们的哲学相比,诗的情况更为复杂,有时充满陷阱和模棱两可,熟悉中世纪文学的理查德·马克·基翁对此非常了解。为了说明这点,他正确地指出,柏拉图主义者的形成和他们从柏拉图思想中所获得的启示是:中世纪还不认识的一篇对话中的柏拉图,他完全不同于那种模仿的概念,在模仿的概念下, 58
把艺术贬低为"形象模仿",或对"真实"准确的复制,"幻想的模仿"

① Avicenna, *Livre des directives et remarques*, trad. di A. M. Goichon, Paris 1951, pp. 514.; Avicenna, Notes sur la ' *Théologie d' Aristote* ', 《Revue Thomiste》, 1951, pp. 366-367.

或虚幻的假象[1]。如果这还不是主要的话，那么在《理想国》中所谈到的新伦理的最高观念，就是登上光辉顶点的最后一个台阶——“神圣的”诗。当然还有另一种情感诗，即使在这种诗的范围内，也可以把感觉引向良好的教育目的(“服务于真理的谎言”)。这样，已清除其坏影响的、经过改造的、重新被赋予崇高意义的异教徒的诗和世俗诗，仍然可以用来为“善”服务。但是，圣经的诗，一切歌颂上帝和上帝业绩的诗，反映的是存在的深刻理念，它们才是真正的缪斯，而不是诱人的美人鱼，它们不是处于雄辩术之下，而是处于雄辩术之上。它们为哲学提供最本质的经验，然后由逻辑学来阐述这些经验。基督教的作家们在对待艺术问题上的复杂态度，常常给人留下深刻的印象，他们同诗人体现出来的价值完全不一样：诗人表现形象、歌唱、内心的感受，但他们之间在层次上也有明显的差别：一些诗人表现思想观念，而另一些诗人则表现对个人事物的看法。前者认为，超越尘世的观念是一切智慧的源泉，已不再感觉到感情的世界；而后者，阿贝拉尔多梦想着从埃罗伊莎那里学习各种做爱的技巧，唱着天和地的永恒婚礼的赞歌：

> 升起的上帝可以作证，
> 天使下降，灵魂上升。

正是在这种对立中可以发现，一方面是如何耽于声色；另一方

① *Soph*. 235 d－236 d (e le note penetranti di V. Arangio Ruiz alla sua trad., Bari 1951, pp. 103 sgg.).

面，对任何时代和任何记忆都感觉甚微。那是用一种静止的、遥远的观念与实在的、几乎是与粗野的人性相对立，那样的观念似乎来
自超感觉的世界：来自柏拉图和普罗提诺所谈论的天堂，在那样的 59
天堂中存在着极其优美的绝对形式，但是在希腊天空下的诗人们却从未歌颂过它们。“天庭上的地方，诗人未歌颂它，也从未歌颂其价值”(τόυ δέ ύπερουράνιον τόπον, ούτε τις ύμνεόέ πω τών τῆδε ποιητῆs, ούτε ποτέ ύμνῆσει χατ' αξίαν)①。新的诗人们所歌颂的正是这种赞歌，因为他们头上出现了上帝的光环。

真理来到，表面现象退去，
黑夜之后，重现白日的光辉。
在宗教神秘迷雾的金色光芒中，
最高的真理之光显露，
神秘形象抛弃它们的面纱。

阿拉诺·迪里拉的永恒花园距离我们所处的时代、空间如此遥远，距离我们所感受到的风和雨，爱情和死亡如此遥远，它真是柏拉图思想中的空中花园。当然，那里有很美丽的玫瑰，歌声和泉水，但是，它排除任何人类的参与。

有一个遥远的地方，
比这里更令人激动。

① *Phaedr.*, 247 c (Plot., Enn., 5, 8 = tr. Cilento, II, 77).

地上盛开着鲜嫩的花朵，
天空布满玫瑰色的星星。
这里鲜花未开放便已枯萎，
早晨的玫瑰晚上已经衰老。
而那里却是永恒的春天，
永葆青春的美丽容颜。

永恒的玫瑰和永恒的春天，距离波利齐亚诺的类似“永恒花园”如此遥远，在波利齐亚诺的“永恒花园”中，在微笑的鲜花中也
60 有哭泣的花，所有的玫瑰都是不一样的，那些虽然一时在温室中绽
放的玫瑰，也会很快

枯萎和美丽的草地将开遍鲜花。

波利齐亚诺的“永恒花园”现在是指另外的东西；那是在另外一种前景中的诗，那里生与死不像古代一贯歌唱的那样，是残酷的决斗，而是融合在既苦又甜的尘世生活中，那里生总是伴随着死，死也意味着生。正是在反对没有死的永生花园中，中世纪的诗人看见了死的王国。

因为花要呼吸，就会衰老，
直到它的颜色褪去。
出生的时候就已开始死亡，
仿佛玫瑰花既新鲜又衰老，

像老人和姑娘，
腐朽始于新生。

形式上永存的和转瞬即逝的两个世界，两种观念，两首歌，相互排斥着，各自都有属于自己的城市空间：应当从死亡之城逃走，并且要像殉道者们一样，带着胜利的心情在阳光中站在高处观望它：

在充满阳光的小路上，
惊奇地观看脚下的世界：
下面是一片茫茫黑暗，
他微笑地望着太阳的金轮转动，
宇宙中众星球的旋转与交织，
看到周围转动舞台上的生命，
要抓住变动无常的世界实属枉然。

被殉道者解放出来的阿涅塞姑娘微笑着，好像看见一个非常有趣的玩意儿一样，认真地望着星球的转动。她的微笑是那种被解放了的深刻观点的象征，是存在物的纯粹形式和存在物本身的象征，它就是人的最高经验：这里就是塞杜里奥所说的大卫的高尚的诗；这里，信仰超越理智，超越彼得罗·达米阿尼·达拉文纳所 61
唱的赞美诗。这种看法与另一种看法，即感觉的看法相对立；这种诗脱离了世俗的诗，而且完全不同于世俗的诗：世俗的人歌唱的内容是世俗的：其他的神反对真实的上帝。那是异教徒的众神，邪恶的异教神话。这种贯穿中世纪，在神和邪恶之间把人撕裂开的紧

张状态,在诗人的观点中得到表现。缪斯女神并非像西塞罗所说的那样,“人性和智慧”(*humanitas et doctrina*),而是包含着或多或少的其他含义:缪斯女神是受上帝或魔鬼控制的。一方面,可以听到基督寓于其中的对灵魂的歌颂,听到极其甜蜜的赞美诗升起:

是谁?
　　在这深夜里敲门,
　　呼唤我,
惊醒我的梦。
　　那是一位
　　最美丽的姑娘,
姐妹,爱妻,闪光的宝石。
　　在所有人的眼中,
　　她都极其温柔。

与此相反,也可以听到科洛尼亚的大诗人刺耳的声音:

写作轻浮的题材,
像微风吹动树叶。
我宁愿死在小酒店中,
只要酒能更接近临终者的嘴唇[①]。

---

① Vecchi, *Pesia Latina medievale*, pp. 137, 274－275. Cosi il Raby mette con

在已经提到过的文章中，马克·基翁正确地注意到："中世纪 62
的诗歌，也像其他任何伟大的诗歌一样，可以使用不同于产生它的环境的批判原则去批判它。"但是，这种批判一定要同某种思维方式相联系；同反映它的某一个世界、某一个时代相联系：如果对这种批判采用外在的尺度，不可能不产生错误。要寻找没有哲学和神学"思想"的中世纪诗歌，或者局限于寻找突出表现诗的作用的中世纪诗歌——吉尔松认为——可能就会排除掉最优秀的中世纪诗歌。关于"诗"的一场大辩论爆发在薄伽丘时代，持续整个15世纪，并非偶然。我们不要忘记，那场辩论是与"异教徒的众神"相联系的。乔瓦尼·多米尼奇认为，那并不是一场诗歌反对神学的战争，而是神学反对神学的战争；那是用诗表现的一种不同的人生观，去反对另一种用诗表现的人生观：例如但丁的《神曲》和彼特拉克的诗。啊，如果可以的话，声音可以低一些，面对伊尔德贝尔托的从容而坚定的诗句

神圣的天国城市——，
锡永将欢迎我。

---

efficacyia a raffronto l'immagine che Alano di Lilla dà del《giardino eterno》con I versi di un ingoto contemporaneo, ove invece, si presenta in un paesaggio notturno (*nox succedebat claro tenebrosa diei*) la dimora segreta e ben guardata (... *nigrumque nemus totumque fremebat* / ... *vaia cum voce ferarum*) dell'inviolabile vergine Natura (Raby, op. cit., II, pp. 22-23). Non diverso discorso si potrebbe fare per il poema filosofico di B. Silvestre, che alterna temi platonici a motive di corposa sensuallità (cfr. nell'ed. Barach, Innsbruck 1876, p. 67).

这位人文主义者,为了死去的女人,在他的笔记本上抄下了这首古代的碑文:

如果无情的命运,
允许赎回死者的灵魂,
我将高兴地用死亡来交换。
亲爱的,
我将把我生命中
余下不多的时日,
……献给你。[①]

① *Carmina Latina epigramphica* (ed. F. Bücheler), Leipzig 1895 - 1926, 995 b (l'epigrafe è sottolineata anche dall'Alberti, *De re aedificatoria*, VIII, 4).

第三章　古代寓言 63

一

薄伽丘的《神谱》、萨卢塔蒂的《海格立斯》、马鲁洛的《大自然的赞歌》，在很短的时期中多次再版，这便鲜明地再次提出了一个问题，对此也许并没有得到十分满意的答复，甚至包括让·塞兹内克的非常有名的著作，在 1940 年出版的研究《古代众神仍然存在》问题的书。另一方面，奥古斯丁·勒诺代和伊冯娜·巴塔尔的最近著作，在谈到但丁时又坚持古代寓言和异教诸神的地位。勒诺代雄辩地证明，但丁作为“人文主义者”，对重新肯定古代寓言的价值所作的贡献，就从根本上消除了中世纪和文艺复兴之间，在这方面的概念上的分歧。南希·伦凯特在其著作《但丁和罗马的传奇故事》中，更为明确地宣称要阐明“但丁的人文主义……对于人文主义来说就意味着颂扬古代文化和古典的遗产”①。

---

① G. Boccaccio, *Genealogie deorum gentilium libri*, a cua di V. Romano, voll. 2, Bari 1951; C. Salutati, *De laboribus Herculis*, voll. 2, ed. B. L. Ulman, Zürich 1951; M. Marulli *Carmina*, a cura di A. Perosa, Zürich 1951; J. Seznec, *La survivance des dieux antiques*, Londra 1940; A. Renaudet, *Dante humaniste*, Paris 1952; Y. Batard, Dante, Minerve et Apollon. *Les images de la Divine Comédie*, Paris 1952; N. Lenkeith, *Dante and the Legend of Rome*, London 1952 (《Mediaeval and

64 克罗齐在1946年评论塞兹内克的作品时，正确地指出了正是由于这方面研究薄弱所出现的担心；实际上塞兹内克首先也想表明，在对待异教神学的问题上，中世纪立场和文艺复兴论点之间，并无本质区别[①]。“众神不用再生，因为他们从来没有从人们的记忆和想象中消失”。

希腊和罗马的众神从来都没有死亡，这种情况早已被人们知道了，甚至还非常早于约翰·赫伊津哈在作出关于在中世纪的文学中，一直存在异教语调的表述之前。“当人文主义者把上帝称为‘最高的君主’，把玛丽亚称作‘雷母’时，并不是什么新奇的事情。自古以来，已纯粹从表面上，用异教神话中的名字去称呼某些具有基督教信仰的人，这里很少涉及或完全没有宗教的感觉”[②]。例如科洛尼亚的重要诗人赫伊津哈就把上帝叫宙斯，维庸把圣母称为“最高女神”，也许这样的称呼并不合适，因为这二人都具有诗人的特殊素质；当我们想到“至高无上的宙斯时……我们认为他在地上是被钉了十字架的”。对此，勒诺代和伦凯特在他们的书中的许多地方都谈到过。“文艺复兴时期的大部分文学作品都没有认真地探讨过这个问题”——赫伊津哈正确地总结说。但问题并非仅仅在这里，因为表面性不能说明任何东西。正是萨卢塔蒂写了《论海格立斯》为带有众神的古典诗歌辩护，反对顽固派的指责，在《论命

Renaissance Studies》, suppl. II).

① B, Croce, *Gli Dei antichi nella tradizione mitologica del Medio Evo e del Rinascimento*, in *Varietà di storia lettereria e civile*, serie II, Bari 1949, pp. 50－65 (e in origine ne《La parola del passato》, III, 1946, pp. 273－285).

② J. Huizinga, *L' a utunno del Medio Evo*, trad. it., Firenze 1953, pp. 459 sgg.

运》的一开头，就反对对异教形式的歧视。问题是在另一方面：是 65
在对待古代的众神持一成不变的态度，还是根本改变对异教信仰的认识？

赫伊津哈在文艺复兴中发现了新的东西：这就是“渗透一种新的‘精神’”——他说——“就是在一定程度上承认异教信仰的价值，特别是异教祭祀中的价值。”塞兹内克虽然提出了问题，但是他也表明了某些非常重要的看法，他说那种当古代世界消失时众神“死亡”的表述，和意大利文艺复兴初期时众神“再生”的表述，说明在中世纪“仅仅保留了那些形象的内涵”。古老的众神“被作为某些既深刻又坚实的思想的载体，它们是不会消失的……；消失的仅仅是它们的外壳，古典的形式。如果把它们的衣服脱下来，让它们穿上野蛮人的衣服，人们将不再认识它们”。至于说在中世纪仍然可以体验到人的普遍的活动和进步，而这些神在古代又表现为完全不同的“形式”：文艺复兴要复兴的正是这种形式。很有意思的是塞兹内克引用的伊尔德贝尔托·迪拉瓦尔丹关于罗马废墟的诗句[①]：

> 这里的众神羡慕天神们的模样，
> 希望能同她们同样美丽：
> 大自然不知如何造就人所希望的神，
> 让他们有美丽的面庞，使他们得到崇敬。
> 这与其说是由于他们的神性，

① Seznec, *op. cit.*, p. 181.

还不如说是由于工匠们的才华。

也许在这首诗中，除了塞兹内克寻找的以外，还有一些别的东西：首先是雕塑“形式”同名字之间的对立。但历史学家相信，这种十分单纯的对立，可以在文艺复兴的综合中得到和平地解决（“文
66 艺复兴并不是像一个突然的危机出现的，而是一个长期脱离的结束，不是一种再生，而是一种综合”）。实际上，伊尔德贝尔托的诗句说明，在文艺复兴时期人们不仅喜爱，而是在实践那些认为人是创造者，人塑造神的生动面孔（“*humanitas deos suos ex sui vultus similitudine figurat . . . statuas animatas sensu et spiritu plenas*”）[①]。现在已经不再是天上的神嫉妒那些残破的大理石雕像做得如此之优美，而是面对那些废墟虽然感到哀伤的人，创造出了不亚于古代雕塑的新的优美。正是那些对古典“形式”充满赞叹的天堂诗句，表明了真正的人文主义在反对所谓前人文主义的态度上的根本区别。不用说那首屡次提到的，并与人文主义者的文章作比较的哀歌，真正说明的是：异教的罗马同基督教的罗马之间的冲突，在这样的冲突中并非是要获取“虚名”和“异教的祭坛”，而是“身体同灵魂的尖锐对立”，“世俗权力和精神王国的尖锐对立”。诗很优美，并有明确的结论：

有人依靠短剑成为恺撒，依靠义务成为执政官，

---

① Asclepius, nel Corpus Hermeticum(ed. A. D. Nock), Paris 1945, II, p. 326.

依靠口才成为演说家。我都有这些，该有多大权威？
我研究土地的规律，便得到了土地；
只用一个十字架，便塑造出苍穹。

这还不是“人文主义的”结论；15 世纪所写的许多关于废墟的文章，有的很优美，尽管风格不一样。教皇庇护二世并不用教堂的 67
胜利和天国的住宅去反对古代女皇们的紫红色的内室和领事官们的豪宅，但是由于粗心的修道士们的漠不关心，那些教堂和住宅的围墙倒塌，老鼠大量繁殖。如果当时有人，例如像波焦那样的人，在那里感到对时光流逝的惆怅，他肯定会决定与古人竞赛，在那里修建一些新的毫不逊色的庙宇；但这些并不是把它们抛弃给大地，而是向大地索取。

除了伊尔德贝尔托指出的理由之外，还有其他一些人，如奥古斯丁·勒诺代强调指出，在但丁的作品中也包含着异教的神学，包含着基督在完成对人类逐渐拯救过程中的异教众神。但丁“不相信在希腊—罗马时代的英雄的古典时期，和基督开创的启蒙和拯救时代之间，存在着鸿沟；不相信在古代世界的结束和现代世界的诞生之间，存在着截然的和可悲的断裂。但丁的人文主义……不会拒绝，也不愿拒绝人类精神在寻求真理过程中的连续性原则。因此，希腊—罗马时期的万神庙中的众神，在神的史诗中占有如此广阔的地位。为此，但丁承认古代宙斯的伟大。并且，在这部神圣诗歌的三篇的每一篇的开头和直到进入天堂，都提到希腊的阿波罗神”。

尽管如此，在塞兹内克引用的伊尔德贝尔托的诗句中，在基督取得胜利之后，希腊和罗马的众神就已死亡，这也是很明确的；勒诺代向我们提供的关于但丁的古代神学，只不过是人类理智上的一种尝试，企图“抓住神的正义和星球稳定的规律”。现在，虽然对神的看法和过去相似，但出现文艺复兴的不同态度。人们研究“废墟”，想了解它们和模仿它们；亲自去参观它们——正如瓦萨里使我们回忆起——布鲁内莱斯基和多那太罗“在罗马和去到乡下”，所有“充满想象的人”都去“测量那些建筑物的环境，和发掘它们的遗址”。古代的神学，或者也可以把它理解为寓言诗，由于它们的
68 十分完美而受到赞赏；或者把它理解为“隐秘的知识”，但它反映的完全是人的观念，即使是局部的，它总是从单方面反映人的观念。“正如身体上的眼睛，如果通过一个红色的镜片去看东西，那么一切都是红色的；思想上的眼睛也是如此，你的思维受到属于你的认识和感情的限制，因为你是人，只能从人的角度看问题。如果你长着狮子的脸，你就会像狮子那样思考，牛只能像牛那样思考，鹰只能像鹰那样思考。啊，上帝，你的脸是奇妙的，如果把你理解为年轻人，那么你就是一位青年男子，把你理解为老人，你就是一位男性的老人”[①]。这样，终于出现了人文主义：理解、感觉和想象的重点是人；这种对人的研究，成为思考的对象。要把目光转向祈求援助的人，而不是转向捉摸不定被祈求的对象。一切形式的祈求，都是为了把人性的纯洁，从虚伪和谎言的古老指责中解放出来。因此，不仅再次承认了被认为是虚伪和谎言的异教众神的神圣性，而

① Sono parole di Cusano, *De visione Dei* VI, citato e comm. entato dal Cassirer, *Individuo e cosmo nella filosofia del Rinascimento*, trad. it., Firenze 1935, pp. 58-59.

且那些“寓言”除了被认为是优美的以外，还从根本上解决了人类的沟通和对历史的评价问题[①]。

二 69

为了继续利用塞兹内克为我们提供的形象，在文艺复兴时期对“古代寓言”产生的新看法中，主要的兴趣还在于：把它置于基督教的任何可能的秩序中之前，从形体或道德方面对它作任何解释之前，首先是“恢复”它的“形式”，发掘和保护其“诗的”价值。重要的是，对古典诗歌的大辩论，不可避免地要同异教众神的争论紧密联系在一起。薄伽丘的《神谱》结束了一场捍卫诗歌的争论；萨卢塔蒂的《论海格立斯》又开始了一场捍卫诗歌的争论；多米尼奇的《夜晚的卢库拉河》也挑起了对古典诗歌的战斗，因为它充满着不虔诚的神学（“通过某些诗人传下来的众神家谱看，他们是胆怯的和邪恶的，不仅天上的居住者，甚至小偷和杀人犯都耻于模仿他们”）[②]。此前，穆萨托和焦万尼诺·达曼托瓦在这一问题上就挑起过争论。这位多明我会修士直截了当地说：诗并不是来自于上

① 如果正如所说的那样，从希腊人到我们，只在修辞学中寻找对历史人文主义方式的新理解，而不把思想正确地转向作品、人和时代，像所有人都歌颂月亮一样，把萨福、但丁和莱奥帕尔迪放在同一层面上，便很难达到目的。对一位历史学家来说，在 l' *Asclepius* 中和在 B. Silvestre 及 Ficino 著作中找到的仅是一个起点，而不是终点；否认一个立场的新意，仅仅是因为这个题目在过去见到过，但是那是在不同的“形势”下，其价值和含意都是不同的，这是幼稚的批判。

② *Lucula noctis*, ed. Coulon, Paris 1908, p. 179. Cfr. Savonarola, *De poeticae artis ratione* (*In poeticen apologeticus*), Venetiis 1542, p. 54, contro I libri pagani,《qui deorum falsorum laudes continent》.

帝,它是人的创造,它上面的神话与《圣经》不符合,而是表现异教徒的众神。因此,神学就是诗;真正的神学只可能有一个,那就是基督教的神学。出发点仍然没有变化,正如维纳伊在谈到穆萨托的争论时说:"诗是一种启示的形式……。诗表现的不是在概念中逐步形成的知识,而是表现隐藏在每个人心灵深处的永恒的伦
70 理";或者用博埃齐奥的表述,诗人是"失去记忆的回忆者"[1]。如果诗是这样的话,很明显它就只能在"神圣的"神学范围内运行:直观的感觉,但是是对"真正的"神的感觉:对于异教的众神来讲,如果不按照"神学"中确定的秩序,它们便没有任何地位:这就是按照基督教徒的上帝旨意——或者动用占星术,甚至部分巫术的说法——魔鬼或天上的神灵。

现在,已经在薄伽丘的作品中(沿着彼特拉克的足迹),也许还在萨卢塔蒂的作品中,我们就可以看到为挽救寓言所作的努力。那时并没有把寓言看作寓言,而是被视为幻想和梦话。诗人至少被当作无用之辈而受到取缔——难道梦话有什么用处?难道都是些"胡言乱语……,幼稚话和类似开玩笑的东西?"薄伽丘和后来的萨卢塔蒂的目的,是要恢复像异教哲学所取得的那样的异教"诗歌"的独立地位。你们——薄伽丘大声疾呼——满嘴都是古代哲学家的名字;你们怎么没有发现,古代的诗人也生活在同样的环境中?

① Albertini Mussati *Epistolae*, Venetiis 1636, p. 71. Cfr. G. Vinay, *Studi sul Mussato, I. Il Mussato e l'estetica medievale*, 《Gion. St. d. lett. it.》, vol. CXXVI, 1949, pp. 144-145; A. Buck, *Italienische Dichtungslebren vom Mittelalter bis zum Ausgang der Renaissance*, Tübingen 1952, p. 70.

"因为一旦我们无条件地接受了异教哲学家,保留了他们的观点,如果对我们没有一点好处,几乎我们绝不会承认他们的权威的。我们害怕那些诗人和他们的语言,难道就厌恶地谴责他们吗?赞扬了苏格拉底,给柏拉图以荣誉,尊重亚里士多德和更不用说其他的人,他们都是异教徒,他们中许多人的信仰都是应当受到谴责的:训斥者禁止荷马,抛弃埃西奥多,贬低维吉尔和甚至贺拉斯,但他们的著作消失后引起的唯一后果就是人们对他们的议论更多。"①

萨卢塔蒂则走得更远,当他改变立场,指出亚里士多德面对诗
人的"慈爱"而表现为渎神。"(亚里士多德)不相信除了认识自身
之外还发现了真神,真正的宗教一旦表明为虚伪和作假时,便更令
人憎恨。他并不嘲笑诗人们,可以这样说,这些爱好说谎的人在寻
找绝对真理时,被他们自己的沉思所欺骗。亚里士多德同诗人们 71
之间还是有一致之处,当诗人们处于神的地位时他们受到崇敬,他
们被认为是真正的人,而不是神,因为他们具有人的感情。他并不
指责和攻击诗人们,似乎相信如果盲目的异教能够辨认出他们的
神是什么和怎样的,他本人会最终感谢诗人们,并给他们以荣誉,
把他们当作真理的揭示者。"②

薄伽丘当然更小心:他更注意与传统保持联系,更接近穆萨托

① *Genealogia*, XIV, 18, ed. Romano, p. 735.

② *De laboribus Herculis*, I, XII, 21, ed. Ullman, p. 67.

和彼特拉克[①]，我们已看到他们的观点，尽管——正如萨佩尼约所指出——用“新的方法”再创造，并带着原来的重音[②]。但首先更重要的是，坚持诗歌对于哲学的“自主”。“哲学家们在古希腊的体育馆里争论；而诗人们在孤独地吟唱。诗人并不是哲学家们的猴子。如果说诗人是大自然的猴子，也许还可以接受，因为诗人在可能的情况下，力图用庄严的诗句描述大自然的运行和按照它的永恒规律所发生的事情。只要你看看各种各样的事物，人们的风俗习惯，人们的言论，各种生物的行为，天空中星球的运行，雷声，风的咆哮，火焰的劈啪声，波涛声，高高的山，充满绿阴的树林，河水的奔流，这一切都表明：似乎它们早已经存在于诗句中。从这个含义上讲，如果说诗人是大自然的猴子，也不为过分，因为我认为用艺术来表现大自然用自己的力量完成的事情，是非常值得的”[③]。

诗是多么崇高的知识！“诗人……热烈渴望寻求奇异的东西，然后用语言或文字把它表达出来。诗的灵感来自于上帝，只有少数人能掌握它……那样的热情产生的成果是崇高的：思想被引导
72 成一种表达的愿望，去寻找新奇发现和前所未闻的事物的愿望，并且按照精确的秩序把它安排好，周围再用新的语言和句子将其美化，再给它盖上美丽的寓言面纱。如果描写的主题需要，你就会看到：全身武装的国王，战争，舰队，对天空、陆地和大海的描写，头戴花环的姑娘们，以及与当时的形势相吻合的各种姿态的人们。这就是诗：教育懒惰的，激励胆怯的，规劝鲁莽的，惩治有罪的，并用

① Cfr. le *invective contra medicum*.

② Sapegno, *il Trecento*, Milano 1942, pp. 384 - 385.

③ *Genealogia*, XIV, 17, pp. 731 - 733.

恰当的语言赞扬优秀的。……诗人学习一切;塑造所有艺术,并且将其成果进行再创造”[①]。

正如在基督教面前,需要赋予古代哲学一个享有充分权利的位置一样,也应当赋予古代诗歌一个与哲学并列的自己的位置。正如那样的哲学是研究人的可能性,人的哲学一样;那样的诗歌,也是人的诗歌。在人的哲学里,人的概念已排除任何超自然力量的干预;在人的诗歌里,也许它颂扬的是人们的某一位神和他们的信仰:但这是排除上帝任何直接干预而产生的一种信仰,一种“假的”信仰:“为什么那些人最终还是异教徒?而没有信奉基督;他们颂扬自己的宗教,认为那样的宗教才是神圣的;他们散播谎言,但他们的身上常常又硕果累累,值得称赞。”[②]

这里,在薄伽丘的作品中也特别强调捍卫诗歌,有时把神话也当作诗,称之为“神话诗”。异教诗人被视为神话神学家,或者寓言家。他长时间利用亚里士多德的《形而上学》的题目来谈这个问题。他有时按照传统的做法,按照“转述谈话”的做法,更着重论题的积累而不是协调[③]。因为,他认为古代诗人“总是把最深刻的含意隐藏在他们的诗句中”,这样也就在面对哲学时,使诗歌冒逐渐 73
模糊原来特性的危险。

而另一方面,诗歌的根本问题,即“诗”与“神的寓言”之间的关

---

① *Genealogia*, XIV, 7, pp. 699 – 700.

② *Genealogia*, XIV, 18, p. 733.

③ *Genealogia*, XV, 8. Cfr. XIV, 10. E per tutto quell che qui s'è ditto, v. *Vita di D'ante*, a cura di D. Guerri, Bari 1918, I, pp. 37 sgg.

系，最终能够成为产生宗教“幻想的”根源[1]，这点在薄伽丘的著作中并未有明确的结论。塞兹内克虽然承认在薄伽丘的论文中有“某些新精神的预兆”，但认为薄伽丘首先关心的是，尽可能提供一个更丰富和更完整的书目。这样，——这便是第三位梵蒂冈神话学家的特点之一——包括汇集占星术的形象和变异，利用阿拉伯占星学家阿尔布马扎，产生了一些后来在费奇诺的散文和蓬塔诺的诗中出现的中世纪占星术的论题。例如土星，“老的、悲伤的、胆怯的、包裹着头、软弱无力、衰弱的、有一把镰刀”。这样，在稍晚的《乌拉尼亚》的诗句中便出现有名的占星术形象：

一个老人阴沉着脸，迈着缓慢的步子，
他的胡须粗硬，头发雪白，四肢衰老。

对阿尔布马扎来说，那些是真正在天空中描绘出来的形象，或者说具有星座神性的威力；但是，薄伽丘却认为，所有古代诗歌中的诸神，都是“诗人的创造”：按照亚里士多德所说的最早神学诗人所讲的寓言，那些被认为是世界起源的东西都是“最初的”神。然而，薄伽丘并不是把诗的“寓言”当作古代的神来捍卫，而是捍卫隐藏在“诗的表层”之下的形体和道德的假说（“他们的传奇故事中隐
74 藏着自然的事物，或者至少隐藏着道德”）。这样，异教徒们写的诗——如同其他任何诗一样——，便成为了神学，但并非是“神圣

① Bacone, *De sapientia veterum*〖1609〗, praef.〖*The Works*, ed. Spedding, Ellis, Heath, vol. XII, Boston 1860, p. 431〗. Cfr. P. Rossi, *L'interpretazione baconiana delle favole antiche*, Roma - Milano 1954.

的”神学，因为它实际上谈论的不是上帝，而是自然或人，“最好说它是生理学或伦理学而不是神学”[①]。它的重要性在于，面对“神圣的”神学和哲学，通过幻想的形式，让形体和精神世界改头换面地再现。因此，诗表达的对象不是上帝，而是“自然和人的丰功伟绩”，那是幻想创造出来的卓越的、神圣化的大自然和人的伟大工程，它们被安置在与“神圣”神学中的天堂不同的奥林匹斯山上，而“神圣”神学最终也成了唯一的神学。异教诸神的诗，尽管在表现上似乎具有神学的性质，但实际上它是在神圣的气氛中把世俗的事物神圣化。

要求取得与研究世俗现实的纯理性哲学一样的平等地位，在从诗和神学的同一性（“可以说神学和诗几乎是同一个东西”），过渡到把异教神学降低到纯粹的诗的、自然和人的幻想时，就表现得更为突出。正如哲学通过亚里士多德与神学脱离，并最后达到反对神学的情况一样；诗歌通过荷马、维吉尔、奥维德和贺拉斯，以及后来的卢克莱修也与“神圣的”神学，并最后同一切神学脱离开来。[②] 或者更确切地说，神学和哲学一样，在它们的发展过程中，
都发生了根本性的变化：哲学在获得自主后不久，便宣布了它自己 75

① *Genealogia*, XV, 8 (il Romano, p. 768, ha: *aut theologia quam theologia*, che non dà senso).

② *Vita di Dante*, cit., p. 38：“使神的行为符合英雄人物的行为”；p. 40：“我们把诗人的作品称为‘诗歌’，他们在其中创造了不同的神的形象，让人变成不同的模样。当他们用优美的语言进行劝说，说明事物的原因，应当追随的道德和消除的恶习会产生什么结果，以及我们应当为此而勇敢地工作的时候，我们并不认识真正的神，但是，相信这是得到拯救的最好办法”；p. 41：“神圣神学的魅力在于它是神圣的真理；古代诗歌的魅力在于它表现的是异教徒的神和人”。

的理论；而诗则向所有宗教，投下了古代神话中（“诗的”）人性影子。但这个过程，除布鲁诺的《信件》以外，还一直把我们带到维柯的时代。这里重要的是，他们通过努力，企图找到真正的古代神话，“还原”古代神的模样，保存那些神的永恒的美丽，不受任何宗教信仰的影响，和排除基督教把它们安排在自己的秩序中。

三

萨卢塔蒂的著作《海格立斯》在开始时，完全是在薄伽丘的《神谱》基础上展开的，这位佛罗伦萨的文书长事先已仔细地研读过这本书。多梅尼科·迪班迪诺还按照字母顺序，为《神谱》做了一个分析性的索引；并用优美的六音步诗对它进行了赞美（“你怎么让所有的神都来历不明”）。在最近出版的《海格立斯》第一版的序言中，我们读到：虽然文章的内容涉及很广泛，主要问题仍然是两个：捍卫诗歌和广泛地学习古典著作。但需要补充的是，对诗歌的捍
76 卫与薄伽丘的观点相似；而在古典著作的阅读中，对寓意性的解释则“完全是中世纪的”。

萨卢塔蒂无疑是从薄伽丘的著作出发的。包含在唯一手稿（*il Marciano lat*. XIII，68）内的《海格立斯》第一版中，萨卢塔蒂称：“我的杰出的同胞乔瓦尼·薄伽丘”的作品优美，并坚持认为寓言具有的深刻的含意（“在传奇的表层下，隐藏着其他思想”）。对诗歌的捍卫，是在薄伽丘的基调上进行的，虽然它的内容更丰富，对问题的了解更深入。在驳斥神学家们反对逻辑术语的表述者之前，这里还不是讨论萨卢塔蒂关于诗的观点的场所。但是，当注意

到所使用语言的性质，注意到把诗人当作“各种词汇革新”的“发明者”时，其重要性也非同一般。① 也许这里也是萨卢塔蒂对此问题的基本论点之一，需要给予适当注意。

另一方面，除了很容易把它归结为中世纪的寓言之外，还需要看到事先的选题——海格立斯的神话，而不是其他一些神的名字——和萨卢塔蒂赋予它的特殊意义。人们将不会忘记海格立斯，它是佛罗伦萨的象征和保护神（“克里斯托福罗·兰迪诺写道：在各种花中选择了百合花，在动物中选择了狮子作为它的纹章，在杰出的人物中选择了海格立斯作为它的印玺形象”）。萨卢塔蒂说，海格立斯是大力神，是力量和光荣的象征②。瓦罗内在谈到第四十三个神，海格立斯的神话时，认为它是表达最强有力和最光荣的人们的神话。诗歌是人使用《阿斯克勒庇俄斯》的语言，按照自己的形象塑造神的过程。萨卢塔蒂对此写道：“实际上所有奇怪的事物引起人们的赞叹都是，表明人能够找到和表明自己神圣的本性（*omnium enim mirabilium vincit admirationem quod homo divinam potuit invenire naturam eamque efficere*）。”现在，通过海格立斯的业绩和荣誉，诗人们想向读者传达：“在人类的智慧和 77

① *De laboribus Herculis*, I, XIII, 10, p. 71：《vocabulorum novationes... cum poetarum proprie sint, non solum a rhetoricis, sed etiam a grammaticism... recepta, imo rapta...a poetis autem...fuerint inventa...》.

② *De laboribus Herculis*, cit., p. 591; cfr. oltre Boccaccio, XIII, I, p. 638, Myth. Tert., XIII (*Classici auctores e vat. Codd.*, a cura di A. Mai, III, Roma 1831, p. 269), che il Salutati usa largamente. Sul miti di Ercole, E. Panofsky, *Herkules am Scheidewege und andere antice Bildstoffe in der neueren Zeit*, Leipzig-Berlin 1930.

行为中,可以找到某些极其伟大、非凡和高不可攀的东西”。这里,萨卢塔蒂并未离开正题,而是着重指出:当用诗歌对杰出人物的业绩进行颂歌时,便赋予“最强有力的”英雄以神的外貌。

后来,便出现了埃维墨罗的公开的主张,在(1499 年)给卢多维柯·奥达西奥的信中,提到了波利多罗·维尔吉利奥·达乌尔比诺的名作《论创造》,其中说:“后来发现了某些像播种之神萨图尔诺、天神宙斯、海神尼普顿、商神默丘利、酒神狄俄尼索斯、太阳神阿波罗、药神乔利帕斯、收获之女神赛莱斯、火和工匠神伏尔甘,以及其他一些被称为神的东西,但实际上他们都是人,尽管继续把它们叫作神”。1536 年,塞兹内克向弗兰西斯一世引用了一段祖因利奥写的文字:“沿着大卫的足迹,有一天你就会看到在同一个神的身上还有亚当、亚伯、以诺、保罗、海格立斯、泰塞奥、苏格拉底、卡托内家族和西庇阿家族的身影。”[1]颂扬英雄的人性、寓言,这就是当时普通人的道德学校;“劝导勇敢的是海格立斯寓言”——纳塔莱·孔蒂在他的广为流传的《神话学》中写道,他在这本书中竭力为异教的诸神辩护。“在那些粗野的人和妇女的心灵中,应当建立起对神的恐惧、信仰、正直和容忍的观念,那些不了解神的性质和不怕神的人不会喜爱正直,而更喜欢放荡和盗窃,因此,有智慧的人并不局限于讲述神的故事,而且还要创造出一些寓言式的形象,和介绍怪物的可怕样子。他们把天神宙斯说成是掌

① Su Polidoro Virgilio, cfr. ora Denys Hay, *Polydore Vergil. Renaissance Historian and Man of Letters*, Oxford 1952, pp. 52 sgg. La citazione del Seznec, dalla *Christianae fidei brevis et clara expositio*, a p. 26 dell'*op. cit*.

握雷电的，把尼普顿描写成为拿着三叉戟的海神……”[①]。

更晚的时候，除了把古代寓言看作“道德诗歌”的观点以外，除了对这类“诗歌”进行捍卫以外，随着思想和生活格调的变化，到世 78
纪末时，15 世纪文化的发展已显示出不同的特征，越来越多地使用“诗的体裁”，这也是维柯的语言。不再把神作为神化了的人来描述，而是歌颂神化了的自然的力量，歌颂自然的神圣性。但是，值得注意的是异教对“神圣的”自然的歌颂，至少在某些情况下，逐渐趋向不再提到“神学”。一方面是卢克莱修的诗的影响，另一方面是新柏拉图主义的“诗歌神学”对古代诸神的不同解释。[②] 维纳斯成为充满宇宙间，产生爱的力量的爱神，她赋予宇宙以灵魂和活力，并使之繁衍不息。阅读费奇诺对《会饮篇》的评论的人，都会感觉到在那些柏拉图式的文字中，隐藏着卢克莱修的热情，即把古代的诸神变为宇宙的具有灵魂的力量，这便给诗歌和散文增添一种新的“宗教”含意。如果说在 15 世纪能够用“异教徒的”语调来谈论这一问题的话，那么它们大概是受到佛罗伦萨崇尚柏拉图思想的“宗教界”圈子里的人所写文章的自然启发。那个圈子里的人中无疑包括有马鲁洛，如果要对他的赞美诗追根溯源，经过克罗齐的研究，他再次

① Natalis Comitis *Mythologiae sive explicateonum fibularum libri X in quibus omnia prope naturalis et moralis philosophiae dogmata contenta fuisse demonstrateur*, I, 2, Venetiis 1581, p. 3.

② In tal senso è forse troppo ristretto il limite posto dal Renaudet, *Autour d'une definition de l'Humanisme*, 《Bibliorhèque d'Humanisme et Renaissance》, VI, 1945, p . 45. Quasi comica riesce la determineazione degl'Inni in P. van Tieghem, *La literature latine de la Renaissance. Etude d'histoire litteraire européenne*, 《Bibl. d'Hum. et Rem.》IV, 1944, p. 303 :《ils attestent une aptitude à la reverie astronomique et philosophique》.

提出来让我们阅读亚历山德罗·佩罗萨的完美无缺的作品[①]。

79 马鲁洛想通过他的赞美诗表达的现实的总体看法，无疑他赋予了他歌颂的众神以“神学的”价值，他唱道[②]：

> 我是第一个……
> 首先，我在无限的宇宙空间中遨游之后，
> 我从宙斯那里下来，
> 给人类带来大地上一系列永恒的东西：
> 尊重事物的自然秩序，
> 让从太空掉下结实的创造性链条。

> (*Primus ego . . .*
> *Primus inexpettum mundi oer inane vagatus*
> *Perpetuam seriem tractus Telluris ad ipsos*
> *Ab Jove deduxi servatoque ordine rerum*
> *Suspendi solidam naturae ex aere catenam . . .*)

---

① Il saggio del Croce, uscito nel 1938, costituisce ora l'appendice del vol. II dei *Poeti e scrittori del pieno e del tardo Rinascimento*, Bari 1945, pp. 269–380. Del Perosa cfr. anche I preziosi *Studi sulla formazione delle raccolte di poesie del Marullo*, 《Rinascimento》, I, 1950, pp. 125–156, 257–279. Cfr. ancora I. Bruns, *Michael Marullus. Ein Dichterleben der Renaìssance*, 《Preissische Jahrbücher》, vol 74, 1893, pp. 105 sgg.; P. L. Ciceri, *Michele Marullo e suoi ' Hymni naturales '*, 《Giorn. St. d. lett. it.》, vol 64, 1914, pp. 289–357. Sempre interessante per molte osservazioni la stroncatura dello Scaligero, *Poetices*, *lib. VI qui et hypercriticus*, cap. IV, Apud Petrum Santandreanum, 1594, pp. 769–781.

② *Carmina*, ed. Perosa, p. 193.

大家都知道他对卢克莱修很熟悉，并且还记得皮尔·韦托雷曾说过的话："马鲁洛是一位思想敏锐和极其考究的诗人，是卢克莱修的崇拜者，特别认真研究他的著作，甚至到了几乎从不放过抄写卢克莱修作品的机会。"[①]他同皮科的友谊是有文献可查的，季拉尔迪还记录了一种传说，认为皮科本人也从《颂歌》中得到启示，而索尔达蒂则认为也许这是不可能的，因为仅把阐述的基础建立在把《颂歌》同贝尼维耶尼对爱的《评论》（和《七册》）进行认真的比较上还不够[②]。不要忘记皮科曾经写过一篇"诗歌神学"的文章，他在其中认为，古代的诗人一般都是"神圣的人物……，他们在神秘的面纱和诗歌的伪装掩盖之下"。另 方面，当皮科写《评论》的 80
时候，他也正翻阅着普莱托内的《神学》，同意关于对罗马的海神尼普顿的描述，并引用了它；沿着这条道路，也可以解释普莱托内同马鲁洛之间不可否认的接近的事实[③]。

按照马鲁洛的观点，谁只要看一看连接天和地之间的链条，连

① Victorii *Explicationes suarum in Ciceronem Castigationum*, Lugduni 1540, p. 126.

② B. Soldati, *La poesia astrologica del Quattrocento*, Firenze 1906, p. 275, n. 1 (cfr. G. L. Gyraldus, *De poetis nostrorum temporum*, ed. Wotke, Berlin 1894, p. 17). Il Croce ebbe buon giuco nell'ironizzare sulle interpretazioni del Soldati, e nel solevare I suoi dub iintorno alle congetture del Sathas (*Documents inédits relatifs à l'histoire de la Grèce au Moyen Age*, vol. VII, Paris 1888, p. 1). Ma del legame col Pletone asserito dal Sathas, non mi sembra si possa dubitare.

③ G. Pico, *De hominis dignitate*, *Heptaplus*, *De ente et uno e scritti vari*, Firenze 1942, pp. 510, 546, 581. Cosi il Ciceri, sempre poco convincente, a proposito dell'onnipresenza di Giove nel primo inno rimanda al Pontano, e non pensa né a Virgilio (egloga III 60) né al Pico, ed cit., p. 328 :《Unde, ut scribunt poetae, Iuppiter est quodcunque vides et Iovis omnia plena...》.

接宙斯和其他诸神之间的链条,就会看到它们之间等级分明(“*hinc magni divum tot numina mundi*”):从天神宙斯、智慧女神雅典娜、爱神阿摩尔和其他天上的永恒诸神,通过星星和要素到达地球,不可能不考虑到有一个更合理和更有秩序的体系,这个体系并不会与普莱托内设想的完全一样。普莱托内在论述了众神之王宙斯、农神和其他天神之后,专门用了一章(《法律》的第一书的第九章)[①]来谈论马鲁洛用它来结束他的歌颂的永恒:

> 我向你致敬,众神的母亲,
> 你的伟大光辉照耀着奥林匹斯山。
> (*Salve, magna parens late radiantis Olympi,*
> *Magna deum . . .*)

终于有了普莱托内的描写众神的六音步诗颂歌,当然无论就其风格或确切的概念来讲,都不能同马鲁洛的进行比较,但是,它也非同寻常地把我们带入一个充满宗教热忱的气氛中。在普莱托内的作品中,他把插入那些颂歌作为他的“异教复苏”计划中的仪式,在我们面前展示出一幅尽管不合时宜,但也并非没有现实意义的政治蓝图。杰米斯托确信,其他宗教将在不久消失,那时全人类都将再回到朱利亚诺皇帝的业绩上来。但是,对于费奇诺、皮科和马鲁洛来说,朱利亚诺不仅存在于让莱奥纳尔多高兴的对太阳的

---

① Plethon, *Traité des Lois*, ed. C. Alexandre, Paris 1858, pp. 6 e 202 sgg. dove sono gl'inni agli dèi.

颂歌中！当然，马鲁洛对于描绘一个政治纲领来说，还相差得很 81
远，即使他把《基本原理》同他的诗的神学联系起来。实际上他在神圣自然的卢克莱修感觉和在大自然中起作用的力量之间，徘徊不定，尽情欣赏着古代神的优美形式，他几乎也明白——正如皮科一样——在对最初黑暗的“水”的深渊的恐惧，和对永恒光明的渴望之间，复活并塑造了宇宙：

当倪克思（黑夜）懒洋洋地在礁石上沉睡的时候，
整个宇宙都变得凝重。
卡俄斯（浑沌）用黑暗笼罩世界，海上刮起风暴。
当巨大的礁石升起，占据辽阔空间的时候，
你做的第一件善事是，用雷电震动坚硬的礁石，
使天空变得晴朗。

他们再回到希腊众神那里的时候，已不仅仅是带着最初的“神学”概念，而且还带着古典诗歌中所表现的优美形式：

大地在欢笑，
迎接从微笑的海浪上走来的埃吉丽亚（思想）女神，
她的头上戴着花环，优美的风姿引起掌声和合唱，
人们在盛开紫罗兰的土地上，
用赤脚按三的节奏踏着大地跳起舞来：
后面是热情洋溢禹文塔斯（青春）女神，
沃努塔（享乐）女神跟随其后。

……

(战神)马尔斯隐藏在玫瑰花坛后面窥视：
她真美丽！
想想她那最隐秘和销魂的地方：
当她撩起衣裳跳动时，
露出她那丰满的大腿，
还有象牙白的胸脯。

82 在对待灾害、黑暗、现实中的盲目力量、苦难和痛苦问题上，希腊的众神似乎重新发展了诗歌中美丽幻想的情节。蓬塔诺把中世纪占星术士们想象出来的天上的可怕形象，从理论上变成了一尊尊美丽的雕塑，在梦幻般的节日气氛中，使我们在对待无法理解的悲惨事件上也得到安慰。

我亲生的女儿离开我，
你的父亲也更加痛苦和不安。
啊，庇厄里亚的姑娘们，
你们远离我们的悲伤，
你们更适合于唱愉快的歌。
去吧，姑娘们，
去吧，女神们。
啊，乌拉诺斯，
你是整个天空的主宰。

还有你，女神，
你四处寻找你的隐蔽地。
她将在你的卧室为你准备一首甜蜜的歌，
而我们只能哀伤和流泪。
懂得诗歌的女神们已远去，
云女神涅斐勒、护树女神德里亚迪，
山泉女神宁法，
把你们的水注入江河，
让森林中充满闲逸的时光。
也许你能从黎明女神奥罗拉那里得到帮助：
听到我们痛苦的叹息，
也能听到她的儿子门莫内哭泣的声音。[①]

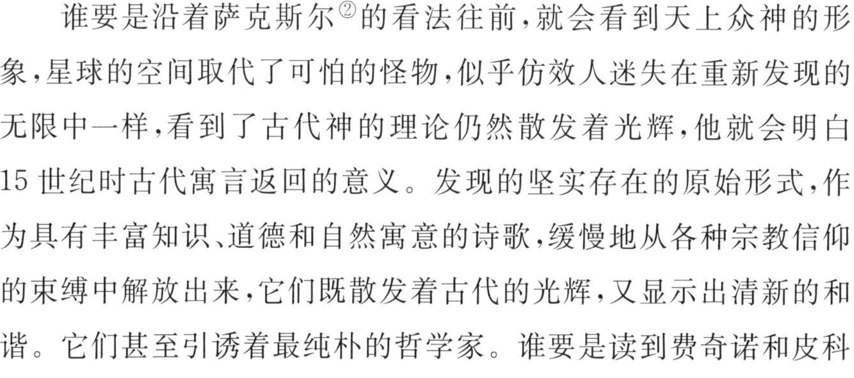

谁要是沿着萨克斯尔[②]的看法往前，就会看到天上众神的形象，星球的空间取代了可怕的怪物，似乎仿效人迷失在重新发现的无限中一样，看到了古代神的理论仍然散发着光辉，他就会明白15世纪时古代寓言返回的意义。发现的坚实存在的原始形式，作为具有丰富知识、道德和自然寓意的诗歌，缓慢地从各种宗教信仰的束缚中解放出来，它们既散发着古代的光辉，又显示出清新的和谐。它们甚至引诱着最纯朴的哲学家。谁要是读到费奇诺和皮科在叙述“寓言”时，对爱的评论所表现出的喜悦，就会明白即便是这

① Pontani *Urania*, Venetiis 1513, c. 105v.

② F. Saxl, *Verzeichnis astrol. Und myth. Illustrierter Handschriften des latein. Mittelalters*, I－II, Heidelberg 1915－1927.

些随笔，也能在令人忧伤的世界里，在他们同无法抓住的无限之
83 间，编织出一幅美丽的纱幕，而对此只能表现出默默无语的赞叹。

在写给安杰洛·波利齐亚诺的《论本质和一》这篇文章中，皮科深刻地谈到了无限，他认为这才是真正的上帝，它超越了任何人的理解，那是语言、目光和思维所不可能达到的地方。人只能默默地祈求绝对的万物，但这绝对的万物又似乎消失在绝对的无中，消失在世界的火焰般的障碍之后——“墙那边的地狱世界在熊熊燃烧”。但是，当他同朋友安杰洛一起在费埃索莱山丘上——“在法埃苏拉诺小别墅中”——晚间散步的时候，假想出一些场景和议题。忧郁的十四行诗里的古代“寓言”和“诗歌”

在月亮下面没有稳定的事物，

给他带来重新找到平衡的安慰。“车子上的常春藤和葡萄叶下面，躺着酒神巴科”，波利齐亚诺唱道，夜晚的时间变得柔和起来：

黎明的时光渐渐临近，
黑暗的天空出现黄褐色，
伊卡洛斯神的车子低沉，
月亮的面容更加苍白……

“在观察愿望的推动下”，到过意大利的勒菲弗·德塔普莱斯说，皮科经常用诗歌和音乐来安抚内心的忧虑。哲学家们，有时进

行“道德”探索和人文学科研究，有时又歌颂美和爱以及诗歌中的智慧，开始通过不同的途径对理智进行考察，而把鼓舞人的整体描绘留给“诗歌”和“想象”，而不是留给理智。这样，便喜欢上了寓言，即使并不总是明白，在寓言中仅仅是人的愿望在塑造令人满意 84
的事物。“这些通过诗歌的想象力创造的形象和寓言，无论是通过语言或者绘画的颜色，或者在无声中通过显示动作的大理石雕刻来表现，它们都总是承认诗歌是生育和抚养它们的母亲”[①]。

在现实的陈旧观念逐渐消失的基础上，萌发出“人文学科”和“新的科学”，艺术家们发现了神话的古老使命，恢复了它的含意，同时成熟的意识把“神的”形象置于美丽的幻想中，让它们处于天空辽阔的空间里，并使向人发出的歌声充满着寂静的宇宙，这样人们就不再害怕。在对“人性”所作的谨慎考察中，发现自己的领域存在于“人文学科”中，存在于把人引向新的尊严的科学中，艺术成为人重新找到自然的神圣含义和生命永恒价值的坐标：“诗歌神学”再次开始向自身“启示”中人的起源和局限性学习。

① G. V. Gravina, *Delle antiche favole*, Roma 1696.

85 第四章　对文艺复兴的理解

一

今天来自多方面对“文艺复兴—人文主义”文化的重新关注，我认为，并非仅仅因为过去那些吸引我们许多人的看法在不少方面已经过时，而是因为现在它已不能满足日益增多的研究方法方面的需要，更不能回答我们思想中出现的很多问题，从而需要我们更好地认识前人所忽视或不明确的某些观点和原因。这个问题的提出是历史性的，无疑会带来认识上的“特殊危机”；但这样的危机，对于弄清楚我们文化的本质方向来说，实际上是次要的；正因为如此，上述需要才把我们不断地带到西方历史中的这一关键时期；不仅把狭义上的哲学作为讨论某些特定问题的技术手段，而且也把它作为讨论整个人生问题的技术手段：可以看到正是在那个时代出现了哲学所认真思考问题的方向性的改变，这样的改变正是发生在那几个关键性的世纪里，由此，产生了一种令人景仰的哲学，虽然这一哲学尚未为一些专业人士充分理解。随着世界多年来旧形象的衰落，某些看问题的方法也随之淡去。当然，这是一个
86 “光荣的”衰落，如果考虑到它在许多方面还会再现的话；尽管并没有——可以想象得到——庄严的葬礼，但也是高贵的，它象征一种

对现实理解的结束。只是这种结束不是在顷刻之间完成的。对旧世界形象衰落的最初认识，应当是在一个较长的濒危时期中缓慢成熟的，这对于我们今天的人来说，也许是能预见到的灾难的结束。注意力从一些领域转移到了另一些领域，考查也从一个范围转移到另外一个完全不同的范围；出现了人和现实之间，人和事物之间，人和人之间的全新关系，这宣告已完全改变了对待生活和文化的态度。如果从根本上看，首先表现出一种安全机制的结束，而开始了一种痛苦的探索，这种探索的方向还并不明确，因为它所要求的“自由的”人的形象，需要消除来自各方面的限制，消除任何事先预定的形式：“你既不是天上，也不是地上的公民；你既不是永生的，也不是听从死亡支配的；你，几乎是自由的造物主，按照你自己的意愿塑造你自己。”

那里，风格的历史一般表现自由人人性的再生，把它描述为创造和自信的胜利进程，查阅过那个时代，我认为主要是查阅 15 世纪能够提供有效证据的人，每一步都会在他的眼前浮现出结束某种昏暗认识的印象，尽管是光荣的，但总是一种结束。当然，也不会缺乏大声疾呼进行新的建设的声音；肯定人真正有能力塑造自己和建设人的世界，并非坏事；但也不断地意识到：一个能满足我们需要的、熟悉的、有秩序的安全保障，已永远消逝了。甚至使人感到，在那些仍然保留着古老论题的地方，它的声音和味道都已发生了变化：这样，也许在星星上面带有我们生病的信息，但这时已 87
不再理解为天上的神灵对我们的仁慈忠告，而是理解为可悲地屈从于某种我们尚未认识，对我们漠不关心，但又无法控制的力量。因此，从星球的宿命论中解放出来，就意味着把人从事物的完全否

定中解放出来；使他摆脱认为自己在世界上无足轻重和无所作为的恐惧。

我们习惯于以愉悦的声调去朗读那些歌颂大自然的新作和对无限宇宙的赞歌；这仅仅是因为我们相信使我们安心的信仰能够延续，或者是相信我们在宇宙的无限中能够得到积极的东西。这样，我们就忽视了那种文化所经历的迷失：古老的牧歌被打碎了，那是已经达到的局限，同时人意识到面对无知的可能性时，自己应承担的责任。在这无限的自然中，经过卢克莱修—费奇诺的精神路线，几乎具有典型的意义。人由于自身的本质，在那里并无任何特权；那种同样的冷漠，对生命缺乏美感，后来在阿威罗伊的不动的和超世俗的稳定性中又再次重现；在亚历山德罗·迪·阿弗罗迪西亚的亚里士多德中又再次重现。这样，穿着僧衣的人们又再次求助于柏拉图和普罗提诺，想从他们那里知道是谁给他们的希望带来不安，向他们保证说我们的感觉并不能覆盖尘世的事物，事物的积极因素、坚实性和可靠性是在天上，我们只有在那里才能最终醒悟。他的基督教教义如同他的柏拉图主义一样，用于让他保持一种至少令他感到满意的怀疑："也许呈现在我们面前的不是真的，也许我们此时在做梦。"这里，费奇诺表现出最真诚和最活跃的地方，是那些尚未安排在严格秩序中的概念和实体，这样，他就可以在自己和他的迷失之间设置一个令人安慰的虚假宇宙屏障，把竭力颂扬的人的尊严也置于这个等级制度之中，以此为中心甚至可以发挥局部的决定性作用。

88 在他的呼声中，还有另一种勇敢和丰富的含义，就是呼吁人的道德，用道德战胜命运，改变命运的数据，创造自己的世界，使用把

科学和诗结合起来的“艺术”，给事物一种新的面貌。这便是15世纪佛罗伦萨市民的人文主义，列奥·巴蒂斯塔·阿尔贝蒂的人文主义，和皮科的改头换面的语言学和修辞学的人文主义，他在形而上学的层面上称人是创造者。我相信，这是整个文艺复兴中最深刻的语言。

但是，如果我们停留在典型的阿尔贝蒂的立场上，在这里也是如此，如果我们在“道德”中只看到对建设者行为肯定的令人高兴的一面，而没有持续感觉到处于边沿上的危险的话，那将是一个大错误。正因为阿尔贝蒂是一个“诗人”，即“创造者”，他很清楚创造需要冒的风险：真正的创造就是要从原来的基础上进行改变，而这个基础就是我们面前的世界。他也知道，一切创造的易逝性，道德最后也会失败。没有一个战士——康帕诺写道——他的“道德”不会至少在一次的战斗中遭到失败，即最后的死亡，因为世界上的所有人，所有的事物都是会消逝的。

值得注意的是，阿尔贝蒂的悲哀并不是一个有系统的悲观主义，它的产生是认识到形势的变化。阿尔贝蒂谈了许多他家里经济和政治上的变迁，他所生活的城市中的生活方式正在消失。所有这一切，使他陷入沉思，感到生命的无常。《命运和运气》是一部极其优美的对话，我们的伦理文学中最严肃的作品之一，没有对乐观主义的任何颂扬。对于想知道太多的人来说，在生命的污浊和喧嚣河流上空游荡的幽灵，提醒求知的人们：围绕上帝进行探索是枉然的，作为人并非让你成为无知者，而只是让你知道凭经验感觉到的东西（“幽灵说：你作为人就够了。不要在你有生之年，去对神圣的神秘事物寻根问底。你要记住，最高的神让你和其他有灵魂 89

的人知道的仅仅是：不要完全无视你们的眼睛所看到的东西”）。与知识的界限相对应的是行动的界限。无法逃避博伊斯河流中湍急的旋涡和迟早会把船只碰得粉碎的礁石和暗礁，即使“一个安静和自由的灵魂”在博纳女神的帮助下，也很难保持安全和长时间的稳定。但是，最后的忠告是严肃的：“我明白，命运就是人生中事件进程的本身，它按照自己的规律发展……。我知道，对我们来说命运是残酷的，但是，如果我们必须下到河里用我们的胳膊战胜惊涛骇浪：在人生的搏斗中，我们绝不会忽视运用我们的智慧和积极性。”

在许多地方他都保留地呼吁注意人生中潜在的危险和不稳定性，注意那些不可逾越的可能决定我们命运的界限。他引用海格立斯的神话，强调命运中的意外因素，称对人的生存条件带来危害的是盲目性。建筑大师教导我们，聪明的建设者应当建造稳固的建筑，它经得起时间的考验，他在设计时观察入微，仔细计算，以避免自然因素造成微小的损害；因为艺术家不能陶醉在梦幻中，他必须按照精确和充满智慧的设计，建造十分有用的建筑，他作为一个优良和明智的工匠，应当很明白他和他的同胞们的利益。但是，这一切同样会发生，一切都会消耗殆尽和毁灭。绝对的稳定是不存在的；妄想从绝对稳定的启示中得到一切，希望把一切都建立在稳定的真理、稳定的良好愿望和不违反原则的基础之上；妄想所有规则的制定，都遵循绝对的规则，然而一切却都在衰退，这并非由于人的恶意，或事物的厄运，而是因为那样绝对的规则和永恒的安全
90 在我们的世界上并不存在。“有一次，莫姆斯荒谬地夸大这样的语言，他说，我经常调节我对于真理的意见，对于利益的热情，和对于

最深刻思想的语言表达……；终于，我学会了让意见屈从于迷信，让热情屈从于任性，让语言表达和情感屈从于为欺骗作准备”；然后，常常是神话的安慰者欺骗和引诱生命的岁月，就好像莫姆斯摇身一变为枝繁叶茂的常春藤，缠住、占有和腐蚀那道德的最美丽的女儿一样。

可以说阿尔贝蒂的这种讲寓言的方式，近乎于卢恰诺的苦涩、蔑视和开玩笑的方式。但其相反的含义却是真实的：《莫姆斯》的本意是要讨回玩笑的严肃性，任性的有效性，诗人的哲学和哲学家的非哲学。他实际上也是一位被称为“体系”的神话幻想制造者，当他注意到极其严肃的泰莱西奥同上帝竞赛，按照自己的意志创造世界的时候就是如此。严重的是，这些哲学上的创造常常是丑陋、脆弱、贫乏、有害和傲慢的，在这里艺术家的生活幻想，如同人造的建筑一样，他并不要求他的创造物应当符合实际的情况和价值。但是，艺术家的世界像事物的本性那样，真正充满着生动的幻想；艺术家创造出使我们愉悦的形式，把艺术品置于我们中间，同我们一起生活，同时也改变我们的整个生活，例如那些古老迷信中的美丽寓言。在《莫姆斯》中恰郎重复一句老话，但很快便对这句老话在理解上赋予了新的含义：“啊，哲学家你真了不起，你知道星星的运行，却不知道人间的事情。我不讲述哲学家的看法——因为我们所有的科学和哲学，都仅限于讨论细小的和吹毛求疵的事情——但是，我所知道的东西，都是从一位画家那里听来的。画家在观察一个物体的形状时，所看到的比你们所有哲学家在测量和探索天空时看到的都多。”恰郎还告诉我们画家看到的东西，画家 91
更喜爱观赏鲜花，而不是听那些玄妙的议论和推理：当同他谈论一

些深奥的理论时，他会惊讶地问道："你难道没有看见鲜花吗？在一朵鲜花中就集中了所有的美丽和文雅……！"生命存在于它的自发性中，艺术家和诗人都全部体现自发性的原始价值，按照维柯的回忆：这就是阿尔贝蒂的论点。由此孕育出这位流浪汉的如此令人震惊的赞叹，他中断了任何联系和约束，不承认任何观点的绝对性，他是自由的，但是他即使是在任性地开玩笑时，内心却仍然是严肃的，因为他知道被神圣化了的价值就是没有价值，就是看来是近似疯狂的价值。虽然没有伊拉斯谟的《愚人颂》那样有名，但是阿尔贝蒂的《莫姆斯》常常涉及一些深刻的问题；他甚至热烈地颂扬神话，对宗教神话则进行激烈的争论，认为神话的价值就是反映人的生活。脱离最权威的传统，任何神圣的形式都是站不住脚的，哲学是如此　也许除了苏格拉底的讽刺以外——宗教也是这样，恰郎说过一句话："我对此暗自发笑，在大庭广众之中我只能装作对它表示尊敬。"如果莫姆斯继续讲他的小故事，众神将很快完成他们的传播；因此阿尔贝蒂让他闭上嘴，最终奇怪地邀请他尊重限度，再次反映出《命运和运气》中的观点。在阿尔贝蒂的文章包含着讽刺和模棱两可，它还不像布鲁尼的文章，在按照自己的方式概括所有的神、戒律和论断的时候，充满着激情和自信，甚至使用了渎神的语言；也许从深层的意义上讲，在表现一位叛逆者的忏悔。阿尔贝蒂的文章虽然采取的是轻松消遣的语调，但所涉及的问题却是非常严肃的，当形而上学的哲学家们的世界是如此令人愉悦和有条不紊的时候，它提醒人们期待他们的责任是什么，而那个不太宁静和不太令人放心的众神世界，却永远会存在下去。此
92 外，祈求或拒绝一个十分遥远并且完全不能理解的上帝，并不会改

变人在这个世界上的处境。勒菲弗·德塔普莱斯向我们描述：皮科·德拉米朗多拉在表现他的萨伏那洛拉式的信仰时，采用卢克莱修式的激动的祈祷，哭泣着抱怨上帝离他太远。

布鲁诺十分相信他能够在世界的破裂的墙上打开一个通向“唯一—整体”（*Uno—tutto*）的缺口，它是无限的爱所必需的绝对的善，它的真是现实的积极意义的保障。布鲁诺和他之前的库萨诺，常常可以为“文艺复兴文化同传统文化之间有连续性”的支持者们提供一些很好的论题，正因为他们两人都热衷于形而上学体系的构建，归纳了各种理论中常见的和不明确的问题，这样做的结果必然会在明确现实的某些结构，确定必要的稳定的形式方面，发挥作用。一种真正的“人文主义”立场，在对于“经院哲学”来说几乎是无知和不相干的诗歌方面表现出来，并非偶然；但是，有意的拒绝，例如放弃构建理智的模式和范例，不仅不能解释和反映现实，而且同现实毫无关系。这样，阿尔贝蒂并没有同我们谈人的现实的无限，也没有谈在彼岸世界的命运开始时就已得到保证的人的本质的尊严；但是，在谈到人的能力具有无限的可能性时，作为一位优秀的人文主义者，他指出，这就是建筑师、诗人、建设者、城市统治者和商人们的从事众多尘世活动的可能性。最后，当我们忧伤的时候，有能够安慰我们的美丽寓言和神话。文艺复兴所反映的真实生活，吸引我们多次走近那个时代，从瓦拉的作品中，从阿尔贝蒂、波利齐亚诺、马萨乔、布鲁内莱斯基、莱奥纳尔多、米开朗琪罗、伽利略等人的作品中，也即是从艺术家、诗人、历史—语言学家、科学家以及像马基雅维里、圭恰尔迪尼那样的政治—历史学家们的作品中，最后从预言家和萨伏那洛拉以后的改革家们的作

品中，都可以看到：并非那个时代没有哲学家，或者人们的思想没
93 有反映到哲学上来，或者更糟糕地通过神秘的途径反映到后来的形而上学、本体论和认识论上。这是因为人类最通常的思考，正是在语言学中的思考，在历史和在科学方面的思考，它们对于以哲学形式惯用的思考来说，表现得更为明确和更为具体。哲学的思考仅在于认识世界，而语言学的、历史的和科学的思考，在于改变这个世界，让世界为人的愿望服务，“按照自己的想象描绘世界，高傲地同上帝比赛智慧”（*cum Deo contendentes decertantesque... veluti suo arbitratu mundum effinxere*）。这是泰莱西奥的名言。这样，从广义上讲，当历史—语言学家们对人类的思维活动的创造物，对古代世界的看法，采取批判性吸收的时候，亚里士多德的陈旧物理学在巫术和炼金术理论的阳光下，便陷入深刻的危机。巫术和炼金术都是旨在改变事物的技术，它们是从经验产生的试验性技艺，目的在于打破规律，推翻秩序，要推动星球的运行，改变活着的人，让死去的人复活。为它们的魅力所吸引的人中，有弗朗西斯·培根、焦尔达诺·布鲁诺和托马斯·康帕内拉。正是在这片土地上，回忆这点也是有益的，产生了专著《真理是时间的女儿》；因为是巫师和占星术士们发现它，并不是从原因推论出结果，要从理智上一劳永逸地重塑世界上的人；而是勤奋地积累试验的经验，缓慢地在昨天取得的成就基础上，建设今天的具有可靠性的人。

此外，15世纪末，在一篇可以与《方法论》和《新工具》并列的文章中，乔瓦尼·皮科勾画出了人所具有的“颠覆性”新形象，认为人的形式是已确定了的：人不同于任何生物，人从世界上的万物中

脱颖而出，他不仅是自己的主人，而且通过奇迹般的工作还可以成为世界万物的主人，他可以适应、改造和更新万物。而在重新认识“宇宙这本大书”的最古老理论的原始意义时，强烈地感觉到对历 94
史和语言的研究，同对大自然的研究之间非常接近；人的世界同人所认识并在其中劳动的人性化了的自然界非常接近。另一方面，通过把占星术当作占星教那样所进行的历史性批判，以及试图用确切的方式“解释”圣经故事的时候，又企图把宗教的因素融入到人对世界的看法中。人文主义就是这样充分理解所发生的根本性新变化，说明哲学有效性的确切界线。这样的哲学，在意大利，是沿着历史—语言学与自然科学相结合的研究道路发展的。这点，可以在最重要的代表人物像伽利略、维柯、穆拉托里的作品中看到，同时也纠正一种十分错误说法，即认为意大利的哲学是在文艺复兴之后从其他地方移植过来的，而那种值得尊重的观察入微的哲学，却并未能充分理解和继承来自文艺复兴的人文主义思想。

我们将继续观察这种被歪曲的情况，直至我们在后来的某些语法书中，或在某些自称与中世纪世界保持一致的书中，探寻其秘密。这样的哲学甚至停止了使用最简单的词汇对人进行歌颂，不久我们就明白了这样做所付出的代价：在一个遭受使用一切手段重压下的世界里，丧失战斗的自由，而这里取得任何进步都必须付出艰苦的努力；既存秩序的安全意识的丧失，通过隐蔽的途径最终会取得胜利的正义信心的丧失；没有任何想象力的政治生活，各种力量无情地冲撞着，失败者被毫不留情地消灭；危机感席卷一切；而上帝，上帝存在着，但从他的无法理解的谕旨上看，他距离人们太远了，并且对他无法描述；正义者往往受到惩罚，罪人却得到拯

救，似乎我们对上帝的祈祷已属枉然。谁想知道有关这些观点的名字和文献，他们是：马基雅维里和蓬波纳齐，路德和加尔文，米开
95 朗琪罗的雕像的面孔，哥白尼、布鲁诺和伽利略，以及简朴而有序的托勒密体系的终结。

二

先谈一谈这方面的情况是必要的，这既为了说明问题的现状，也说明一直作为更深刻内涵的文艺复兴思想的创新含义，对此，有来自多方面的不同看法，有的认为在 12 世纪，或者甚至在加洛林王朝时代就有“复兴”，而有的则认为，除了也许在文学文化和造型艺术方面以外，实际上并没有什么新的事情发生。而且可以说，围绕现代思想的起源问题，近代的许多史学著作都否认，以从一种理解方式到另一种理解方式之间的过渡为特征的，传统的断裂观点；需要承认，这样的反应也受到“断裂论”坚持者们的某些笨拙观念的鼓励，这些观念太容易预见到了：对异教徒世界、古典著作、不虔诚、不信教、无神论、自然主义，以及严格的内在论立场等的喜爱；所有这些都是很容易找到的理由，而且它们有时在中世纪的表现更令人迷惑。这样，就可以轻而易举地通过各种形式，表明中世纪世界同人文主义世界之间的连续性，以及随之而来的古典世界同中世纪世界之间的连续性；因此，就用文献说明并没有发生过古典世界的人文主义再生，至少这样的再生从 12 世纪起就已出现和存在。对于相信新的再生的人，一段时期以来就已经验证了一个观点，认为这种“再生”是从但丁开始的，这点在 15、16 世纪作家的著

作中已多次见到，并慎重地将它收集在拉斐尔·达沃尔特拉的《城
市回忆录》中；同样，回溯到查理大帝和阿尔库伊诺时代也不是当
代法国的中世纪学者们的发现，而至少是为出席路易十一世加冕
典礼的佛罗伦萨驻巴黎的大使，比萨的大主教菲利普·德·美第
奇，公元1461年在他发表的正式讲话中就已提到了这一点，有关 96
这个明确的宣布包含在献给这位国王的《查理大帝传》中，这是那
时由多纳托·阿恰约利带去的隆重礼物。

总之，现代历史研究的成果之一，就是看到再生、光明和与之相对应的黑暗的神话，正是人文主义者们同过去世纪的文化争论的结果。15世纪的作家们，为了“人性”的再生，在反对野蛮状态的反叛中，他们的言论甚至到了夸张的地步，这是毋庸置疑的。同样，毋庸置疑的是，在历史进程中所发生的这一根本性转折，在过去的时代是不存在的。从不同方面都提出并确认整个世界正在沉沦的看法。僵化的世界观已无可挽回地走向衰落。由于地理的新发现，传统的地球形象被打破；宇宙过去的概念在伽利略之前就已发生动摇，托勒密体系造成的“心理”前提，经历多年的批判之后已不复存在，从而由此产生不容忽视的影响：宇宙是无限的，其他星球上也可能有人居住，地球并不享有特殊地位。不用说这样的思想和观察，会对神学带来冲击。可是，现代的史学著作在吸收文艺复兴概念本身的同时，又通过否认它的新内容，奇怪地推翻了这个概念。如果说光明—黑暗是多少世纪以来植根于宗教之中的陈旧话题；如果说中世纪的黑暗和以后的“再生”，仅仅是文艺复兴带给后世的个人之间的争论；如果说这只不过是一个原来已经很清楚，后来出于不同目的，被利用了的话题；那么，一切创新和断裂之说，

97 都会发生动摇。另一方面，为了在过去的中世纪里找到更为可信的包含文艺复兴内容的资料所进行的持续工作，也很容易地获得成果：中世纪的人也喜爱古典著作，并不比文艺复兴时期的人差；亚里士多德的名字早已家喻户晓，知道它的人也许比15世纪时还多；柏拉图的名字也是众所周知的，而且并非是间接知道的。人们早已熟悉那些诗人、历史学家和演说家，并且给予了高度评价。贝尔纳尔多·西尔维斯特里写的哲学诗，比布鲁诺写的还好；贝尔纳多·迪沙特尔赞扬了《真理是时间的女儿》；法学家们更新了罗马智慧的实质性部分；人的价值观的强化更重要的是通过圣托马斯的著作，而不是通过费奇诺的著作；而自然主义和蔑视宗教，马基雅维里、蓬波纳齐、布鲁诺他们的似乎最勇敢和最新的观点，其实是最古老和最陈旧的：他们多少继承了早在1210年就受到批判的中世纪的亚历山大文化以及阿威罗伊学说，并且他们受到阿拉伯科学影响和更早的希腊文化的启发。

这样，在收集到内容和问题的基础之上，一个具有最初含义的文艺复兴便从思想领域被排除了；人文主义现象也被缩小到“人文学科”的范围，而且从狭义上理解为，例如在14世纪占有比较重要地位的语法学习。但是，即使在这里，请注意，也并非是一个全新的事物，而是赋予冗长讲演术一个更为崇高的地位；其结果也可以说是造成一场学术上的争吵，最后以语法学家们的胜利而告终。语法学家们继续他们的从未中断过的古老工作，他们翻译了更多、更好的作品(但也有人对此有不同的看法)；扩大了对拉丁文和希腊文的深入了解，但也间接地使自身分离出来和边缘化。因为他们为了轻而易举地保持次等编纂者们的教科书的连续性，再次奇怪地忽视了像萨卢塔蒂、布鲁尼、波焦等，一个伟大时代的文化精英、市民、法官和思想家们。这样，瓦拉的语言学便从一个叛逆时代的标志，变成了一桩模糊的事件。

正确理解一个伟大文化时代的基础形成和成熟的缓慢过程， 98
今天从各方面看来，那些具有丰富内容，似乎填满时间距离，改变前景的小卡片，在它的否定中被翻转过来。再次出现以旧的理解为基础的同样致命性错误，企图在内容的分歧和对立中，寻找创新的秘密。因为，如果有益的话，可以比较一下 15 世纪所画的圣母像的姿态，和占星术中圣母像面容的区别之后，再提出这样一个时代性的价值判断，就可能感到是愚蠢的。

用光明驱散黑暗的“再生”并回归古代的骄傲神话，在它的争论中让我们了解到一个具体的内容：在对待事物方面展示的一种新的精神、新的形式和新的看法；特别是唤醒人本身的新生的意识。正是古代，那个以怀念的眼光被审视的古代世界，现在又引起人们的关爱。谁也不否认中世纪的人也了解和凝视过异教徒世界，那时古代的众神让隐修者们充满着幻想，不是有时还引诱他们回到那些作出过重大牺牲的地方进行祈祷吗？我们不是都读过贡佐内的《任性》和维尔加尔多·达拉文纳的《梦》吗？那里充满着古典的场面，甚至到拒绝基督教的神性和重返异教徒仪式的程度。我们像许多人一样，都读过对古罗马充满爱慕的诗篇；我们还记得，但丁也把古代诗人放到基督教的历史中，并且还把变成魔鬼的古代的一些神放到地狱的大洞穴里。

人文主义除非常喜爱西塞罗和维吉尔以外，却并不相信作为预言家的维吉尔，或者是以另一种方式相信他；即相信每个人都是

真理光辉的参与者；至此，它就远离了对古代众神的崇拜，因为古
99 代众神有时给人不相信新神的印象。人文主义对古代的热情不是把自己同古代胡乱地混淆起来，而是批判地同古代拉开距离，它把古代置于历史的范畴中和过去奥古斯都的神庙里。正如秦梯利深刻地指出：当我们研究人文主义语言学的深刻含义的时候，只有判断力差的历史学家在争论的场合才会为异教预言的复兴辩护和为颓废派的作家辩护。人文主义语言学是人文主义文化的本质方面：那是一种既丰富又复杂的语言学，它包容人类各种各样的批判精神，它不是用来反对哲学的并非哲学家的伪哲学，而是唯一严肃的、真正的和新的哲学。它重新恢复古代的情况，正如我们所热心于重新塑造的那样，发现的是古人的立场，但也正因为如此，它不能同我们混淆起来：要明确我们的立场同古人的立场之间的区别，我们所发现的事物同我们之间的生动关系，同那个人们既赞成又反对的历史世界的关系，在这样的关系中我们发现它和描述它。正是这样，也要同许多值得骄傲的人文主义者保持着批判的距离：在文科学校中，同他们保持批判上的距离，不要同他们混淆起来，而是确定同他们的关系。有些人崇尚古人，便把自己同他们混淆在某种对暴力的喜爱中，即使对于暴力，那些仔细致力于恢复古人形象的人同那些迂腐的学究之间，在看法上也有很大的差别。一个时代结束了，也正是在它的结束中发现了它；不可能再让新的事物穿上古代的衣裳，只能永远把古代安放在我们所面临的历史中；不能让它同我们的生活混淆起来，但我们要思考它所蕴藏的真理。尽管那里的材料对于某个建筑物来说也是很珍贵的，可以用它的石灰粉刷大理石像。这里存在距离，即使我并不吸收它，但我必须

对它进行界定，为了发现它的纯真性和我的纯真性之间的相同之处。古代复兴的神话，在明确它的特征时就已标志着它的死亡。100
为此，古代和中世纪之间不存在断裂，中世纪和文艺复兴之间更不存在断裂；因为只有文艺复兴，或者更确切地说是人文主义的语言学，才意识到：尽管中世纪到了成熟的程度，却把这样的“断裂”发展到了夸张的地步。也正是在这点上，表现出我们文化的迫切的愿望：通过确定另一方来确定我们自己；树立的历史观是时间的历史观；把历史和时间看成是人的生活本身；永远摆脱那种认为世界是固定不变的、等级分明的和最终确定的形象；世界是需要沉思的宇宙，时间并不会对它发生影响，因为宇宙是永恒的，它在永恒的周期中运行。这种永恒存在的现实，毫不容情地让关于解放人的预言家们感到伤心，把对中世纪思辨的邪恶意图，引导到要把基督教令人不安的启示纳入亚里士多德安全体系的范围之内。

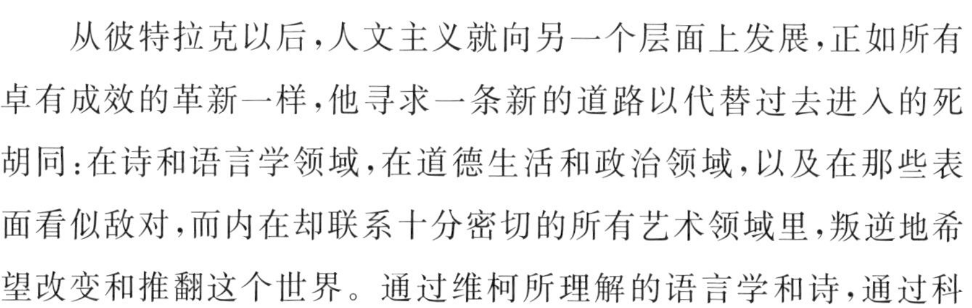

从彼特拉克以后，人文主义就向另一个层面上发展，正如所有卓有成效的革新一样，他寻求一条新的道路以代替过去进入的死胡同：在诗和语言学领域，在道德生活和政治领域，以及在那些表面看似敌对，而内在却联系十分密切的所有艺术领域里，叛逆地希望改变和推翻这个世界。通过维柯所理解的语言学和诗，通过科学知识，产生了新的哲学。

第 二 部 分

第一章 15世纪的拉丁散文 103

一

文学作品的概念本身中存在着不明确的陷阱，经常制造出一种假象，即必须要用人文主义伟大时代的拉丁文进行写作。那是一个充满批判精神的时代，认为所有精神活动的任务，就是要创建一个充分体现崇高人性的尘世“共和国”[①]，这样的观点在15世纪的伦理学和修辞学著作中都有广泛的表述。在每一篇这类的文章中，不仅教人如何用一种新的方式去理解生活，而且竭力维护这种思想，并为它的起源辩护。为此，谁要想了解那个时代具有深刻内涵的典型作品，他所看到的就不仅仅是传统意义上的文学杰作，而是体现新文明的人的全面活动。这样，当有人在翻阅某些人文主义的短篇小说而感到失望，因为他们更多是在模仿、翻译或按照薄伽丘的模式进行拙劣创作的时候，例如我们所读到的巴尔托罗梅奥·法齐奥的作品那样；我们也可以读到一些真正震撼心灵的优美作品，如波焦·布拉乔利尼的论文和对话，以及一位真正的哲学
家，尽管他有时还未完全摆脱经院哲学的风格，马尔西利奥·费奇 104

① 《L'omo nato nobile e in città libera》—come dirà Alessandro Piccolomini.

诺的作品。费奇诺在他的《柏拉图神学》中认为，人们为生活中的忧伤所困扰，希望一切都是一个梦（“*forsitan non sunt vera quae nunc nobis apparent, forsitan in praesentia somniamus*”）[1]，他的这种不平常的看法，在欧洲文学中产生了广泛的影响。费奇诺还在他的著作《太阳之书》中模仿朱利亚诺皇帝的著名讲话，认为“太阳的光辉”经过列奥那多·达芬奇照到了康帕内拉身上，启发了康帕内拉写赞美诗。达芬奇明确地引用了马鲁洛的著作《大自然的颂歌》第三卷的卷头语；但是，再次在一篇伟大的散文中向我们谈到应当感谢一切生命和光明之源的这一庄严主题的人，正是费奇诺。他向我们展示了一个无边黑暗的令人难忘的形象，那里长期照耀一切生物的星光都已熄灭，直到后来在天空突然出现可以看得见的上帝的生动形象。费奇诺所说的形象，是把黑暗监狱同生命的光辉作对比，是把死亡的黑暗同在太阳光和热的照射下万物复苏作对比，康帕内拉正是从其中看到了生命的节奏。

但是，对于同一位作家的作品，列奥·巴蒂斯塔·阿尔贝蒂并非大量模仿薄伽丘，当他在写他的对话的时候，他既不忘古典的特征，而又充分发挥了自己的风格。甚至埃内阿·西尔维奥的《埃乌里阿洛和卢克雷齐娅的故事》在《评注》[2]面前都大为逊色。卢克
105 雷齐娅的故事容易使人忘记，但是变成了蛇窝的古代女王的房间

① Ficino, *Opera*, Basileae 1576, vol. I, pp. 315 - 317(*Theol. Plat.*, XIV, 7).

② “小说是一种非常特定的产物，它长期受到如今已多少世纪以来的传统轮廓的限制，因此 Piccolomini 可以避开它的颜色和模式。”（G. Paparelli, *Enea Silvio Piccolomini*, Bari 1950, p. 94）

却给人留下深刻的印象，或者从古罗马执政官的红袍，使人联想起覆盖在岁月已使它发红的石头上的常春藤；或者想起夜里在一个修道院地下室里奔跑着的老鼠，以及撵走粗心大意的僧侣的愤怒的教皇。更不用说用简洁笔画所勾画出的那些凶恶的红衣主教们的形象，他们为了搞阴谋，把庄严的选举教皇的会议，转移到了公用厕所里。

波焦的道德文章中闪烁着机智的光辉，在他的著作《妙语》中充满着俏皮话。在古怪和天才的考古学家奇里亚科·德·皮齐科利·迪安科纳的旅行笔记和给朋友们的信中，经常就金字塔的碑文侃侃而谈，经过希腊的海面时就想起乌利斯的梦、东方宫廷的豪华、非洲的野兽、辽阔的大河，以及"在尼罗河上由蛇生下的可怕鳄鱼"。也许伟大的波利齐亚诺在为亚里士多德的《分析前篇》撰写的序言里，和在谈到洛伦佐·美第奇之死时给古董商的信中，留下了最美丽的篇章。对话式的信函和论文，讲演，自传性质的笔记，这些都是15世纪文学中取得最高成就的丰碑，作者愈不为传统的形式所局限，愈涉及所忧虑的具体问题，他们所发挥的作用也就愈大[①]，或者说他们在讲话和咒骂中都充满着政治热情，忘记了他们是在自白和写信。

熟悉和了解当时文学创作情况的评论家波利齐亚诺，在《文

① 在像 Alessandro d'Alessndro 编辑的一部学识渊博的文集 i *Dies geniales* 中，语言学的讨论以文雅的形式插入到"肖像"和"回忆"之间，而并不使后者失去优美。这样，关于对一篇古典著作的讨论，就被放置在对 Pontano 的生日描述，或对 Ermolao Barbaro 的晚宴描述，或对 Filelfo 的一次罗马课之后的描述中（cfr. Benedetto Croce, *Varietà di storia letteraria e civile*, II, Bari 1949, pp. 26–33）。

106 集》的序言中，在给科尔泰塞的信里，特别是在关于斯塔提乌斯和昆体良的重要导言中，明确阐述了他的理论原则，认为人文主义是他们作品内在联系的特殊表达方式。正是在讲述斯塔提乌斯的《丛林》的最初几课中，在谈到演说词一类作品时，他也长时间和仔细地论述了另外两种典型的文学形式：书信体和对话[①]。虽然这后两者与前者有区别，但也掩盖不了它们之间的内在亲密联系。书信——是在时间上或空间上同我们不在一起的人的交谈。这里有两种形式的书信：诙谐的和严肃论述的（"*altera ociosa, gravis et severa altera*"）[②]。但是，风格高雅的书信像一段插话，它是用简明扼要的语言来表述的，并且充满着令人愉悦的感情和格言（"*multa proverbia, ut quae communia sunt atque ipsi multitudini accommodata*"）。不要用说教和警告的语调来写信，否则它

① 关于作为人文主义形式特征的对话和书信问题，请参阅 Walter Rüegg, *Cicero und der Humanismus, Formale Untersuchungen über Petrarca und Erasmus*, Zürich 1946, pp. 25－65，对于其向西塞罗发展的趋势，可以参阅克罗切对 Rüegg（*Mommsen e Cicerone*, in *Varietà* cit., pp. 1－12）著作的注释。

② Il commento del Poliziano è nel ms Magliab. VII, 973 (Bibl. Naz. Firenze). Il testo in questione è a cc. 4v－5v (《est ergo proprie epistola, id ex Ciceronis... verbis colligimus, scriptionis genus quo certiores facimus absentes si quid est quod aut ipsorum aut nostra interesse arbitremur. Eiusque tamen et aliae sunt species atque multiplices, sed duae praecipuae... altera ociosa, travis et severa altera. Atqui neque omnis material epistolis accommodate est... Brevem autem concisamque esse oportet simplicis ipsius rei expositionem, eamque simplicibus verbis. Multas epistolae inesse convenit festivitates, amoris significations, multa proverbial, ut quae communia sunt atque ipsi multitudini accommodate. Qui vero sententias venatur quique adhortationibus utitur nimis, iam non epistolam, sed artificium oratorium... Epistola velut pars altera dialogi... maiore quadam concinnatione epistola indigent quam dialogues... imitator enim hic extemporaliter loquentem... at epistola scribitur》).

将不再是一封信，而是一个精心策划的演说（“*iam non episto-* 107
lam，*sed artificium oratorium*”）。风格高雅的信像对话中的一段（例如“对话”的第二部分）几乎没有结果的俏皮话，在形式上它更值得关注，为了表现朴实无华，需要模仿即兴演说，但从它的性质来看，却是经过深思熟虑的，并且是写下来的。这样，信函就变得丰富多彩和完善了。不要忘记，波利齐亚诺的奇特的书信集，就给我们展示了一个具有类似谈话特征的典范作品。

波利齐亚诺以他作为批评家的特殊敏感性，正好注意到了这些形式并非偶然：实际上可以把15世纪的几乎所有拉丁散文都可以归结到这些形式，因为日记、旅行笔记，也都可以用给朋友写信的方式来表现。这样，当我们回忆起奇里亚科·迪安科纳的《旅行指南》时，我们又再会提起关于书信体的同样话题[①]。

曾经有人说过，但不一定完全正确，称：“人文主义是一个形式
上的革命”[②]；实际上假若形式发生了深刻的变化时，它也必然同 108

① *Itinerarium*：《ego quidem interea mango visendi orbis studio, ut ea quae iamdiu mihi maximae curae fuere antiquarum rerum monumenta undique terries diffusa vestigare perficiam...》；《Hinc ego rei nostrae gratia et mango utique et innato visendi orbis desiderio...》. *Epist*. *Boruele Grimaldo*（ms Targioni 49, Bibl. Naz. Firenze）：《cum et a teneris annis summus ille visendi orbis amor innatus esset...》. Del resto tutta l'opera di Ciriaco è una derie di variazioni di questo appassionato motivo：*sumus ille visendi orbis amor*, *antiquearum rerum morumenta vestigare*, *quae in dies longi temoris labe... collabuntur... litteris mandare*. 对了解世界的渴望，对战胜空间和时间的需要，对征服和拯救遥远的人类部落，使他们避免灭绝的需要，这些过去具体的概念，都可以在他的作品中得到卓越的阐述。在同样一封给 Leonardo Bruni 的信中，我们可以看到插入由 Epiro 写的发自雅典的捍卫恺撒反对 Bracciolini 的信（*ex Epyro hisce nuper diebus...*）。

② Cosi, appunto, il Rüegg, *op. cit.*, p. 26（《er Humamanismus ist eine formale, nicht eine dogmatische Revolution》）.

内容上的革命有着密切的联系，这就是以“文明的生活”和“文明的对话”为中心，把谈话作为典型的一表现形式[①]。如果把写信作为“对话的另一种形式”的话，关注的重点便放在对话上：一般来讲，以伦理道德、政治或哲学为题材的文章，都是某种对话的形式，一方面它是人的“共和国”生活的反映，要使人与人之间的合作完全服务于塑造“崇高和自由的”人，这也就是文艺复兴时期的“人文主义”的本质。在人的社会中受到赞扬的人文主义提倡劝说和会晤，力图通过“文学的手段”[②]促使人的内心发生变化。谈话的局限和延伸的意义在于，一方面它是自述行为的标志，另一方面通过批判和争论，它又是一个公开的讲话和演说。佛罗伦萨的文书长萨卢塔蒂和布鲁尼，为我们提供了这种文学和政治内在修养的卓越典范，他们写的文章的威力比成群结队的士兵的武器还厉害。教皇庇护二世赞扬佛罗伦萨的智慧，和他的博学的文书长们的信函比身穿铠甲的骑兵队伍更使吉安·加莱亚佐·维斯孔蒂感到害怕，这也不过是说明在一个文明的社会中，高尚的文化价值被接受和受到尊重的情况而已。在佛罗伦萨和威尼斯，政治和文化的结合可以从波利齐亚诺和巴尔巴罗对“修辞学”的评价中看出来，它有利于确立希望摆脱血缘关系的法权去获取贵族头衔的时代。“道德”肯定不是一种依靠遗传得来的善，智慧、人文、知识和文化的情
109 况也是如此。又如当时在讨论“民兵”的价值时，人们认识到雇佣

① C’è appena bisogno di ricordare che si tratta dei titoli delle opera di Matteo Palmieri e del Guazzo.

② É ancora il titolo di un ‘opera signifycativa, quella di A. Decembrio in cui si rispecchia la scuola del Guarino.

兵队长的个人价值是与他的知识情况紧密相连的，这也是一个微妙的理论问题。费代里科·达蒙泰费尔特罗——他的画像是否逼真，并不重要——他是一个很有学问的人，他认为善于描述战斗场面的诗人，也可以成为战争艺术的大师。阿方索·伊尔·马尼亚尼莫率领军队赴战场的时候，总是随身带着一个小图书馆，经常思考着诗人和哲学家，懂得恰如其分地使用语言，或者说有很好的表达能力，其威力胜过军队。据韦斯帕夏诺·达比斯蒂奇称，这位阿方索信奉的格言是："一位不懂文学的国王，像一头头戴王冠的驴。"这并非是说萨卢塔蒂是一个爱舞文弄墨的人，或者说阿方索是一位喜爱布道的国王，而是说那样的文化是鲜活的、有效的、人的，并完全能为社会接受的文化。

人这个字本身就包含着赞扬自己的含义（"人用人这个字表现人的本质"）[①]，它通过文化来为自己充分定义（文学塑造人性）；通过有说服力的语言，展示它在现实生活中的有效作用；通过心灵的良药"修辞"来控制自己的情绪，对既是城市的破坏者也是建设者的人，进行真正的教育。15世纪是修辞学的时代，因为"修辞"就是人性，就是精神，就是知识，就是理性，就是人的讲话；所以15世纪也是人文主义的世纪，一切都按照人的特征和人性来理解，都是人的谈话，或者说是神话中最美妙的传说——谟涅摩绪涅的缪斯女儿们的王国时代。

单纯把萨卢塔蒂视为老师，把布鲁尼视为朋友的方济各会修士贝尔纳迪诺·达锡耶纳从基督教的观点出发写出同样的东西："如

① Così F. Flora, *Umanesimo*, 《Letterature moderne》, I, 1950, pp. 20－21.

110 果你看到或者听到耶稣·基督，或者圣保罗、圣格利高里、圣吉罗尼莫、圣安布罗奥焦在布道，你难道不会欣喜若狂吗？那么，你就读他们的书吧，读你最爱喜欢读的地方，同他们交谈，他们也会同你交谈；他们听你的述说，你也听他们的述说”。或者在另一个地方所说的那样，文学使你变成“先生”。伟大的瓦拉认为这是一桩“圣事”；谦逊的巴尔托罗梅奥·德拉冯特谈到“圣神”：正是这位“神”赋予人以“婚礼、法庭和祭坛”[①]。因此，文学是一种非常严肃的事业，正确使用一个词的责任是重大的，不允许有丝毫的懈怠。对此，维柯认为，诗歌就是力求表达和翻译人生活中最本质的语言。

二

因此，“诗歌”有时会从诗句和小说中跳出来，集中出现在某位哲学家的作品中，或某位热情洋溢的政治家的咒骂中。语言的甜美，形式的光彩，使人想起真实人性的表现，并把人的讲话变成“诗”；这时也就能够成功地去掉“闲逸文学”的特权统治。甚至像一位不太知名的学者乔瓦尼·卡西·迪阿雷佐也会告诉我们说，在这样的情况下，具有说服力的语言连接着所有人的活动，并且通过具有说服力的语言，使一切都显得人性化，因为并不像有的人所幻想的那样，受到赞赏的仅仅是闲逸文学，而是相反，因为在行动的任何时刻都有人的存在：因为担任数学家、医生、士兵或传教士

① Ecco—seconddo il Fonzio—quello che ottiene la parola ：《fidem inter se hominess colere，matrimonia inire，seque in una moenia cogere viribus eloquentiae compulit》.

的首先和永远是人，人在所有他从事的工作中留下了人的印迹，或 111
者说“语言的光彩”（*lux orationis*）[1]。

这里便提出了对待语言、语言的历史和它的“优美”（*eleganza*）[2]的重要性问题。语法方面的讨论，逐步演变成关于美学的极其精细的论述：从字典和从纠正用词的书籍，——只要想一想佩罗托和托尔特利——到批判分析和历史专著。而同时历史希望成为反映“文明生活”的一面镜子，它是通过雄辩的讲话、政治文章和道德—教育论文来实现的。最美好的事情是——正如莱奥纳尔多·布鲁尼所说的那样——首先叙述自己城市的起源，再说说它取得的进步，认识自由的人民所从事的事业（“实际上需要知道的不仅是自己人民的起源和进步，还应当知道自由国家的业绩”）[3]。保

① 《quasi unum in corpus convenerunt scientiae omnes, et rursus temporibus nostris...eloquentiae studiis studia sapientiae coniuncta sunt》(da una lettera del Cassi al Tortelli, contenuta nel Vat. Lat. 3908 e pubblicata nel 1904 da G. F. Gamurrini, *Arezzo e l' Umanesimo*, Arezzo 1904, p. 87, miscellanea in onore del Petrarca dell' Accademia Petrarca).

② A proposito delle *eleganze* del Valla scriverà il Cortesi, *De hominibus doctis*, ed. G. C. Galletti, Florentiae 1847, p. 229 :《conabatur Valla vim verborum exprimere et quasi vias...ad structuram orationis》.

③ Così nel *De studiis et litteris* (in H. Baron, *Leonardo Bruni Aretino. Humanistisch - philosophische Schriften*, Leipzig 1928, p. 13). Una giusta valutazione dell'opera storica del Bruni presenta B. L. Ullman, *Leonardo Bruni and humanistic historyiography*,《Medievalia et Humanistica》, 1946, 4, pp. 44 - 61 (e, per quanto si è sopra osservato su retorica, politica e storia, son da vedere I tre saggi di H. Baron, *Das Erwachen des historischen Denkens im Humanismus des Quatrocento*,《Hist. Zeitschrift》, vol. 147, 1933; di N. Rubinstein, *the Beginnings of Political Thought in Florence : A Study in Mediaeval Historiography*,《Journal Warburg Inst.》, V, 1942; di D. Cantimori, *Rhetoric and Politics in Italian Humanism*,《Journal Warburg Inst.》, I, 1937).

罗·科尔泰西在一篇可以作为15世纪真正文学批判史的题为《论人的知识》(1490)的愉快对话中,也谈到了布鲁尼,重点讨论了真
112 理与具有说服力的语言相结合的问题。贝内德托·阿科尔蒂在题为《论杰出人物的年代》的对话中称赞了当时的佛罗伦萨人和威尼斯人在雄辩中的天赋。

为了同一理由,似乎一切都是一本对话的书;历史也是如此,那是同古人的对话,同过去的伟大心灵的对话。布鲁尼在《评注》一书的序言中认为,优秀的古典文学作品可以使在遥远时间发生的事情,变得距离我们今天更近、更清晰("使我感到在西塞罗和德莫斯泰内时代发生的事情,比在本世纪60年代发生的事都更为清晰"),并且宣称历史的任务,就是要把过去再回放到我们的生活中,回放到我们的对话里,要让它活生生地与我们同在("它们像一幅画一样,鲜活地,几乎还使人感到有生命的搏动")。面对尼科洛·阿恰约利的生活,马泰奥·帕尔米耶里告诉我们说,历史是一种永远也不会在大地上死亡的东西,它对于我们来说就是尘世的生活;历史是值得崇敬的,它拯救会死亡的部分,把那些将随着时间消逝,命中注定将会被遗忘的东西重新激活起来,然后让它们在人类社会中继续存在下去并扩散开来[1]。

三

但是,对于拉丁散文这里又提出了两个密切相关的问题,而且

---

① 《Corpoream vero partem non omnino negligendam ducunt, sed tamquam suam in terra recolendam, ideoque desiderant illam oblivioni et fato praeripere...》.

似乎与它们本身确定的特征相矛盾：例如要用一种语言来创作反映“人性”的作品，而这种语言至今已无人使用；又如在表达方式上，它提出模仿的原则，建立在“西塞罗式”基础上的模仿文学，如何才能超越其本身的知识界限？可是这两个重要的问题：人文主 113
义的拉丁文和对古典著作的模仿，已经讨论过许多次，如今终于开始找到了解决的途径。

至于反对使用拉丁语来代替俗语，和反对对 14 世纪传统可能造成的断裂问题，应当知道，散文类的作品——演说、论文、政治信函、理论对话——都全部是用拉丁文写的。因此，说从可能使用俗语再回到拉丁文的说法，是不确切的。中世纪的拉丁文被认为是野蛮的，即哥特式的和巴黎式的，应当用另一种仿照古典模式形成和确定的拉丁文来代替它，这种情况也是真实的。这样的拉丁文——正如普拉蒂纳所明确表述的那样[①]——吸收了西塞罗以后的丰富传统的成果，包括教父们的著作，旨在恢复罗马民族语言的权利，反对首先在拉丁文写作方面，把（巴黎式的）经院学派的晦涩语言普遍化。德·桑蒂斯正确地指出瓦拉所讲的一句话，瓦拉说：“真正的拉丁文是属于我们的语言”，它同中世纪所使用的“哥特式的”拉丁文完全不一样。它是人文主义者们所使用的“我们的语言”，它具有不同于古典拉丁语的自己的特征，更不同于“野蛮的”拉丁语，要真正地认识它，还要看到它也不同于俗语：“在这种新的拉丁语中，古代的复杂性让位于现代的流畅性”。人文主义者的拉

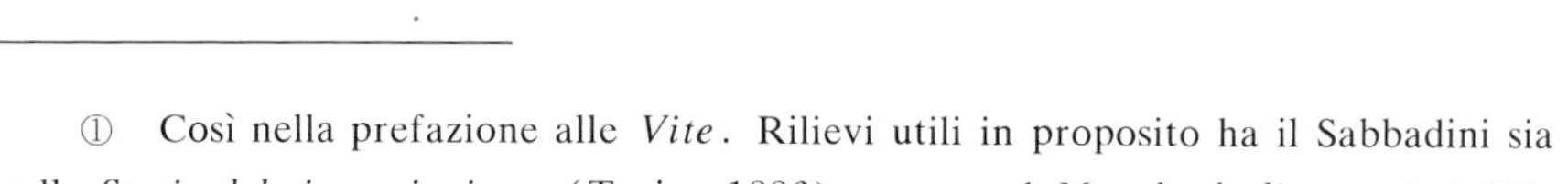

① Così nella prefazione alle *Vite*. Rilievi utili in proposito ha il Sabbadini sia nella *Storia del ciceronianismo*（Torino 1886）, come nel *Metodo degli umanisti*（Firenze 1920）.

丁语是真正鲜活的语言，它与流行的文化紧密结合，它具有的批判意识，使它在时间段中明确地确定了自己同古代世界，以及同中世
114 纪的关系。伟大的人文主义者们所使用的拉丁语，即不代表这种语言的停滞或衰退，它是俗语历史本身的一部分。“这样的拉丁语教会俗语懂得高雅、适度、力量和说服力，为俗语打下简明易懂、语句流畅、直觉过渡和内在雄辩的烙印”[①]。在充分反映文化形态的拉丁文和俗语之间，存在着合作关系，它具体地表现在作家们在写作自己的作品时，既使用拉丁文，也使用意大利文。从马内蒂到费奇诺这些人，他们既是散文作家，也是哲学家，他们也用俗语进行思考[②]。正如拉丁文真正是“他们的”语言一样，俗语也并未对他们模仿古典模式带来不便。

这里我们补充一下，也许这对理解 15 世纪的人的态度方面，是一个微妙的关键：即对古人的“模仿”问题。人文主义者对待古代作家所采取的立场，是建立在他们的历史和批判的态度基础之上的；他们作为语言学家，首先希望在古人所处的真实环境里和具体形势中，去理解他们和他们的作品：这在今天已是很自然的事情。而在那个时代，正是从这点出发，确定“模仿”这个词的含义，并赋予其鲜明的特征。阿科尔蒂明确地宣称，新的作家和古典作家之间的价值是平等的。关于波利齐亚诺同科尔泰西的争论情

---

① R. Spongano, *Un capitolo di storia della nostra prosa d'arte* (*La prosa letteraria del Quattrocento*), Firenze 1941, pp. 3, 10 ecc.

② E così sono spesso notevoli le versioni di scrittori celebri come latinisti: l'Aurispa che traduce Buonaccorso da Montemagno, Donato Acciaiuoli che Volgarizza il Bruni, e così via.

况，是一份重要的文件，波利齐亚诺在其中反驳所有西塞罗主义的要求，宣布承认整个传统在其发展中的价值，特别是古罗马晚期文学的价值（“除了说它们遥远以外，没有说过任何不好的话”）。而且认为，在深思熟虑基础上用自己的血，自由创造出来的富有生命力的诗歌，同那些平淡无味的模仿诗歌之间，有着天壤之别的距 115
离。——“这些是诗人的作品，而那些是猴子的作品”（*illa poetas facit, baec simias*）①。

人文主义正是在这样特殊的“创造性模仿”中，正如鲁索②所

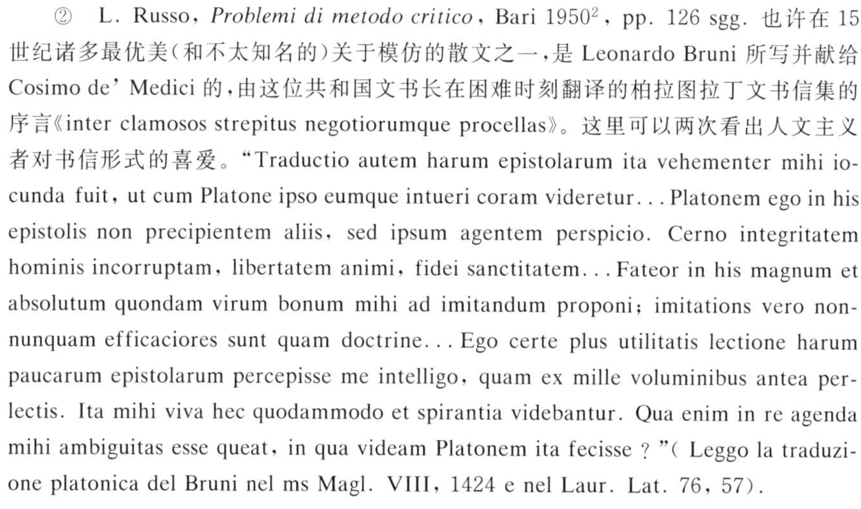

① 16世纪法国的作家们对瓦拉和波利齐亚诺的许多概念的发现、展开和俗语化，是很有意思的。例如 Joachim du Bellay 在16世纪中叶讨论了瓦拉所说的：罗马的伟大在于语言对欧洲，并不亚于对帝国的影响（“la gloire du people Romain n'est moindre—comme a dit quelqu'un —en l'amplification de son langaige que de ses limites”），而波利齐亚诺的回答是：“immitant les meilleurs aucteurs. . . , se transformant en eux, les devorant, et apres les avoir bien diggerez, les convertissant en sng et nouriture”. 只有这样模仿对于作家才是有益的：“autrement son immitation ressembleroit celle du singe”. Cfr. Bernard Weinberg, *Critical prefaces of the French Renaissance*, Evanston (Illinois) 1950, pp. 17 sgg.

② L. Russo, *Problemi di metodo critico*, Bari 1950[2], pp. 126 sgg. 也许在15世纪诸多最优美（和不太知名的）关于模仿的散文之一，是 Leonardo Bruni 所写并献给 Cosimo de' Medici 的，由这位共和国文书长在困难时刻翻译的柏拉图拉丁文书信集的序言《inter clamosos strepitus negotiorumque procellas》。这里可以两次看出人文主义者对书信形式的喜爱。“Traductio autem harum epistolarum ita vehementer mihi iocunda fuit, ut cum Platone ipso eumque intueri coram videretur. . . Platonem ego in his epistolis non precipientem aliis, sed ipsum agentem perspicio. Cerno integritatem hominis incorruptam, libertatem animi, fidei sanctitatem. . . Fateor in his magnum et absolutum quondam virum bonum mihi ad imitandum proponi; imitations vero nonnunquam efficaciores sunt quam doctrine. . . Ego certe plus utilitatis lectione harum paucarum epistolarum percepisse me intelligo, quam ex mille voluminibus antea perlectis. Ita mihi viva hec quodammodo et spirantia videbantur. Qua enim in re agenda mihi ambiguitas esse queat, in qua videam Platonem ita fecisse ? ”（Leggo la traduzione platonica del Bruni nel ms Magl. VIII, 1424 e nel Laur. Lat. 76, 57）.

说那样，表现出众所周知的人性，它通过同其他人的既定关系，永远勤奋地追求生活的最崇高的形式。这也正是他那令人愉悦的文学表现的特征。

第二章　关于修辞学的讨论 117

一

谁要是阅读了帕特里齐的《修辞学》第七篇，同弗洛里奥·马雷西奥的对话，一定会留下深刻的印象，作者坚持认为，修辞学的作用与当时的政治形势密不可分，在当时的法律或最高统治者不能发挥作用的情况下，便产生了动员人民的演说家，例如在法庭辩论和制定法规时的情况就是如此。演说家并不属于这种或那种类型制度才有的现象，因为“有些人民共和国并不需要演说家……如某个时期的佛罗伦萨、卢卡和热那亚，和今天德国和瑞士的共和国”。当一个国家建立以后，制定了法律并写了下来，“设立了法庭的人主管法律，老百姓有了问题就去问法学家们”[①]。

① F. Patrizi, Della retorica dieci dialoghi, nelli quail si favella dell'arte oratoria con ragioni repugnanti all'openione che intorno a quella hebbero gli antichi scrittori, Venezia 1562 (ristampata a Venezia nel 1643 e nel 1644); per alcune anticipazioni, v. Le rime di Messer Luca Contile, divise in tre parti, con discorsi et argumenti di M. Francesco Patritio, in Venetia 1560, cc. 23 r sgg. Sulla rhetorica del P. è soprattutto da vedere il saggio del Croce, Francesco Patrizio e la critica della rhetorica antica, del 1903 (in Problemi di estetica e contribute alla storia dell'estetica italiana, Bari 1932,2, pp. 299－310), omesso nella bibliog. rafia di B. Brickman, An Introduction to Francesco Patrizi's《Nova de universes philosophia》, New York 1941. Un'accurata

118 凡是还没有或不存在严格的法律、确定的机制，和按照逻辑推理可以解决问题的地方，都有理由存在演说、劝说讲话和可能的争辩，所有这些诉讼都与情感世界相联系。凡是已确定，已明确建立和有规则可循的地方，一切都可以按照三段论式的办法去解决。凡是秩序处于动荡中，法规需要不断更新，决定需要逐渐适应变化的形势的地方，修辞学便居统治地位。“在罗马……，当国王们进行统治的时候，并不需要任命演说家……，把他们都赶走……，在奥蒂米人那里，国家是不需要演说家的。……但是后来人民当政……，便听到了演说家的声音，伟大的演说家。在王朝更迭的时候，在共和国兴起的初始阶段，都会有演说家的影子。随着时间的推移，当一切都在消失的时候，他们也暗淡下去，但他们的再生也不用等待一千年或上百年，直到王朝的灭亡，人民掌握政权以后，他们又会出现”。

对于帕特里齐来说，当人民，其核心是充满激情的“平民”，在“审判和政务会”中居统治地位的时候，这些危机的时期便标上了“允许”演说家的符号。而共和制度的最后捍卫者之一，佛罗伦萨的绅士巴尔托罗梅奥·卡瓦尔康蒂则认为，修辞学中的劝说性讲
119 话是自由的堡垒（“我的自由的祖国”），它表现在让自由的讲话投

---

esposizione in L. Menapace Brisca, La rhetorica di Francesco Patrizio o del platonico antiaristotelismo,《Aevum》, XXVI, 1952, pp. 434 - 461. Per l'mpostazione del rapporto rhetorica - politica nell'Umanesimo cfr. D. Cantimori, Rhetoric and Politics in Italian Humanism,《Journal of Warburg Institute》, I, pp. 83 - 102. Per alcune notazioni interessanti, Ch. Perelman - L. Olbrechts Tyteca, Rhétorique et philosophie. Pour une théorie de l'argumentation en philosophie, Paris 1952, p. 43：“我们相信，修辞学真正是人的业绩，它无论在古代的希腊还是在文艺复兴的世纪里，都放射出灿烂的光辉。”

入战斗，为了让“真实、忠诚、有益和正确的东西取得胜利……它们比武力对抗更优越和更高贵”。渴望一个理智的、稳固的和确定的结构状态的帕特里齐，自然会在较低的层面上注意到修辞学中的那些“不科学、不优美的似是而非的句子”的作用。对此，在他的眼中这一切要求“自由”的文化运动，在实质上都是无用的和应该受到谴责的。但这不影响他作出的判断的意义：“彼特拉克希望复活那些被君主或野蛮人埋葬了的演说家的幽灵，……他之后许多人也希望这样做，但是他们不可能使那些幽灵离开被君主们埋葬的地方，他们当时作为还没有净化的灵魂被埋葬在那里，只能在那里游荡。只能等到将来一天人民掌权以后，才能通过消除法律对他们的束缚，解放他们。”

在帕特里齐的讲话中，至少指出两点：首先历史地引用人文主义；以及人文主义与人民共和国复苏的联系，或者说与“君主”和“帝国”政体的危机之间的联系。总之，帕特里齐看到了修辞学的一切可能性，它的问题在一个不太确定的秩序中与“辩证法”紧密相连。在一个根据严格框架来确定现实结构的地方，进行劝说式的讨论都是多余的，只需要严格的推理就可以了：那里不需要演说家，而需要学者。维柯在1711年的著作《演说术原理》中驳斥笛卡尔说：“在对公众的讲话中，采用严格推理的几何学方法，这就如同去掉人的某些生理上的愿望，排除担忧、机缘、幸运等，简而言之，那不是一个演说家的讲演，而是一个教师在上课。”[①]帕特里齐也
谈到感情，和谈到充满激情并不按协调的推论行事的“平民”。贝 120

① Vico, *Opere*, a cura di Nicolini, vol. VIII, Bari 1941, p. 161.

尔纳尔迪诺·托米塔诺谈到“自由”(“因为作为崇高和自由的精神,它也像自己长有脚一样,不用拉着它的头发,它也会自己走动”)。在所有人的意识中,要实现劝说讲话的效果,就像进行一次“发明”一样,需要把人置于既定的常规秩序之外,无论人的处境如何,除了认识到生活的整体方面以外,还要认识到自由创造的可能性[①]。帕特里齐把从彼特拉克开始的文化发展方向,同在人民共和国中繁荣起来的修辞学联系起来,并非偶然。

如今,谁要是翻阅一下15世纪的文学,就会不仅继续看到把修辞学和革新了的辩证法拿去替代经院学派的逻辑学的企图之外,还可以看到希望理解这些人类思想的工具,在各门“学科”中的确切价值。14世纪晚期所出现的双重理论:赞成和反对逻辑学,赞成和反对修辞学,表明它们之间已并非是和平共处,而是一场要用修辞学取代古老的逻辑学的争论[②]。但是,到了成熟的15世纪,先不谈需要进行自身对话的瓦拉[③],波利齐亚诺所提供的情况

① *Ragionamenti della lingua Toscana* di M. Bernardin Tomitano. *I precetti della rhetorica seconddo l' artificio d' Aristotile e Cicerone nel fine del seconddo libro nuovamente aggiunti*, in Venetia 1546, pp. 196－200; La Retorica, di M. B. Cavalcanti, *Gentil' Huomo Fiorentino*, *divisa in VII libri*, in Venetia 1574 (ma la prima ediz. è del 1549), pp. 4－5. Sul carattere《popolaresco》della rhetorica, cfr. la giornata quinta (ov'è interlocutore il Patrizi) dei *Discorsi del Conte* Annibale Romei, Verona 1586, p. 148.

② Esempi di doppi discorsi del primo Umanesimo, oltre i già noti, nel ms II, IV, 311 della Naz. Di Firenze (su cui vfr. A. Manetti, *Roberto de' Rossi*,《Rinascimento》, II, 1951, pp. 48－55) e nello zibaldone autografo di Lorenzo Ridolfi (ms Panciat., 147 della Naz. di Firenze, su cui cfr. una nota nel《Giorn. Crit. d. filos. it.》, XXII, 1953, pp. 124－126).

③ Valla, *Opera*, Basileae 1543, p. 691:《non tantum vult docere orator ut di-

就是很有意义的例子，他在确定修辞学的价值时，是明显地把它当 121
作一个脱离了传统形而上学的“辩证法”提出来的。

波利齐亚诺在讲课时讲到昆体良的一篇著名的序言，其中阐述了“修辞学”的任务，认为除了讲演术方面的显而易见的特征：如模仿诡辩模式，抓住当代共同关心的一个问题，并把讨论延续到16世纪以外，就是说明劝说性讲话本身是唯一能够深入人心的形式，它引导人们不通过暴力，朝向有利于所有人方向发展[①]。在回答关于它的自由（自己的愿望必须与自己的心灵一致）问题时，认为应当把教育和改善、革新语言作为一种工具，通过它促进文明社会的形成和进步。不仅如此，讲话还是翻译和明确人的思想形成过程的手段；因此，“修辞学”便与“辩证法”紧密地联系在一起，只有这样，才会反映出辩论的具体的现实性。波利齐亚诺完全理解需要明确这种用来协调自己讲话的，作为“工具”的辩证法，同另一种辩证法（那是艺术的最高准则，它本身也是哲学的最纯粹部分，调节所有的学科，引导人们研究并赋予所有学科以尊严）之间的关系。最高的辩证法真好——波利齐亚诺引用普罗提诺的这句话并非偶然——让逻辑学在句子和推理之间，在规则和定理之间忙碌，
“让她沉浸在那些低贱的学科之中吧”。作为“工具”逻辑学的目 122
的，在于区别、定义和发现不同类的事物之间的关系，阐述它们相互之间的关系，“几乎像一幅思想的构图”，并传递相关的概念，它

alecticus facit, sed delectare etiam et movere, quae nonnunquam ad victoriam plus valent quam ipsa probation, tametsi non ad solam simper victoriam tendit, neque simper versatur in litibus, sed in suadendis honesties et ad bene vivendum pertinentibus》.

① *Utendum est sermone ut nummo* — esclama Enea Silvio.

如同神话中的珀涅罗珀一样，她把布织好又拆掉，再重新织，如此反反复复。这里已明显地指出了直到伽利略为止的帕多瓦逻辑学家们的两种富于特征的进程，正如已表明比较走运的柏拉图“学派”的情况那样。

但是，这里令人更感兴趣的是，清楚地划分出了作为使一篇有效讲话更为流畅的工具的“辩证法”，和作为绝对结构的最高科学的“辩证法”之间的区别。但是，“沉浸在低贱学科之中”的形而上学的逻辑学，并不属于哲学部分，而是一个单纯的工具。“修辞学”和“辩证法”之间的联系，正是在于让逻辑脱离形而上学，同时指出逻辑学的世俗特征，在纯精神（*in se ipsa considens*）[1]的学科面前，它涉及的都是关于“人的具体事情”（*materiae sordes*）。

波利齐亚诺在《辩证法入门》这本书中，清楚地把古代人和现代人对立起来（“贝尔莱乌斯，赫尔维乌斯，奥卡姆，蒂斯佩鲁斯……斯特罗杜斯奎”）；在另一部有名的重要著作，鲁道夫·阿格里科拉的《论辩证法的发现》中，用新的修辞学批判亚里士多德的逻辑学成为该书的主题。在阿格里科拉的书中，彼得罗·拉莫赞扬那样的人并非偶然，“他首先从希腊和意大利繁荣的时代，革新了逻辑的教学，让青年人向诗人和演说家学习，不仅在说话时用词纯正，
123 谈吐文雅，而且还要思维敏捷和作出判断时充满智慧”[2]。按照阿

① La prolusione a Quintiliano, in *Prosatori latini del Quattrocento*, Milano－Napoli 1952, pp. 880 sgg. La *Ptaelectio de dialectica*, in *Opera*, Lugduni 1528, II, pp. 458 sgg.

② P. Rami et Audomari Talaei *Collectaneae praefationes*, *epistolae*, *orations*, Parisiis 1577, p. 93.

格里科拉的看法，任何知识的进步，都是通过用理智整理之后的经验的积累和扩展来实现的。亚里士多德经院学派的错误，或者说"大学"的普遍错误，阿格里科拉认为，仅仅在于把亚里士多德时代有效的规律绝对化了，"无疑人是具有高级智慧的，但是作为人，他也会遗漏许多事情，他所采用的办法也不是唯一的，许多东西还等待着后继者们去发现"[①]。可是，无论是逻辑学家或是现代的科学家都还没有越出亚里士多德学说设定的界限，或者他们寻求像西塞罗和昆体良那样的演说家的帮助，或者他们只停留在自己研究的哲学和科学的领域里。阿格里科拉认为，在他那个时代，知识上的混乱是由于缺乏方法论方面的共识造成的，"当牲畜冲破围栏，跑出边界，侵犯邻人权利的时候，这时很少有人意识到自己的牧场在何处"。在阿格里科拉的眼中，唯一值得重视的，至少作为要革新逻辑的一种愿望，是卢洛所说的逻辑，即使未能实现[②]。

阿格里科拉的这篇论文，既讨论了辩证法，也讨论了修辞学，
它的根本任务是确定一些工具和途径，使不同的概念之间能够有 124
序和协调，以便建立构成不同学科的体系，提出某些"可能的议题"，使讲话有所依据。这样，"辩证法"对于其他单独的"学科"（技艺）来说，正如对于形而上学一样，便有了自己确定的立场。

当作为"艺术家"的调查收集数据的时候，这位"辩证论者"通

① R. Agricolae *De inventione dialectica libri omnes integri et recogniti iuxta autogr.*, Venetiis 1558（I testi usati sono：II, 7; I, 3; II, 1; I, 2; II, 15）.

② Sul lullismo italicano cfr. M. Batllori, *El lulismo en Italia*, *ensayo de sintesi*,《Revista de filosofia》, II, Madrid 1944, pp. 253 – 313, 497 – 537, e *Le lullisme de la Renaissance et du Baroque*：Padoue et Rome,《Actes du XI – e Congrès International de Philosophie》, 1953, vol. XIII, pp. 7 – 12.

过“地点”，或者说通过某些“共同章节”的图表，提供建立一个联系的方式，看一看“宣告一致点和分歧点”意味着什么。“创造性的辩证论者无论对论点或论据而言，都具有想象的能力”。创造的精髓是“安置”（*i loci*），或者说是那些似乎能够把某种根本的一致性，同无穷的个体多样性联结起来的共同和经常起作用的方面。

在“安置”中确定辩证法的基础之后，阿格里科拉便分析安排讲话秩序的目的，在于“创造”的时候加上“判断”。正是在这里辩证法和修辞学发生了紧密的联系，它们会聚到一起，特别是让“明确性”一方面寓于讲话的修饰和形象中，另一方面又表现在演说者所取得的效果里。在讲话中，在辩证法和修辞学之间，应当把“区别—单元”具体化。阿格里科拉坚持雄辩术的特征和建立在修辞学基础上的区别，但这种区别不能让修辞学脱离事物的辩证法领域。

但是，那种把修辞作为一切辩证进程的表述企图，或者甚至作为有序的和“明确的”讲话的企图，却被区分以“编造”和“秩序”为节奏的辩证法与纯粹致力于感情和劝说的修辞学或讲演术所代替。在前一种情况下，虽然表现不一样，“文明的”修辞学还是占据
125 上风，因为它把讲话的联系放在首位，让“真理”服从于“劝说”。在后一种情况下，把已发现的事物之间的联系作为衡量一切讲话的尺度：在这种情况下，修辞学也必然成为修饰的同义语。但是，在这两种情况下，从最高的绝对形式中解脱出来的“辩证法”，却可利用超越任何形而上学含义之外的“演说术”进程，和被理解为“共同质地”的“安置”。总之，逻辑要摆脱任何从人上升到上帝的思考，正如上帝下降到人间所经过的各个阶段一样，并且给经验的协调以一定空间，“正如珀涅罗珀那样，把织好的布拆了，又重新再织”；

或者说，逻辑只能在讲话中揭示人类思想的有效进程。

二

这个问题的许多方面，都在整个 16 世纪的文献中再次生动地反映出来，我们在最早于 1542 年汇编的斯佩罗尼的不少对话中，特别看到对“语言”和“修辞学”的争论，这大概是蓬波纳齐学派的直率反应[①]。在对修辞学的争论中，布罗卡尔多扩展了它的前景，他企图深化由演说家产生的“劝说”和事物的客观真理之间的关系：即哲学和修辞学之间的关系。出发点总是要区分由哲学家展 126
示的“事物”的客观性，和由演说家激励起的喜悦和激动之间的区别（“并非寻找事物的原因……如同哲学家们所做的那样，而是通过意志和示意，以及听众的高兴……引诱他们高兴”）。演说家的任务似乎仅仅是如何善于使用词汇，取悦于听众（“富于想象和善于安排所谈的内容，更胜于人的谨慎和明智；只有语言才是施展演说术的地方：因此这是一个如何取悦、感动和教导人的问题”）。

这样就新产生了演说家的“真理”和哲学家的“真理”之间的关系问题；演说家的“真理”就相当于画家把一个人“真实地”画在画布上一样：“真理的某种东西，不断在我们面前晃动，似乎是存在于

① Dello Speroni seguo l'ed. Veneta del 1596(*Dialoghi del Sig. Speron Speroni, nobile padovano, di nuovo ricorretti; a' quail sono aggiunti molti altri non più stampati e di più l'apologia dei primi*) pp. 101 - 162. Su Antonio Brocardo, D. Vitaliani, *Antonio Brocardo, una vittima del bembismo*, Rovigo 1902, e il saggio del Croce in *Poeti e scrittori del pieno e del tardo Rinascimento*, vol. III, Bari 1952, pp. 62 - 71.

我们的灵魂深处一样，自然我们希望认识它，从一开始多梅内迪奥就在寻找着它”。但是，“ 真理的某种东西”至少对于人生规则的那部分，我们会最终感到它是人可以认识的唯一“真理”。布罗卡尔多最后断然地宣称，在历史的层面上并不存在论证科学的绝对真理，而仅仅是近似认识的不断深化。“我不认为——他说——出于什么理由应当在共和国中禁用修辞学，因为它是涉及我们人的工作的艺术，共和国也是从它那里产生的：演说家以他的可能的理由取悦和劝说法官和管理城市的工作，这是值得称赞的，他们的勤奋工作才使得我们的事情如此完美，因此应当向演说家们表示敬意。我这样说，是因为我想你们也知道……人也属于动物之列，理智以‘中庸的方式’认识事物……。这种方式不是别的，正是来源
127 于修辞学；它需要融合自己和他人的愿望，以及在他的国家中文明生活的亲戚和朋友们的愿望，但需注意的是：同样一件作品，受不同时期城市中制定的允许或禁止的法律影响，从共和国的利益出发，它可能被认为是道德的或罪恶的，但从论证科学上看，结论并不是任何时候都能成立的，而是带着修辞学的特征：变化的和不一致的(因为它们是我们时代的法律和作品)，共和国在管理上是谨慎的。”按照斯佩罗尼的看法，苏格拉底接受死亡的决定，正是在于他承认城市法律的权威和有效性；法律、讲话和演说术，都不可能超越可变的和暂时的人的环境，信仰也是这样。

“真实的情况是，像哲学家那样，只相信来自感觉并已经理解了的东西，就会有更多的知识，更少地迷信；同样，对待大自然也是这样，大自然有永恒不变的规律，它的某些现象并不听从共和国的统治：它的规律忠实地尊重时间、地点、用途、自己的力量和其他力

量，每天都改变着自己的形式和面貌”。

不是神，不是城市的法律，而是“用人们自己的技艺制造出来并加以崇拜的”偶像，也同样来自于人的需要；“科学”也是一样，来自于人并适用于人。因为“假如为我们生命、形体和理智的灵魂，是不死的智慧……，那么我们就应当相信向它提供真正营养食物的，不是我们在尘世间所获得的可以死亡的科学，而是某种与它的本质相适应的神圣的东西……。但是如果（上帝并不希望）理智是属于人的，例如我们所认为的这样，它同我们一起诞生、生活和死亡，那么它的作用就在于进行人与人之间的谈话；交谈从本质上来讲是适合于人性的，在市民生活中启发人的谈话艺术可以使我们学会克制和忍耐。正如物质的颜色，当它在某个地方向我们的眼睛显示某种形象时，我们才会认识它。对大自然和上帝的真正

认识也是如此，我们不能从它自身的抽象上看到它，而是在思考的 128
具体轮廓中认识它：如果这样的过程愈使我们感到满意，我们也就相信认识愈接近客观真实，因为真实中就存在着幸福和愉快。”

从布罗卡尔多口中说出的结论，实际上推翻了开始时的看法，认为“完美知识”并不属于在宇宙中处于中间地位的人，而属于人的仅仅是在修辞学统治下的对“人”的轮廓的模糊认识，这就是构成人类智慧的典型形式。斯佩罗尼对话的结论非常重要，它结束了要把“文明的”、“人的”修辞学从对真理的认识的哲学中分离出来的争论。斯佩罗尼从对应两种知识类型的两种逻辑前提出发，排除“哲学”是属于人的，而赋予人至少在尘世生活中的一种认识能力，那就是纯粹带“可能性”的伦理学，因为伦理学在时间上是可变的，它与人的生存条件的不稳定性密切相关。

还可以看到另一种也许更为不确定的形式，我们发现在关于语言的对话中也存在同样的问题，特别是在一篇假设的蓬波纳齐同拉斯卡里斯之间就整个基础部分的讨论中。在这里，斯佩罗尼的进程也充满微妙和艰险，但也许他愿意如此。在对话的第一部分，实际上拉扎罗·波纳米奇反对本博，开始支持古人完美的范例，即是支持经典的语言：希腊—罗马世界，希腊语和拉丁语构成无与伦比的优美。因为本博轻蔑地宣称："那么……还能干什么呢？我们想痛苦而死吗？当哑巴，永远不说话吗？……现在所做的一切，住房、教堂、绘画、铜像和大理石像都无法同古人做的相
129 比：难道我们应该住到森林里去吗？不再绘画、不再铸像、不再雕塑、不再祭祀、不再崇拜上帝？"古典派的极端观点否认历史的发展。难道一切都到了"痛苦而死"的程度？但是，由作为波纳米奇老师的贝雷托用来反对拉斯卡里斯的另一方面的观点，也并非不极端，他排除"表达"和"概念"之间的任何联系，把语言贬低为可以任意乔装打扮，独立于任何人的具体概念的形成，和独立于它本身能表现真实的唯一性的东西。甚至达到如此荒谬的程度，蓬波纳齐的如此鲜明、如此富于革命性、如此"民主的"观点，被排除在人类作品的任何价值之外，任何真理的发展进程之外（"可以把农民理解为绅士，把伦巴第人理解为罗马人"）。

他的自然主义排除了任何文明的和人的对话的可能性：符合存在（只是哲学上）的绝对节奏的是概念（只是逻辑上）的绝对节奏，对此，语言（语法）的符号是没有区别的。语言不是别的，只是一种意向约定（"人们制定有利于他们的规则，这些规则没有经过播种、生长"），所有人自然在它们表示内容的理解上，是一致的。

对于拉斯卡里斯来说，他在不同的语言中看到不同历史的形成，因此他把希腊人的思想同他们的语言紧密地联系着（“我认为在希腊语中和在拉丁语中对亚历山德罗·阿弗罗迪塞奥的理解是不一样的，虽然他是同一个人，正如他活着的时候和死后不一样……，不同的语言反映不同的概念”），而蓬波纳齐十分反对“除了能讲曼托瓦的地方方言之外，就不会讲其他任何语言”。

大自然以它本身的不变和永恒的结构而言，它总是同样的、永恒的和不变的；与它相联系的哲学家的思考，也是同样的、永恒的 130
和不变的。俗语问题，虽然有时也对它做了些强调，但本质上是建立在使用的方便上，它易于被理解，不需要更多的修辞或接受广泛的人文主义教育。哲学家总是反对平民百姓的；少数人的真理，只能在少数人中受到赞扬，它与表达的方式无关。知识而不是“文学”的扩张，并非暂时的——由于人类文明的不断进步——空间越来越广阔，因为大自然是永恒、不变和无限辽阔的。因此，也不用担心如何让更多的人参与到只由少数人继承的“真理”中去。贝雷托说出对“野蛮的”经院哲学的惋惜的话，并非偶然，因为在这种作为唯一普遍流通的语言——学院派的矫揉造作的拉丁语中，哲学家们发现的是“事物”，而不是为了引诱别人感官和热情的装饰品[①]。

① Una discussione interessante sull'opportunità del tradurre certi testi si trova nella prefazione di *Emilio di Milii alli lettor*i che va innanzi al suo Volgarizzamento dell'*Enchiridion* di Erasmo (*Enchiridion / di Erasmo Rothe- / rodamo, dalla lin- / gua Latina nella volgare tradot- / to per M. Emilio / di Emilii Bresciano, con / una sua canzona di / penitenza in fine / In Venetia 1539*). Una lettera del Bembo a lui del 1572 da Padova, è documento di rapporti molto amichevoli (*Delle lettere di M. Pietro Bembo*, III, in Vinegia 1552, c. 193).

这就是斯佩罗尼引用蓬波纳齐的一段话，他认为没有必要向拉丁语的演说家们学习，其他人可以使用俗语作为更适合于劝说的工具。在贝雷托的论点中，还梦想找到一种能够普遍使用的通用语言，它是由一些与数学上用的符号类似的约定的符号组成；由此，一时间夸张地把修辞学引向三段论式的逻辑学方向发展。而在贝尔纳尔迪诺·托米塔诺引用的斯佩罗尼的观点中，则强调要尽可能与具体的事物，与谈话中所涉及的人，与当时所处的环境和
131 与从事的工作相结合。对待不同人的各种各样的多变人性，要用多种委婉的语言诱导、塑造、改变、领导和教育。从性质上看，一般的概念和法律都并非是从人身上自然浮现出来的结构，它们是衣裳，是历史的形式和“文明的”法律。伦理道德的主宰是修辞学，在修辞学中不仅融会了人的感觉知识，而且还包括所有内在思考的过程。因此，讲话是把人同社会联结起来的纽带，它在不侵犯人的自由的情况下引导人，引导人去实现自己更好的目标。当托米塔诺讲“要播种优良的种子”和“为黑暗带来光明”时，就产生了很好的形象效果。修辞学是与辩证法紧密结合的（古代罗马童话作家）费德罗笔下的“招魂术”（“要善于控制大自然给我们的最好的礼物——灵魂，人们都争强好胜，傲慢和自以为完美无瑕”）。

那里，使用俗语被视作在历史上适合于使用的一种工具，是当代人所使用的非常个性化了的语言。那里，已不像贝雷托那样鄙视“文学”，而是通过它进行交谈。抛弃经院学派人为的蹩脚语言，而认真学习古代语言，意味着抛弃普遍不加区别的使用符号，而采用一种个性化的、具体的、与思想表达节奏密不可分的语言。放弃经院学派“人为的”约定语言，使用历史上亚里士多德和西塞罗的

富于个性的语言，对我们来说就开始了一个用意大利语表达意大利思想的进程。这方面的情况我们在亚历山德罗·皮科洛米尼的作品中可以看到。虽然重复了某些论题，甚至由斯佩罗尼借蓬波纳齐之口表示出某些概念，但是方向已发生了不同的变化。

三 132

谁要是去阅读在 1565 年 8 月 1 日，“在锡耶纳附近的斯蒂里亚诺别墅中”完成的，“亚历山德罗·皮科洛米尼那篇关于亚里士多德和泰奥德特的充满丰富内容的序言”，就可以看到皮科洛米尼经常发出的呼声：“不用我再说明的是，我认为我们的语言极为丰富，包含各方面的知识……，它流畅、开放，说明问题时明白易懂，只要不是太愚笨的人都能理解它”①。

研究这种尽可能广泛的“劝说”，这种对所有人进行教育和培养的愿望，采取的方式“和建议虽然不那么符合科学和文雅，但却接近实际和可能……，使他们的谈话适应更多人的判断和理解能力”：这种需要使用所有人都懂的语言的思想，贯穿着皮科洛米尼的作品。他在 1550 年用俗语写的关于逻辑一书的序言中——拉

① Della cit. *Parafrasi* del Piccolomini seguo l'ed. Venetia per Giovan Varisco, 1565; de *L'instrumento dellla filosofia*, l'ed. Veneta del 1565, presso Giorgio de' Cavalli; e così pure per le due parti *Della filosofia naturale*, 2 voll.; per i dieci libri *Della institutione di tutta la vita de l'huomo*, l'ed. Veneta dello Scoto del 1543, con l'interessante lettera di Ottaviano Scoto al Marchese del Vasto, di cui riporto alcune espressioni. Sull'importanza dell'opera di Alessandro Piccolomini ha già richiamato l'attenzioni Leonardo Olschki.

莫的《辩证法》写于 1555 年——坚持认为，逻辑学也与修辞学一样，是所有人使用的工具，应当让所有人都能掌握。“真正值得同情的是，许多出生在意大利北部的人，有聪明的智慧，完全能掌握
133 科学知识，但是由于不懂得希腊语或拉丁语或阿拉伯语，他们只能被迫过着不完美的生活，没有尝过作为我们幸福生活的真正母亲——‘哲学’的奶，他们不知道也不会幸福地度过他们的年华，他们既不能认识周围存在的美好事物的原因，也不能认识我们最高的善寓于其中的道德的优美。妇女们也是一样，按照亚里士多德的说法，城市的幸福之路不是让生活在意大利的人去学习其他语言，而是学习她们的乳娘的语言，如果她们无知，不识字不是她们的过错……”。

但是，可以看到皮科洛米尼相距贝雷托的立场还甚远，不仅在希望实现有效的教育方面——在谈到妇女问题时，而是宣称不用翻译亚里士多德的著作，而是展示意大利的哲学（“我没有想过翻译希腊文或拉丁文，因为掌握那些语言并不能使概念更清楚，我是根据我自己的愿望，尽量通过扩展、简化、明白、易懂的方式说明问题……”）。皮科洛米尼在写了一本道德教育的手册（“为了过人的生活，就应该像人那样生活”）之后，又着手写一篇关于哲学的《工具》[①]的论文，并非偶然。他认为如何使用哲学的工具，是“我们生活的艺术”，为了更好地理解这门工具，可以把逻辑学比作铁匠的

① Sul termine *instrumentum* è da vedere l'articolo dedicateogli da F. Piccolomini nel suo dizionario di termini filosofici publicati nel 1599: *De rerum definitionibus*, fol. 58 b sgg. Un discorso a parte spetterebbe all'opera di S. Erizzo, *Della via inventrice e dell'instrumento degli antichi*, che uscì nel 1554.

铁锤，最初的铁是粗糙的，逐渐越来越完善和多样化。学习逻辑学 134
就必须学习辩证法和修辞学（“这不仅对他们来说是必要的和有利的，而且对他们的亲属、朋友和对他们在那里出生的共和国来说，都是如此”），这方面的重要文本不是容易找到的，“在《高尔吉亚篇》、《斐多篇》和在《理想国》的第二部分中，比别的地方更容易查到”。

这样，修辞学和辩证的虚构，或者说“可能性”论据的逻辑学，便在“文明的”学科中更大地发挥它们的作用，它们作为劝说的工具，在说理的推论不能严格进行的时候，便能更好地反驳它们的对手（在不能由智慧从真实中得出确定性的地方，便从可能性的角度认定科学中存在的主要怀疑）。帕特里齐在他的论文的第十卷中认为，修辞学和辩证法是朝着信仰和感情的方向发展。卡瓦尔康蒂认为：如果离开道德和政治原则，以及谈话人所处的实际环境，对于所有的人来说，无论他们的智力和文化程度如何，可能性的知识和劝说艺术，能让“美好的和科学的”建议深入他们的心中，让他们不顾及自己的特殊利益，被诱导恶意地支持某种虚假和有害的观点。

但是，要严格区分政治—伦理（修辞—辩证法）方面的逻辑学和理论知识方面的逻辑学，并非易事，这既因为作为形而上学的辩证法（即所谓神圣事物的知识，有的人称之为神学，亚里士多德的信徒们称之为形而上学）一直作为“先验的”存在，它能对任何知识提供“坚实的真理”；也因为对大自然的研究日益深入，其“主要的疑问”都得到了“可能的”证实，在这方面作为逻辑的工具、“虚构的”进程和论题的排列，都远远落后于最高辩证法的发展。很明

显，这里提供两种可能性进行讨论：继续坚持虚构的和“可能的”道
135 路，尽管已看到它在实践中的不同意义上的差别；或是再回到前面所说的原则进行推理，让一个只有能反映构成某个时期本质结构的形象，去取代思想上“虚构”的“可能性”位置：这个观点后来又以更新了的词汇提出，简化为经过柏拉图的普罗塔哥拉的“修辞学”。

在1562年出版的《修辞学》中，帕特里齐称赞了朱里奥·卡米洛在修辞学的《切题》中用夸张的手法进行的颂扬（“这个人的智慧非人间所有……神圣的朱里奥·卡米洛，其他人休想在荣誉上超过他，弗朗切斯科·帕特里齐奥使世界充满光彩……”）。在写给内尔维萨的修道院长，塞尔托里奥·迪科拉尔托伯爵的信中，他说：德尔米尼奥“并不理解修辞学大师们的确切含义，他们的伟大之处在于他们能够把他们的思想在全世界极其广泛的剧院中传播”。如今，朱里奥·卡米洛的著作《戏剧的理想》，作为一种希伯来神秘哲学、新柏拉图主义和其他深奥难懂的混合物，让我们领略如何使演说者语言的安排，符合于存在的基本结构，这样，所讲出来的话就构成永恒理念的极度延伸和终极的反响，以及它们宏伟的显示①。

如果说古代的演说家们一天天在那些容易消逝的地方，就那些容易消逝的事物发表演说，其目的就是要我们永远记住在那些地方和那些事物中，还存在永恒的东西……这样崇高的和无可比

① Del Cammillo seguo l'ed. Veneta in due volume (*Opere di M. Giulio Cammillo*, Venezia 1560); sul Cammillo cfr. Croce, *Poeti e scrittori cit.*, III. 111－120.

拟的工作，不仅为我们保留下我们需要寻找的珍贵事物、语言和艺 136
术，而且从源头的原因上而不是从结果上给我们以真正的知识。我们可以用一个例子来明显地说明它。如果我们处在一片大的树林中，我们想看见这片树林的全貌，由于所处位置的限制，我们只能看见一小片树林，因为周围的树木挡住了我们远望的视线，我们的愿望是不可能实现的。但是，如果在附近有一个高地，高地上又有一个峭壁，我们登上高地之后，就可以看见树林的大部分，再登上峭壁之后就可以看见整个树林。树林就是我们所处的世界，高地就是天空，峭壁就是星球组成的宇宙。如果想认清下面的事物，就必须升高，从高处往下看我们就可以获得更为肯定认识。

沿着这条道路，修辞学最后也可能变成希伯来神秘哲学或巫术仪式的实践手册，这不足为奇；同样，当读到献给特里丰·加布里埃莱的《关于他的戏剧的讲话》时，也不要感到惊奇，他这样说道："不要奇怪，我在这些作品中发现了一些很有艺术价值的东西，按照阿维森纳的《大自然》第六卷的说法，我们的灵魂具有改变事物的能力，而且我们的灵魂还是非常有感情的。从这里更产生了某些巫术和招魂术，因为按照先知者们的说法，只有灵魂认可的事情才会顺利进行，因为灵魂可以指挥身体，指导从事活动的人。为了人的尊严，人的形象也是上帝的形象，万物都应当听命于上帝，或者由于其他大自然的原因，虽然我承认这一切都应归于上帝。"

不用再继续这样介绍用七音步诗编织的修辞学了。但是可以 137
了解帕特里齐如何想用它来构建科学典型的意图，认为通过它就可以完全认识真理。在他的论文的第九部分，标题是献给加布里埃尔·科尔纳罗，那里引用了德尔米尼奥的话，实质上是说，作为修辞学，它与不完善的认识相联系，并且不可能达到对真的认识。只有在理念的幻影中活动的人，才感到需要谈修辞学。凡是真正掌握朱里奥·卡米洛追求的学问的人，已实际上超越了任何修辞学的范围。

在帕特里齐的论文中所引用的普罗米修斯的神话，虽然从诗歌的角度上看大大低于他所创造的其他形象，却已清楚地表明在世俗的环境中，人不可能超越理念的幻影；这是一份帕特里齐多次引用的具有深刻观察力的柏拉图主义文献。

四

帕特里齐在五十年前写的这部作品，正确地赋予它一定的位置，但是贝内德托·克罗齐认为它晦涩，根本意思是不会产生什么结果。那十篇有时交织着极其美丽神话的对话，其标题都是献给当时某些重要的文化界人士，谁要是想从中找到一本真正的修辞学手册，不能不感到失望。但是，难道帕特里齐追求的目的并非这个，而是相反，他要沿着柏拉图文献的足迹，特别是沿着《高尔吉亚篇》和《斐多篇》的足迹，进行反对修辞学的争论，直到完全地摧毁它？

在第二篇献给《斐多篇》和费奇诺作品的翻译者费里切·菲留奇的对话中，即使是《尼各马可伦理学》的阐述者，亚里士多德的信徒帕特里齐，也毫不犹豫地拒绝赋予修辞学以任何重要性，认为学习辞藻华丽的演说是无用的（“忙于收集一切伦理的、自然界的和数学的词汇，广场上用的和修饰语言用的……，把其他事情留给其他的学者们”）。在司法和伦理方面也用不着修辞学，而是法学和伦理学。“因此，——帕特里齐最后说——过去我曾经希望成为演 138
说家，经过长期和辛勤的努力，……后来我终于发现……演说家不仅不理解他所讲的那些事情，……而且完全是个白痴，他东抄西抄，并不真正相信他自己说的话。”因此，修辞学是无用的，虚构的和白费力气的。古代希腊人发现了修辞学，它被介绍到了罗马，经历了政治动荡、充满危机和人民执政的时期，“后来在野蛮人的血与火中消亡，又经过了漫长的许多世纪以后到了我们的时代，它又从坟墓中复苏……，但是，还没有完全活过来，仅仅无声地躺在书写的文件和教规中，这里的一些最早的诡辩家们开始使用它，后来是哲学家们和官员们。今天的一些官员和廷臣们……以及那些献殷勤的人也使用它。它在最古老的词汇中就已存在，但并没有什么用处。朱里奥·卡米洛凭着他的聪明智慧，想把它向世界广阔的范围推广。这像想用一个很小杯子去盛整个大海的水，或者像要在四处寻找无穷宇宙的边界一样。”

用帕特里齐的话来说是，在柏拉图塑造的优美神话中，“理智的风暴”又再次回来封禁修辞学。彼特拉克把它从千年古墓中挖掘出来，但是——帕特里齐认为——它仍然是“死的和无声的”。在1562年，当主教会议正要结束时，发表了两篇世俗人士的讲话，这是一个公开挑战的危险信号，它标志着动荡时期的开始。在学术方面，面对数学思维所取得的胜利，实践上所追求的“无限”认识，似乎已没有意义。“哲人们”已从幻影中摆脱出来，向也许是他们为了信仰而发现的思想的巨大光辉奔去，并严格地从这些思想

139 中推论出一切。在这个世界上不再有演说家的位置，而只有权威的阐释者“学者们”的位置。对于修辞学来讲，留下的只有华丽的阿谀奉承的恭维话和“献殷勤”人的甜言蜜语。

帕特里齐认为，由彼特拉克在人民共和国中发起的文化运动在宫廷里结束的结论是正确的。朱里奥·卡米洛的《戏剧》的巴洛可风格，只不过是文艺复兴时期的理论家们费力进行的滑稽模仿而已。在“柏拉图哲学”笼罩下的费拉拉的这位达尔马提亚教授，在恢复他的柏拉图形而上学的庄严结构中，完全有权驱赶被干扰两个世纪之久的争论中的梦想和妄为。坐落在等级森严的宇宙中的“幸福城市”里，一切都是计划好了的，斗争和冲突，“自由”和疯狂，以及那些为寻求支持而进行的鼓动，并使听众感动得泪流满面、开怀大笑、蔑视和发动“高尚的战争”的演说，这一切都是幻影，需要把它们放在永不消失的光明之下，经过“必要的几何学般的”严格“验证”。

第三章　文艺复兴时期文化中的巫术和占星术 141

托马斯·康帕内拉在其著作《论巫术和事物的含义》中写道：科学家所做的一切工作都是模仿自然，或者使用尚不为人知的技艺协助自然，不仅为下层的平民服务，也为整个人类服务，其表现就是巫术。这不仅是上面所说的科学，所有的知识都为巫术服务。巫术就是阿尔基塔所做的鸽子，它像其他自然的鸽子一样会飞。斐迪南皇帝时代，在日耳曼有一位德国人制作了一只鹰和一只苍蝇，它们都会自己飞。但是，在人们懂得这样的技艺之前，都总是把它称作巫术。后来叫做通俗的科学。

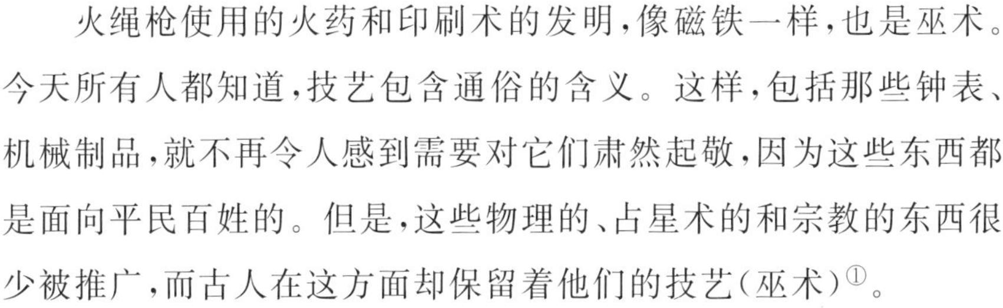

火绳枪使用的火药和印刷术的发明，像磁铁一样，也是巫术。今天所有人都知道，技艺包含通俗的含义。这样，包括那些钟表、机械制品，就不再令人感到需要对它们肃然起敬，因为这些东西都是面向平民百姓的。但是，这些物理的、占星术的和宗教的东西很少被推广，而古人在这方面却保留着他们的技艺（巫术）[①]。

---

① IV, 5, ed. Bruers, Bari 1925, pp. 241 – 242. Rimando qui, una volta per tutte, ad alcune opera fondamentali: *Catalogus codicum astrologerum Graecorum*, Bruxelles 1898 sgg., 18 voll., fino al 1940; Ptolemaei *Tetrabiblos*, ed. Boll-Boer, Lipsiae 1940; Vettius Valens, *Anthologìarum libri*, ed. Kroll, Berolini 1908; Bouché-

142 康帕内拉在这里准确而明确地表达了三点看法：第一，一切对客观事物的结构进行研究的科学，都为巫术服务，因为巫术所从事的是为了改变事物性质的实践活动，通过技术上的发现，参与到事物的规律中去并发挥作用。第二，在巫师头上环绕的神秘光环，几乎使他变成上帝或魔鬼，但随着科学的每一次进步，这样的光环也就逐渐消失。第三，虽然如此，根本问题是巫师们的活动不为常人所理解，至今仍然蒙着一层神秘的"巫术"面纱。

因此，今天我们就处于为巫术，也为它的不可分离的伴旅占星术，恢复名誉的道路上。在人类的活动中，巫术活动具有中间的性质，而且它几乎是人的神圣能力的典型表现，对此，康帕内拉已用他的有名诗句正确地进行了赞扬。处于宇宙中心的正是人，他掌握着事物节奏的奥秘，人成为了崇高的诗人，像上帝一样，但他并不局限于在易碎的纸上写字，还要在宇宙这本广阔和活的书上写上真实的事物。

为了对在现代文化开始时的巫术进行恰当评价，首先应当考虑到在中世纪，巫术是否已广泛流行的问题，只不过是现在它从地下上升到地面，以一种新的面貌出现，引起了所有重要的思想家和科学家们的注意，它在这个过程中被"提纯"，同时对所有人在思考问题时也是一个推动，——我想首先提到的——例如列奥那多·

Leclerq, *Astrologie grecque*, Paris 1899; Boll-Bezold, *Sternglaube und Sterndeutung*, IV ed. A cura di W. Gundel, Leipzig 1931; Boll, *sphaera*, Leipzig 1903; Lynn Thorndike, *A History of Magic and Experimental Science*, 8 voll., New York 1923 sgg.; W. E. Peuckert, *Pansophie*, Stuttgart 1936; A. J. Festugière, *La révélation d'Hermes Trismégiste*, *I*, *L'astrologie et les sciences occultes*, Paris 1950[2].

达芬奇，他严厉地批判那些从事幽灵占卜术的人。我们只介绍一些重要的思想家，如在马尔西利奥·费奇诺的著作《论生命》一书中，“巫术”就占了相当大的一部分。乔瓦尼·皮科为巫术写了一篇勇敢而坚定的辩护词。焦尔达诺·布鲁诺则称“巫师像一位知道如何行动的智者”(*magus significat hominem sapientem cum virtute agendi*)。布鲁诺还在《论巫术》中，按照古代的秩序确定存 143
在物和上帝对事物影响的阶梯，指出在这样的阶梯结构中有两种运动，并强调巫术活动是上升到天空的运动，它把事物联系起来，协调冲突，使世俗的斗争得到和解，构建由不同因素组成的崇高的和谐。正是创造了奇迹的巫术，深入人心，以它的魔法和诱惑力彻底改变了地上城市的面貌。

至于弗兰西斯·培根对于巫术—炼金术的教导来说，很明显他是把它作为积极的科学力量来理解的，通过它来倾听大自然的声音，以便理解和控制，然后把大自然变成乐于助人的侍女。开普勒认为，是精灵们在指挥着天体的运行，并对皮科批评占星术家不满[①]。莱布尼茨沿着从卢洛到布鲁诺的关于神秘占卜术的足迹，探索打开一切秘密的逻辑钥匙。冷静而严密的笛卡尔，也没有越出这个轨道。从青年时代起，科尔内利奥·阿格里帕·迪内特斯海姆就在自己的著作中，力求为巫术(*ars magna*)寻找依据，想抓住卢洛计算中知识的“神秘根据”(*fundamentum mirabile*)。但是，当他后来抛弃了那些坏书和那些坏的技艺以后，仍然没有停止

① Kepleri *Harmonice mundi*, IV, 6 - 7(*Gesamm. Werke*, München 1930, vol. VI, pp. 257, 266 sgg., 258).

探索生命的奥秘，他仔细观察尸体，研究战胜死亡和延长生命的方式。

除此以外，不用说还有卡尔达诺、德拉·波尔塔、阿格里帕和帕拉切尔索，以及其他一些著名的和默默无闻的人，他们都沿着康帕内拉的思路工作着，把巫术“浓缩”为科学。但是，不要误解这种浓缩的含义：并非是简单地把它的无关紧要的东西吸收到传统的
144 逻辑框架中去，然后又胡乱地使用莫名其妙的魔力去净化。总之，在观察现实和科学的方式，在对人的理解方面，都已大大地扩展了人们的视野，可是对它们的基本观点仍然未变，这不能说是一个有序的进步。

真实的情况可能不一样：人的观点的彻底改变，即人在对待存在物的关系的转变，可以使曾经被压抑、谴责和妖魔化了的许多东西，如认为它们是亵渎神灵的和鬼怪般的，首先便揭示出它们还有丰富的内涵，然后对它们进行净化，但又不失去它们最初的含义。为此，在许多地方对文艺复兴的研究中，我们都参与了围绕真假巫术、真假占星术和真假炼金术问题进行的激烈讨论，因为人们感到这是向人类展示的一条认识大自然权威的新道路。也正是这种要求同遭受整个中世纪神学反对的东西联系起来的愿望，再次表明，即使有这种必要，文艺复兴（与中世纪之间）的断裂的深刻性。

但是，这里需要多讲一些：15 世纪时，人的新的形象已获得普遍的认知，和具有埃尔梅特·特里斯梅季斯托所表述的广泛特征，并且按照一些晦涩难懂的书中设定的模式进行塑造。这时，不仅应当而且需要对一些著作作出明确的区分，一方面是《皮曼德罗》、《阿斯克勒庇俄斯》和其他一些神学著作，另一方面是大量的巫

术一炼金术著作，而且不要忘记前者与后者的埃尔梅特式的神秘观点、占星术和炼金术传统有着微妙的和深刻的地下亲缘关系[①]。对宇宙的看法是：一切都是活动的，一切都是暗地里相互呼应的，隐蔽共鸣的，和充满精灵的。一切都折射出神秘的符号。每一种东西、每一种实体、每一种力量都几乎代表一种尚不能理解的声
音，一种在空中飘荡的声音。每个声音都会产生回音，并引起无数 145
的共振。天上的星星向我们示意，它们也相互示意、相互观望，并且注视着我们，听着我们讲话，它们也相互倾听着。宇宙是无限的、多样的，充满各种各样的声音，这些声音时而高亢，时而低沉，时而秘密交谈，时而公开宣布。——而人就处于宇宙的中心，这是一个值得赞叹的闪光的存在物，人会各种语言，能够创造各种事物，描绘各种特征，满足各种要求，祷告各种各样的神[②]。

《阿斯克勒庇俄斯》的开头写得非常优美，它仍然用那样的语调企图引诱古代教会的神父，这些神父要在人身上驱魔也白费力气，只得无赖地感叹道："人真是一个伟大的奇迹，值得崇拜和赞扬"。人是不朽的，在天地之间的万物中，人是唯一能够超越自身的存在物，他用自己的劳动统治大地，并挑战各种元素，他像火一样生气勃勃（*quod sursum versus vivificum*），他认识魔鬼，和神灵们混淆在一起，他能改变一切并塑造神的面貌。正如一位诗人所说的那样，永生的众神们从天上下来以后，嫉妒作为人的艺术家为

① Molto bene questo è stato sottolineato dal Festugière.

② Come è noto, I termini di cui mi servo sono della tecnica astrologica (Ptol., *Tetrab.*, I, 15－6; Firm. Mat., VIII, 2: *videntium et audientium stellarum theorica...*).

他们塑造的面容。人在稳定的事物中，像最不稳定的火，他可以焚烧一切、摧毁一切，腐蚀一切并让它们再生。他没有面孔，因为他有所有的面孔。他没有形式，因为他消逝在所有的形式中，然后又在所有的形式中再生。他占有一切，让一切都成为他的。为此，——我们在《阿斯克勒庇俄斯》中读到——缪斯们的合唱声从天上传到了人间，因为这个世界上音乐汇集的地方，是真正由真实创造的诗歌统治的王国。

奥古斯丁在《上帝之城》中回忆起一则令人忧伤的难解的预言："埃及，埃及，你的众神将仅仅成为神话中的记忆，被刻在无声的石头上，对于遥远的子孙们将是不可信的。当人类消失之后，哭泣的众神只得回到天上去。"但是，这就是古代智慧的再生；埃及的

146 预言家在锡耶纳主教堂的镶嵌画上所大量塑造的形象，就是那智慧回归的可以看得见的证据。在卓越的马尔西利奥把那些关于人的豪言壮语翻译成拉丁语之前，他的朋友托马索·本奇就已把它们翻译成托斯卡纳语了，从早期的人文主义开始，这些语言就征服了所有人性的歌颂者。严肃的萨卢塔蒂向他低头致意；谨慎的贾诺佐·马内蒂通过拉坦齐奥也回忆起他；最后，费奇诺把他的话变成了一个呼吁和纲领。《皮曼德罗》的译本不仅在意大利流行，还风行欧洲。这样的译本，弥补了传抄中的神秘理论的晦涩难懂；并掀起了一阵新的热潮。诗人们朗诵用它编译成的拉丁文诗句；洛伦佐·德·美第奇则用俗语吟唱它；鞋匠哲学家吉利把它改编成生动的佛罗伦萨对话。15 世纪末有一位虔诚的信徒，沿着基督教首府的大街布道，宣讲以上的内容，他身穿的祭司服和举行仪式都很奇怪，进行祈祷和散发宣传单。后来在罗马的一些教堂里雕塑

了他的形象，受到人们的崇敬，在佛罗伦萨歌唱他，在学院里讨论他，特里斯梅季斯托从令人敬仰的大学讲堂上传播他的声音。教授们为满足学生们的兴趣和需要，开设了关于他的课程。政治的和教会的演说家们从他那里汲取灵感，而不再从亚里士多德和教父们那里，引用他的话可以使他们的讲演增辉[①]。

在他的把人作为"和谐君主"的祈祷中，人的形象被笼罩上了神秘的色彩：因为作为人的标志，不仅处于宇宙的中心，而且还超越形式的王国，他通过没有本性而成为自身本性的主宰。由于没 147
有本性，他便成为一个绝对自由的存在点，这样，整个形式的世界都受人的统治，他可以超越一切，在腐败中他可以成为魔鬼，在上升中他又可以成为超智慧的神。人的奇妙特征在于他处于对一切事物进行界定的理智中心，为此，在一定程度上讲，一切性质、一切实体、一切智慧，最终将取决于人的决定。人可以把一切搞得乱七八糟，但他也可以变成拯救一切的解放者。一切事物都已为，并永远为它们所处的条件所限定：如石头、植物、动物、沿着自己轨道运转的星球等。而人并非这一切，人向未来伸展开去。人性并非存在于已经确定的性质中，而存在于他的行动中、他的选择中、和他对现实环境的摆脱中。人没有固定的面貌，因为人在行动；他的行动就是他对事物作出的决定，他在世界上留下他的改变世界、重新

---

① Sono allusioni a cose ben note; ma cfr. C. Bonardi, *Le orazioni di Lorenzo dei Medici e l'inno finale della 'Circe' di G. B. Belli*, 《Giorn. Stor. D. Lett. It. 》, XXXIII, P. O. Kristeller, *Marsilio Ficino e Ludovico Lazzarelli*, 《Annali Scuol. Norm. Sup. Pisa》, 1938. È Cornelio Agrippa che legge a Pavia il *Pimandro* nel 1515 (cfr. La prolusione in Opera, Lugduni 1600, vol. II, p. 401).

塑造世界、改革世界的足迹。在巫术的题材中，我们多次发现这样的情况，即由于人的或亚当的愿望，宇宙一会儿成为魔鬼的地狱，一会儿又成为上帝的天堂，其描述非常肯定。特别是表现一个包括人在内的秩序的形象，人处于非人的不定形的魔鬼和绝对的无限之间，处于不受任何制约的神圣的地方，人可以利用那些形式和秩序让某些实体升华为神，或者把它们打入黑暗、怪异和混乱的深渊。关于真的巫术或自然巫术，反对仪式巫术的争论，就是为了维护利用上升的秩序，避免下降到罪恶的和不定形的深渊。因此，人的实际的模棱两可，集中表现在他的存在中的可能性和开放性，他朝向这个方向发展，便使他的存在获得无穷的丰富内涵，他的存在并非一劳永逸地、永远不变地确定了的，同时也经常延伸到非常危险的边沿之上。

148 中世纪和新世纪之间的距离，在于前者的宇宙观是封闭的、缺乏历史和时间观念的、不动的、不存在可能性的和已最终确定的；而后者的宇宙观是无限的、开放的和充满着一切可能性的。在前者的秩序里，巫师仅代表一种魔鬼的企图，想颠覆安定的和完美的世界。为此，巫师被追捕、迫害和烧死；巫术被排斥在人应有的科学之外，那只不过让人陷入无形的混乱中，去倾听魔鬼的声音，是妖魔的诱惑。中世纪的哲学是一种固定秩序的神学，在某种程度上已在亚里士多德理论中被僵化，它同巫术之间是不可能融洽的。神学使人类脱离自然的秩序，通过把人固定在原罪上来取消人性，视人生仅为一工具，指责人生的暂时性。神学以事先设定的、不变的、取消历史和自由的理性，来代替对宇宙结构不断提出疑问的自由。

严格按照神学的这种立场来理解，中世纪的巫术和占星术都是魔鬼统治的地方，是不符合理性的行为。巫术和占星术在被视为超越理性的东西，从有形世界驱赶出去之后，继续活动于某些因素之间，利用偶然出现的机会，为人的活动打开一线光亮。它们是“实验的”科学。在存在物的秩序比例图上，在理智的层面上，一切的可能性都被试探过了，未来完全被融入在过去中；经验并非是不感觉，因为严格的三段论法逻辑链条毫无例外地围住了所有的实体。为此，试验的偶然性只能产生在理智的间隙（*infrarazionale*）之间；因为整个上帝的世界，像一个既清洁又整齐的家，这样的试验只能在被赶到世界边缘的魔鬼的王国中进行，或者说在接纳一切被世界驱逐出来的地狱中进行。强调逻辑学和数学特征的首要地位，并把它们作为观察宇宙的先决条件，将要冒毁坏人、历史最后是上帝本身形象的危险：或者说，至少毁坏亚伯拉莫神、伊萨科神和贾科贝神，以及居住在天上的父神、人格神、人神的危险。与永恒运转的等级分明的宇宙相对立的是，巫师在其中工作的魔鬼的王国，巫师被现实的理智逐出以后，便逃到了变化不定的精灵之间，呼唤幽灵，窥视天空中的妖魔般的众神，寻找人间骚动的、隐蔽的力量。对巫师的指责，发生在关于人的巫术和招魂术兴起的时代；对占星术的指责发生在占星术与仪式巫术相结合的时代。占据鬼怪式天空的最古老的黑暗力量，通过祷告和仪式，从无形的黑暗世界深处涌现出来。某些占星术或风水占卜实践，遵循类似下意识的理论，从被埋葬的世界中带出各种各样的神话。这样，当神学从理念上把一些冲击秩序边界的力量，打入非现实的恶的范畴的时候，巫术便接纳它们，研究它们和试验它们，让它们为自己服务。在各种生命形式面前，而这些生命形式又固定在不可改变的

类的明确等级中，巫术便企图寻求奇怪的结合，同妖魔鬼怪联结在一起[1]。在完美和等速的天体星球运行中，占星术家看到那些星球极其纯洁和透明，并放射出有害的光芒，太阳烧毁了一些星球的力量，某些星球在它们的运行中播下了对死亡的赞扬，另一些星球在它们家的位置上就发笑，而运行到其他地方就哭泣，它们像一些带着凶恶目光的野兽，在黄道带的魔鬼之间看到光的激战，带着各种奇怪头饰的众神出现了，还有眼睛似火的黑皮肤埃塞俄比亚人和梳着辫子的白皮肤少女。“在黄道带有三十六个不同的
150 形象……。在公羊星的第一个视位中，升起一个站立着的黑人形象，他身穿白色长袍，身体粗壮，眼睛发红，非常有力，并且表情愤怒……。在第二个视位中，出现的是一个妇女形象，她上身穿红色衣服，下身穿白色裙子，一只脚伸向前……。在第三个视位中，升起一个白人的形象，他的面孔苍白，头发是红的，手上戴有一只红色手镯并拿着一根木棒，做出不安和愤怒的样子”。在水星的不同形象中，可以看到“一个骑在一只孔雀背上的人，这个人的脚像鹰爪，头上长着冠子，左手拿着火炬”[2]。

① In talone di queste allusioni mi riferisco allo pseudoplatonico *Liber Vaccae* e al celebre *Picatrix*（che ho letto nei mss fiorentini Naz. II, III, 214 e Magl. XX, 20）.

② Per queste imamgini dei decani mi servo liberamente di Cornelio Agrippa（*de occ. Philos.*, II, 37）per la ragione interessante che da lui dipende Giordano Bruno, *De umbris idearum*, a cura di Imbriani e Tallarigo, Napoli 1866, pp. 135－157. Ma uno dei testi classici è nell'*Introdutiorum* di Albumasar（《oritur in primo eius decano〖Arietis〗, ut Perse ferut, femina cui nomen splendoris filia...》）, che il Boll, *Sphaera*, pp. 490 sgg., riprodusse a cura del Dyroff nell'originale arabo con versione tedesca. Da Albumasar derivea Ibn Ezra, fonte di Pietro d'Abano. In Tedesco i testi sono riportati in Gundel, *Dekane und Dekansternbilder*, Glückstadt und Hamburg 1936.

里斯托罗·达雷佐在他的著作《世界的构成》的开头写道，我们所居住的地方像一个非常有秩序的家，不仅如此，而且像一个庄严的神庙，天空的星星就像绘有历史故事的玻璃窗，上面都是圣徒们的形象，他们示意上帝正在天使们的合唱声中升起。除了谈到的窗户以外，这位占星术家还看到在这些星星中暗藏着可怕的力量。人被悬挂在深渊的上空，人的内心也存在着一个深渊；人对他看见的和梦见的东西，总是犹豫不定，对身体的奇怪的抵抗，对恶意的冲击，在感情、疾病、痛苦和死亡面前，总是犹豫不定。这位占星术家还在其间看到奇迹和魔鬼、神性和疯狂、先知的预见和幻觉。总之，他为看到的罪恶而烦恼，而且不理解为什么在这个上帝的宇宙中会存在这些罪恶的东西；他还为生命而烦恼，他不理解为什么生命不能在永恒的和不变的理性节奏中，找到自己的位置。
这样，整个有生命的自然界都在隐藏的模糊王国中游移，然后是奇 151
迹、神圣的象征、十字架和圣母。而什么东西与星球的几何比例有关，同纯真现实的、自古以来就自我完善的永恒的光有关，生于圣母和死在十字架上的基督，或者说在天上的充满爱和被爱的上帝，他自己受苦，难道也让这个微不足道的、生命短暂的生物——人受苦吗？这位占星术家还在不朽的星星中，看见特里维娅为自己的住处而高兴，在永生的众仙女之间欢笑，这位巫师能听到生物内心的声音和看到精灵们在事物之间转动的情况。巫师和占星术家可以看到人的情感同宇宙最深处运动的结合，除了容易理解的事物之外，他们还想利用那些复杂的能量。

在对占星术的批评中，经常有这样的看法，认为生殖问题，或者说天空的状态在生产或怀孕的一瞬间，把人贬低到客体的地位。

实际上事物常常是千差万别的，也不能按照后伽利略的天体机械论观点理解占星术家们的天空，当在实施占星术的时候，与其说在把人自然化，还不如说在把世界完全人性化。当星球上都住满了有生命的精灵，这意味着并不是自然在压迫人，而是人在同生活在星星上的永生的精灵、同那里的房屋的不断对话和交流中膨胀。我们的命运不是在一次性的分配中就决定了的，而是要在统治不同时代的众神中进行多次分配。这些“时代的创造者”就是向制约各种因素的力量发号施令的主要神祇。与在天体的机械运行的地方，我们发现了神话一样；在数的运算和量的关系的地方，我们发现了神祇的品位和祈祷、进攻和防卫、宗教仪式和修辞学。智者统治星星，正如在占星术手册开头多次重复的一句格言所说的那样，因为他把从星球到人的下行路线，改变为从人到星球的上行路线。
152 智者不仅懂得善于利用极小的可能性，促进多种力量的平衡和交汇，而且能够通过巧妙的策略劝说星星上的神灵们。

我们不仅限于扮演繁殖的角色，我们还可以围绕选择或讯问做许多事情。一个人如果对某件事情犹豫不定，是应当远行或是结婚，是建立一个城市或是建立一个王国，他就去请教占星术家或风水先生。根据他的出生时间，在象限仪上读出决定他的命运的时刻，或者说——考虑现在的某事时——转向他的生命和感觉的结构、他的性格、他的精神生活的潜在层面，这种结构由于它在等级上的尊贵，并不屈从，而是仅仅为自然的和机体的因素所预设。这样，他想知道在他的一般的条件下，在大自然允许他的限度内，他是否能有效地介入某项行动。

占星术家是如何工作的？他知道星星们对深层的力量产生影

响，大自然的方向路线存在于宇宙中的任何地方，甚至在地下的迹象中引起回响，因此他可以讯问这些迹象，像问他自己一样。他知道宇宙的引导力量对一切事物和一切人都在发挥作用，应当懂得倾听星星的声音。但是，为了听见那种声音，应当让自己的声音沉默。应当让意识的界限允许元素的活动浮现出来。这样，讯问者要暂停清醒地控制意识，按照某种觉察，在沙土中勾画出一些点，直到形势确定下来，通过适当的方式向他建议控制星星的办法。

智者犹如尘世间的上帝一样，懂得大自然的命令，他服从命令，但又超越它们。

历史学家们惊奇地发现，一位像弗兰西斯·培根那样的虔诚的方济各会修士，或者像罗马教廷的红衣主教彼得罗·达伊利，或 153
者像极为正统的多明我会修士托马斯·康帕内拉，他们也竟然会接受宗教的渎神的占星术理论，即他们相信根据大行星的会合，或者说更高行星同太阳的会晤，会决定性地改变大地上的信仰和先知们的到来。但是，为什么天上的父神不能引导自然的力量以显示子神的降生，尽管已经由一个星星将此事告诉了东方的巫师？对于占星术家和巫师来说，自然界是一个整体，它能够同人合作，人使用祈祷和巫术探索大自然的心灵，以“劝说”它，利用它活跃的可塑性。

在这方面，巫师的用药可以说明。巫医利用形象、祷告，颂扬神秘的力量和隐藏的潜能，以激励病人的精神，改变病人的状态，从而达到治愈器官上疾病的目的。伟大的医师阿维森纳的著作，直到 17 世纪在医科大学中都居统治地位，他就多次说心灵是万能的，语言、暗示和象征都会帮助恢复健康。萨伏那洛拉的热烈崇拜者，卓越的医生和科学家安东尼奥·贝尼维耶尼讲述了一个故事，他说在佩夏那个地方有一位多明我会修士，这位修士治好了一些人的病，病人中包括学识渊博的罗贝尔托·萨尔维亚蒂，用的办法就是同病人一起诚心地祷告，然后把十字架放在病人疼痛的部位。虔诚的费奇诺也是一位医生，他立刻把此事同占星术家和巫医联系起来，认为他们使用的办法如同使用十字架一样，只不过超出基督教的信仰之外罢了。贝尼维耶尼、费奇诺、还有蓬波纳齐，他们都援引阿维森纳和鲁杰罗·培根的话，认为这都是一种神经或精神的现象，通过适当的方式激活以后，就可以改变身体的某些条件，因为这些条件是受精神本身制约的①。

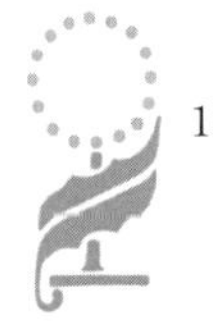

154 中世纪神学观中的悟性结构，如同近代再次出现的极端理性主义一样，分裂了现实，用逻辑的、概念的和固定的框架，反对生活的可塑性；用灵魂对抗肉体、理智对抗感情、精神对抗自然、法律的严格一致性对抗愚蠢的奇迹和行为上忽冷忽热的认识。而巫术和占星术的立场是设想整个宇宙都是团结和统一的，最遥远的星星的闪光也会达到世界上最偏僻的地方，反之亦然，任何灵魂活动的颤动也会辐射到无穷的空间中去；在星星和灵魂之间并不存在不可逾越的鸿沟，而是在整个生命流动的长河中，存在着相互沟通的频道。

① Ficini *De vita*, III, 18:《crucem... figuram tum stellarum fortitudine factam, tum earundem fortitudinis susceptaculum, ideoque habere summam in imaginibus potestatem ac vires, et spiritus suscipere Planetarum》. Ben noto è il *de abditis* di A. Benivieni; ma mi giovo anche del trattato medico–magico condotto su Avicenna dal medico imolese A. Cattani, uscito in Firenze, come è ditto sopra, ai primi del 500.

在 14 世纪初，占星术家和医生彼得·达巴诺的相面术可以从脸上看出心中隐藏的秘密，他写道：“如果我们使用适当的办法，星星就会平静下来，并向我们提供帮助”。1509 年，当伊莎贝拉·德斯特为她的坐牢的丈夫痛苦时，她向著名的占星术家佩莱格里诺·德普里夏尼求助，这位占星术家向她转达了“调解人”的话：

> 当希腊的国王们想得到上帝的恩典时，他们就把蟒蛇的头朝向天空中的木星，木星看见这个友好的形象之后，月亮向木星靠近后又离开月亮，联结上升的天使。除了友好的形象，蟒蛇的头的以外，你还要祷告上帝，求得他的恩准……，由于得到至高无上的上帝的允许，这个由占星术家和许多智者多年期盼的强大星座在星期六那天就移向你的天空。在这个预定的日子里，你的活动都是吉祥的。临近预定的时间，你要怀着虔诚的心，跪在地上，双手合十，眼望天空，念悔罪经。然后再用恰当的语言向至高无上和永恒的上帝提出，赦免你的心爱的丈夫，让他安全和健康地被释放。这样重复三次你的要求之后，不久你的丈夫就会回家。

可以看到，从占星术的实践来看，远非把人生中的事件看作是在铁一般命运统治下的安排，一切都严格按机械的方式运行。他们可以使用符咒、魔法、吉祥物进行干预，因为他们认为一切都是鲜活的、有灵魂的和相互影响的，众星星就是上帝派出的有生命的使臣，人可以通过它们祈求上帝的帮助。在一本中世纪非常有名的巫术手册中我们读到一段在希望获得国王支持之前，向太阳祷告的话："啊，你是天空的根，在众星之上，在所有的星球之上，多么神圣和光荣……，你就是世界的光明，我以你的一切名义祈求你……，我为给予你的生命和光的上帝祈求你"。

也许并非偶然，正是一位方济各会修士，鲁杰罗·培根睁开了眼睛，看到和想到事物活动的生命，为占星术和巫术进行热情的辩护。把宇宙现实的最终的关系，视为如同人与人之间的关系一样，不是数字、理智、尺度的关系，而是太阳哥哥和月亮妹妹、天狼星哥哥和水星妹妹，以及所有创造出来的实体的哥哥和妹妹之间的关系，一切之上是天父上帝，取代逻辑本质的是开辟一种新的开放的存在观，认为一切都是可能的，可以劝说的。这种理论一直延伸到整个文艺复兴时期，直到牛顿物理学时代开始之前，对此，康帕内拉用响亮的诗句进行了表述，他认为如果说一切都是鲜活的、有灵魂的、活动的、可塑的，那么宇宙不是真正绝对的无限，摆脱任何内部和外部的限制和障碍，又是什么呢？而焦尔达诺·布鲁诺给予的评价更高，他赞扬这样的宇宙观推倒了世界上所有的隔离墙。

156 隔离墙的坍塌和妖魔鬼怪的散播，并不意味着把生命和它的根再次从坚固的概念城堡中驱逐出去，而是要求宇宙物质同形式结合起来的生命冲击力，和没有边界的自由的可能性，以及塑造自己的秩序并超越这种秩序的能量的汇集，是生命的行为构造存在，而绝不能让静止的存在熄灭生命力。它还意味着拒绝对已确定的本质作呆滞的深思：意味着应当把知识和行动有效地结合在一起，让科学无限奇妙地为改变一切服务。

这就是那个打开感觉的哲学，它颂扬精神，赞美智慧……，我们发现存在不是死的，这并不是为我们，也不为任何实体，一切从本质上看并未缩小，但是由于我们谈到的领域是无限，一切都改变了面貌……，它不再是目的、终极、边缘，和为了欺骗与逃避把无限事物隔离开来的墙。然后，大地和海洋就有繁殖力，永恒的阳光源源不断地向贪婪的火焰提供食物，向衰减的大海提供营养液。因为从无限中总是产生出大量的新物质。

当我们读到“物质”这个词的时候，它并没有欺骗我们。在无限中，我们生活在物质里，物质也存在于我们中，它“不是物质，因为它没有形象，也不能用形象表现出来，它没有界线，它也不可能有界线。它没有形式，它不可能有形式，……但是，它又是如此地非形式的形式，非物质的物质，非灵魂的灵魂：因为它是一切”。它是一，是无限，是有生命的，是绝对的。

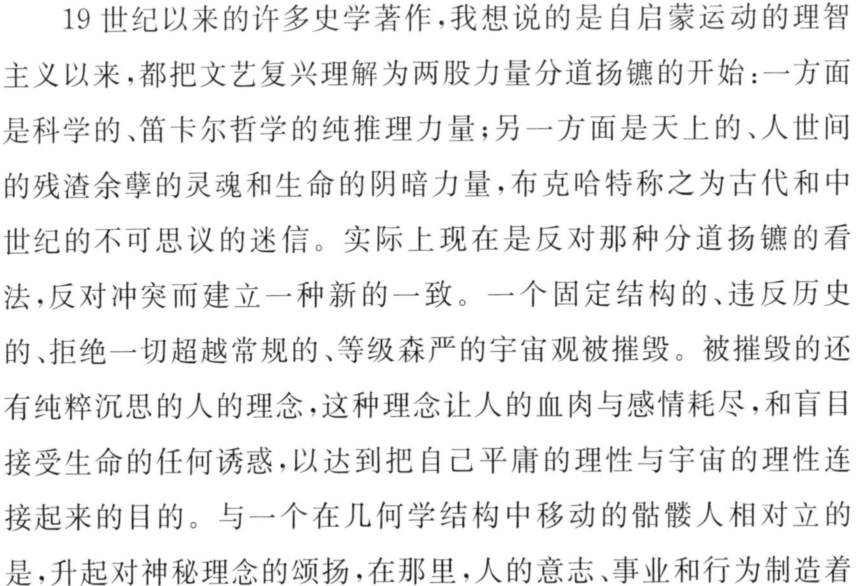

19 世纪以来的许多史学著作，我想说的是自启蒙运动的理智主义以来，都把文艺复兴理解为两股力量分道扬镳的开始：一方面是科学的、笛卡尔哲学的纯推理力量；另一方面是天上的、人世间的残渣余孽的灵魂和生命的阴暗力量，布克哈特称之为古代和中世纪的不可思议的迷信。实际上现在是反对那种分道扬镳的看法，反对冲突而建立一种新的一致。一个固定结构的、违反历史的、拒绝一切超越常规的、等级森严的宇宙观被摧毁。被摧毁的还有纯粹沉思的人的理念，这种理念让人的血肉与感情耗尽，和盲目 157
接受生命的任何诱惑，以达到把自己平庸的理性与宇宙的理性连接起来的目的。与一个在几何学结构中移动的骷髅人相对立的是，升起对神秘理念的颂扬，在那里，人的意志、事业和行为制造着

和消灭着形式，出现创造和被创造，人自由地延伸到具有无限可能性的未来中去，延伸到没有边界的开放中去。因为与积极活动的人对应的正是，具有不可穷尽的可能性的宇宙，在那里不存在依靠智慧不能征服的事物，命运不再被克制，星星并不懂得我们的语言，能量对我们不起作用。在无限的活的统一体中，一切界线都真正地被消灭。

在一个有名的场所，又是布鲁诺再次向我们说，智者所进行的调查研究，不是为了把一切关闭在死的概念屏障之内，而是为了重新发现宇宙中活的无限，要让一切同创造力和创造者本身结合为一。这样，在阿特奥内追逐狄安娜时，当他想到狄安娜是赤身裸体的时候，狗群便把他撕得粉碎：

> 狗群就是关于神圣事物的思想，吞噬了这个阿特奥内，让他从令人不安的感觉困境中解脱出来……，这样，为了不让他再从一个洞孔中和窗户上窥视他的狄安娜，而是推倒了隔离墙，让整个的眼光面对宽阔的地平线。对于命运来说万物都被看成是一，没有任何数字和区别……，看见的只是阿芙罗狄蒂，一切数字、一切物种、一切理智的泉源是“单子”，它才是万物的真正本质。

人的无限能力表现在行为的一致性上。这就是为什么说智者可以统治星星，巫师可以塑造元素。这就是存在、思想和现实全面开放的统一性。为此，而不是别的，就是要为巫术辩护，文艺复兴已将其列入对人的颂扬之中。

第四章　对巫术的思考 159

一

想在这里谈的问题是很明确的：人们会想到，特别是从 12 世纪末以来，在西方世界就出现大量关于巫术的文献——据权威人士的考查——，其出版的书籍足可以用来建立一个庞大的图书馆。这些从占星术到巫术到炼金术的书籍，甚至在一些令人敬仰的人的名义下进行传播，如所罗门王、柏拉图和亚里士多德。这些翻译的，编辑的，或通过阿拉伯人介绍的，然后是模仿的，评论的和抄袭的书籍，源源不断地持续出版，直到整个 16 世纪。当然这些著作按其流行的不同文化环境，它们之间在特点和表述上也有很大的差别。

这些常常，至少是大多数，都是学者们写的作品，而且写出来都是给学者们看的，如阿尔布马扎的《导言》，附有阿文罗达写的评论的托勒密的《四书》，还有《皮卡特里克斯》，都不是写给平民百姓看的作品。我们看到这些作品构成高级文化人士，从威廉·达尔维尔尼亚到阿尔贝托·马尼奥等其他一些人，学习和讨论的材料。达尔维尔尼亚同最权威的、古典的、阿拉伯的和基督教的哲学家们一起，讨论阿尔布马扎的著作的情况，使今天的某些不熟悉那个名字或把它同阿尔法拉比混淆起来，或干脆认为那个名字是伪造的，

160 这使今天的某些历史学家们感到很尴尬①。这样，当有的人厌烦地引用柏拉图的《法律》时，实际上在引用最奇特的巫术实践著作之一，所谓的《母牛之书》或《试验之书》②。对此，更不会提到一些著名"巫师"的名字，如彼得·达巴诺、鲁杰罗·培根、阿尔纳尔多·迪维拉诺瓦或拉伊蒙多·卢洛。

实际上直到布鲁诺和康帕内拉，有关巫术的书籍在著名的哲学—神学著作中，都是大树林中繁茂的灌木丛：都是一些被引用过或拒绝过，甚至被批判和咒骂过的论题和文章，有时故意用沉默来对待它们，但是从未忘记它们。它们也常常成为某种诱人的陷阱，在值得尊重的组织结构中，几乎总是能慢慢地成功插入某种颠覆性的启示。最近有人撰文指出，中世纪对巫术是严格控制的，"这不仅由于教会持敌视态度……，更主要是由于中世纪的文化特征，中世纪文化在经院学派的逻辑模式中已经僵化了。在中世纪——

① Cfr. A. Masnovo, *Da Guglielmo d'Alvernia a San Tommaso d'Aquino*, vol. I, Milano 1930, pp. 95 sgg. A proposito di Albumasar mi sia concesso di rimandare al mio commento alle *Disputationes* del Pico (Firenze, vol. 2, 1946 - 1952); e alle *Noterelle di filosofia medievale*, 《Giorn. Crit. D. Filos. it.》, vol. 29, 1950, pp. 196 - 206.

② Jourdain, *Recherches critiques sur l'âge et l'origine des traductions latines d'Aristote*, Paris 1819, p. 329 n. 2 (dal *de legibus* di Guglielmo di Alvernia: 《L'iber Neumich, sive Nevemich et alio nominee vocant Leges Platonis, qui totus liber est de huiusmodi commixtionibus; et vocatur leges Platonis quia contra leges naturae est》). Cfr. L. Thorndike, *op. cit.*, vol. II, pp. 778 sgg.; D. Waley Singer, *Catalogue of Latin and Vernacular Alchemical Manuscripts in Great Britain and Ireland, Dating from before fhe XVI Century*, Brussels 1930, vol. II, pp. 706 - 707. Per il *Liber Quartorum Platonis*, ivi, vol. I, pp. 56 sgg.; e l'ed. *cum comm. ento Hebuhabes Hamed explicatus ab Hestole nel theatrum Chemicum* dello Zetzner (Argentorati 1659 - 61), vol. V, pp. 101 - 185.

文章的结论说——埃尔梅特式的神秘主义一般表现在巫婆们的
‘低级巫术’中，而大巫术是发生在文艺复兴时期”。与中世纪的巫 161
术相反，文艺复兴时期的巫术已伴随着科学，有更坚实和更蓬勃的发展，它自身的特征和人们对它的态度都发生了重大变化，在大多数情况下，它已不再是中世纪的巫术和占星术了。一些重要的著作，如科尔内利奥·阿格里帕的著作，不用说更有名的人物如布鲁诺的著作等，都引用了更为古老的资料。阿格里帕的《神秘哲学》中的许多内容，是参照《皮卡特里克斯》写成的[①]。

研究中世纪思想的最著名的历史学家们很少这样模棱两可，即使他们把巫术书籍出版的繁荣时期放在15至16世纪之间。他们一般保持沉默，奇怪地无视大量出版的情况，今天这些著述在欧洲各大图书馆中所占手抄本资料的比例还是很高的，而且这些资料在各地哲学家们的活动中都广泛地引用。在我们中间有德·沃尔夫、吉尔松、德·鲁杰罗，在一定时期，经历整个西方思辨的一个主题蒙上遗忘面纱的同时，也不无忧虑。很难理解西方的“哲学”文化是如何繁荣起来的，至少在12至15世纪之间，如果完全脱离在各个地方频繁出现的主题，简单地——像经常习惯那样——把它们贴上驱魔或唤鬼的标签，或者赋予它们某种美丽和奇怪的形象，但这些全部都是来自人的观念和表现人同事物之间的关系。有时甚至使人产生一个印象，似乎古代的压抑和神圣的禁令，仍然笼罩着这个对人的生活如此重要的问题。

① A proposito di *Picatrix*, e di quanto è ditto nel testo, cfr. le citate *Noterelle*, pp. 198-203.

总之,我们当然不是建议重新写整个拉丁中世纪的巫术—占星术历史,尽管对这个历史的某些方面已进行过积极的研究,但是我们还远没有准备好足够的资料。这里所要特别讨论的问题是很明确的:要确定 14 至 15 世纪之间,在西方的思想危机中巫术、占星术和炼金术所占的分量,或者像所说的那样,亵渎神灵的实验科
162 学所占的分量。这个分量并不轻,即便从那次危机之后,哲学和巫术这两个词便不可否认地完全分道扬镳了。

大约在 10 世纪前有位阿维森纳,对他在中世纪思想中的影响从未得到充分估计,他曾说过他的最重要的著作之一,就是那本用所有章节来描述“秘密”和“奇迹”的书,他并在此基础上发展成为一本专著。对此,他曾经写道:“发送到自然界来的奇特事物,主要来自三个方面的影响:第一,灵魂的安排……;第二,元素的特性,像铁被磁铁吸引那样,这是由于它本身所具备的一种力量;第三,是天体的力量,在这些力量和地上的混合力量中,它们所处的位置特别重要;或者说特别具备主动或被动条件的天体力量和地上灵魂的力量,在引起特殊效应中起决定性作用。”在对所谓《亚里士多德神学》的评论中,阿维森纳的思维被完全笼罩在新柏拉图主义的气氛里,他重申等级分明的、稳定和静止的完美世界的概念,在对这样的世界的思考中,智慧在和平中安静下来,既没有动摇,更没有撞击:一切都是和谐有序。但是,那些被遗弃在元素世界里的不寻常事件、“超越秩序”和奇迹,也是不可否认的。这位阿维森纳医生,除了是一位埃尔梅特式的神秘主义者以外,也是一个严肃的科学家,他在一篇题为《良好的建议》的文章中说:“注意不要夸耀批判精神……简单躲避在拒绝的防线里:那将是轻率和软弱的表现。

不要轻易地否定还不太明确的事物，和赞同那些未经适当地证明过的事物。要耐心地等待，即使你感到的无知使你惴惴不安；要继续等待，直到让你的愚蠢充分显示出来。最好的办法，是让那些还不太清楚的事情，处于可能性的统治之下，直到获得坚实证明的那一天为止。但你要记住，大自然充满着奇异的事情，主动的力量与被动接受的力量结合在一起，就会产生奇特的事物”[①]。需要指出 163
的是，这里表现出的不仅是那位古代智者的谨慎，而是他相信除了秩序之外，还存在着可能进行干预的特殊的，或新的空间：正如他在《阿尔马哈德》中所说，“由精神上对自然界进行的奇异操作”，人在其中扮演创造者和促进者的角色，他用新形式把诸元素的力量

① Avicenna, *Livre des directives et remarques*, trad. avec intr. et notis par A. M. Goichon, Beyrouth – Paris 1951, pp. 524 sgg. (e il *Libellus Avicennae de Almahad*, trad. lat. di Andrea Alpago nell'ed. di Venezia del 1546, f. 85 r); cfr. il commento alla *Teologia d'Aristotele*, trad. Da G. Vajda, 《 Revue Thomiste 》, vol. 51, 1951, pp. 346 – 406. La posizione di Avicenna sarà esaminata, fra gli altri, dal Pomponazzi nel *de incantationibus*. Ma v'è un famoso luogo dei *Mineralia* (ed. Nel *Theatrum* cit., IV, pp. 883 – 887) che darà luogo a lunghe discussioni：《sciant artifices alchymie species vero transmutari non posse... quod species per se non sunt subiecte accionibus》(cfr. Waley Singer, op. cit., I, pp. 118 – 119). In realtà col *prestigium* i maghi《in alias species trasformant, rebus adimunt species suas》(Joannes Saresb., *Policr.*, I, 12, ed. Webb, Oxonii 1909, I, pp. 49 – 50). Nel *Liber quartorum Platonis* (ed. Zetzner, V, p. 105) si legge：《 omnia entia sunt ex eadem radice. Diversitas enim rerum est ex superfluitate... 》. Nella *Clavis Sapientiae* di Artefius, citata anche da R. Bacone (Zetzner, IV, pp. 198 – 213; V, pp. 766 – 786), si dichiara concludendo：《et sicut elementa convertuntur ad invicem, et ex se invicem generantur, sic etiam natura in naturam convertitur...》. E Arnaldo da Villanova (cfr. Zetzner, III, p. 664; Waley Singer, I, p. 212)：《Ars enim mutat naturam... Corrupcio inius est generaccio alterius tam in artificialibus quam in naturalibus 》. E nell' *Icocedron philosophie*：《Secundum Avicennnam, Elixir est medicina transmutans unam speciem in aliam...》.

同天体的力量连接进来。这就谈到问题的焦点，所有这一切研究和关注的核心：为人类获取一种作为力量的知识。在《皮卡特里克斯》的序言中可以看到，“科学”或者说对巫术—占星术的认识，是一个越来越增强的没有终止的进程（*scientia semper acquirit... semper elevat... nunquam degenerat*；*semper apparet...*），它有着令人惊奇的无限的力量。这本在 1256 年翻译成西班牙文的《皮卡特里克斯》（伪马格里蒂）也许是中世纪的最重要的巫术手册，它
164 的思想建立在明确的人的概念和人在世界上的地位的基础之上。人这个微观的宇宙可以通过新的组合，或者说新的力量的会聚，发挥作用；所谓最高的“科学”，就是调节、统治、改变人和事物之间关系的力量[①]。在 16 世纪的头十年，都从事巫术实践活动的科尔内

① Ecco, in *Picatrix*, l'immagine del mago (seguo il ms Magliab. XX, 20): 《Cognoscit, operatur et industria et arte...et invenit magisteria subtilia et eorum subtilitates et facit mirabilia et ymagines mirabiles velus innumerabiles scientiarum formas et earum formas retinet. *Et est separatus ab omnibus aliis animalibus sensibilibus*, fecitque ipse Deus compositorem, inventorem suarum sapientiarum et scientiarum, et plantatorem suarum qualitatum omnium rerum mundi, praeceptorem spiritu prophetico, suae sapientiae thesaurorum et omnium rerum complexionum intellectorem in mundo maiori existentium. Et etiam ipse homo apprehendit omnes intelligentias et compositiones rerum huius mundi suo sensu, et ipsae non cmprehendunt eum, et omnia serviunt ei et ipse nulli eorum servit, et sua voce assimilatur unicuique animali quando sibi placet, et facit similes formas eis suis propriis manibus, suoque verbo numerat et narrat eorum naturas et opera. Et non est animal aliud quod habeat potentias intelligendi eum, nec possit transformare voces suas, nec ipsas assimilare ullis aliis vocibus..., et ipse homo sua naturali voce habet potentiam faciendi omnes alios sonos, omnium animalium mutare formas et similitudines quemadmodum voluerit, et dirigit semet ipsum in bonis moribus et alia animalia in illis dirigit et eis ea ostendit...》. Per il concetto di microcosmo: Rudolf Allers, *Microcosmus. From Anaximandros to Paracelsus*, 《Traditio》, II, 1944, pp. 319-407.

利奥·阿格里帕同查尔斯·德博韦莱斯商定，也许还有法贝尔·斯塔普伦西斯，一起游历了整个欧洲，从科隆经巴黎、普罗旺斯、西班牙、意大利、瑞士到萨丁岛，最后到布林迪西，目的是建立一个以巫术—埃尔梅特式的神秘主义为基础的协会，要用他们的“科学”改变欧洲的形势。议题有两个：通过知识，让自然界的潜在统治力量和人的潜在改革力量在巫术和占星术的名义下，会聚起来。在星球指示出巨大危机即将到来的时刻，智者如何善于利用那些力量，达到希望的目的[①]。

在他的关于弗兰西斯·培根的书中，贝尼亚米诺·法林顿讲 165

了一句重要的话，就是这位伟大的掌玺大臣的功绩和“新意”，不在于他发现了多少作品或是他的逻辑的价值。“他在任何研究的领域都并不是一位先行者，——法林顿写道——他没有发现过任何新的自然规律，没有提出过任何新的假说，在方法领域的革命性进步中也没有作出过贡献”。尽管如此，无疑他还是名列在最伟大的人物之中，这仅仅由于他对知识在人类生活中作用的理解。他在《创世记》的开头读到：上帝创造了人，并让人统治万物。这对培根来说是知识的唯一目的。“任何对于恢复人类的统治来说，显得无用的知识，都遭到他的拒绝。”

如果这是真的，如果这是笛卡尔革命的一个共同标志，那么在这个标志下便产生了一个新的世界，在新世界的历史根系之间肯定没有中世纪神学的、和解的、静止概念结构上的和谐，这些根系

① Henrici Cornelii Agrippae ab Nettesheym *Operum pars posterior*, Lugduni 1600, *Epist*. I, 6 sgg., pp. 5 sgg.

颂扬反映教会和国家存在的静止等级观念和对秩序的沉思。作为潜能科学的祖先们，也许正应该在这些少数显示特殊作用，处于社会最下层，在元素力量的不确定和物质的昏暗中摸索的人群中去寻找，在那里似乎爆发了生命的不可遏制的冲动，人作为含义尚不明朗的和未确定的创造物，被不断地、突出地强调。对关于培根的某些资料的研究，正沿着试验科学的"魔鬼"方向发展，并非偶然①。

166

二

所有这一切，还不足以扫清道路，克服由于偏见造成的困难，这就是那前景显得十分狭窄的史学留下的遗产。对此，想起一句笑话：有位哲学家，当他遇到困难的时候，为了不至于逼到走投无路，便立刻躲避到"区别"中去。当这位哲学家在区别中用两分法处理他的词汇，而忘记它们之间的关系时，这个笑话理所当然地会受到反驳。因为在区别中如果仍然把那些因素，按照它们曾经遭到拒绝的同样方式排列，这位哲学家也可以说完成了任务。但是，

---

① Si legge nel *Testamentum* di Lullo (Zetzner, IV, p. 113)：《sit speculum tuum natura, quae brevi tempore res suas non format, sed tempore certo... insequere operationem naturae》. E in *un dialoqus inter naturam et filium philosophiae* (Waley Singer, *op. cit.*, II, pp. 473－474)：《cum annis plurimis super secretorum naturae indaginem lucubracionibus non paucis propenso animo laboreque infatigabili, me defatigassem... Scrutare ergo illam ut deo omnibus viribus servias, et videas quantum ipse fwcit pro hominibus bonae voluntatis》. E in un breve *Progressus veritatis* (*op. cit.*, II, p. 467)：《incipit progressus veritatis quem nec reges pro timore exercitus... potuerunt habere...》.

要在中世纪文化的范围内，特别是从 12 世纪以后到文艺复兴盛期，在对“巫术”的评价中，使用“区别”是不恰当的。那时当人们说“巫术”时，也意味着占星术，还包含一部分炼金术，它们之间是相互联系、密不可分的。这是由于认为，必须在某个适当的“时刻”，即当天上的星星运行到某个位置时，实施巫术才有效[①]。《皮卡特里克斯》这本书在一开始就提示说，应当仔细研究占星术，因为它是连接元素现实同天空现实的纽带，没有它，巫术不会取得任何结果：“星座是占星术的基础”。在《宝石图表》的开头，写上这样的一句话不是偶然的：“回归于一的奇迹在于：上面的东西正如下面的东西一样”。 167

那么，面对巫术和占星术，不少的历史学家，其中也不乏最杰出的人士，如主要研究占星术的弗伦茨·博尔，以及《个人和宇宙》一书的作者恩斯特·卡西尔，我们这里还可以加上圭多·德·鲁杰罗，他们严格区分开自然巫术和仪式巫术或招魂术，预卜占星术和数学占星术或真正的天文学；而且在炼金术中也要区分开仪式的、秘方的、祈祷的和试验的。总之，它们一方面表现为科学研究的曙光，另一方面又表现为古代宗教的残余和新迷信的抬头。实际上，在这些优秀的历史学家们为巫术所作的辩护中，可以看到他们这种区分一直回溯到许多世纪以前的古老文献，那是一些大量的在宗教法庭和各国民事法庭中为被告所作的辩护词。西方中世纪的这种区分可以追溯到伊西多罗·迪塞维里亚的著作《词源

① Cominciano, per es., *i Secreta Hermetis... de trasmutatione metallorum* ：《Primo sciendum est quod septem sunt planete, secundum cursum quorum omnia inferiora reguntur et sapiunt naturam eorum secundem magis...》.

学》。修士鲁杰罗·培根庄严地重复着它;马尔西利奥·费奇诺神甫在不少方面参照阿普莱伊奥的模式,也用它来为自己辩护。

在这里提到培根和费奇诺的名字和他们的作品,因为他们在区分不同的巫术问题上,占有重要的分量。培根认为,有时含糊地把巫术理解为宗教问题,或者说对魔鬼的崇拜,例如招魂和呼唤黑暗的力量、元素世界隐蔽的力量;有时又仅指自然科学的实践,对大自然力量的征服,甚至寻找药方和制造新的机械。“所有物质的力量——他惊叹道——都离不开星盘。”这里,他公开谴责作为黑暗力量的宗教的巫术,并充分肯定作为技术,或者说作为完全理性的和人的事物的巫术。

费奇诺表现的不同观点,我认为则更柔和、精妙和模棱两可:
168 一方面是关于魔鬼的巫术,而一方面则是关于自然的巫术,自然的巫术获取和调节天空的力量为人的利益服务——“把天上的东西同地上的东西搀和在一起”。这种真正的巫术,继承了古代波斯人的神圣科学,跪在基督面前,成为教士、技师和治疗人的精神和身体疾病的医生,具有兼治心灵和许多尘世灾难的作用:巫师这个名字——马尔西利奥在回忆阿普莱伊奥时说——“福音书之所以爱提到它,是因为巫师是一个会巫术、懂巫医的祭师,但也是一位智者”。总之,——这对于我们来说是真正感兴趣的——费奇诺把巫术同宗教联系起来,理解为从广义上使用精神的力量,而且它们之间是不可分的,区别仅在于“黑的”巫术利用的是下层的,或者说魔鬼的力量;而“白的”巫术利用的是上层的,或者说神的力量。巫术总是具有一种能够积极介入事物的固定和有序结构中的力量,用新的和非常规的方法改变它们的形式。巫师是积极改变现实的习惯道路的人，在习惯的道路上插入不平常的和颠覆性的进程，用以证明人对所有一切创造物的统治[①]。

另一方面，如果说培根在指出巫术的“实践性”和“主动性”方面的特点时，是明确的话；那么在区别“力量”和巫师用以“改变”事物状态的“潜能”时，他也是不明确的。因为这是存在的基本统一 169
性中的同一概念，也正是所有巫术使用的概念，它从本体论的角度消除任何物质和“精神”的分裂，消除物质的偶然性同心灵作用的分裂。《宝石图表》上的一句习惯用语是这样说的：“一切事物都通过适应产生于一，因此一切事物都是一和来自于一”（*sicut omnes res fuerunt ab uno, meditatione unios; sic omnes res natae fuerunt ab hac una re, adaptione*）[②]。而《皮卡特里克斯》不厌其烦地重复这种人与万物“共融”的思想，把它看成是“改造”万物的“沟通”的前提。

① Oltre il ficiniano *de vita* cfr. il testo di Proclo sull'arte ieratica tradotto da Ficino col titolo *de sacrificio et magia*; scriveva in proposito J. Bidez (*Proclus. Περί τῆς ἱερατικῆς τέχνης*,《Mélanges Franz Cumont》, Bruxelles 1936, I, p. 86)：“当现代的化学家观察和按照自己的方式利用物体的亲和性时，教士们便在僧侣艺术中寻求……这种亲和性或同情，把地上的事物同他们的天上的守护神联系起来。” Come è noto, il *de sacrificio et magia*, che è probabilmente un centone compilato da Psello mediante estratti di Proclo, si credeva perduto nell'originale greco; lo segnalò il Cumoni al Kroll, che sulla base di un ms Vallicelliano che lo conserva lo pubblicò nel 1928 (*Catalogue des manuscrits alchimiques grecs*, VI, Bruxelles 1928, pp. 148－151; e, ivi, pp. 139－147, l'esame del codice e il raffronto col Ricc. 76 che fu del Ficino)。

② Per la *Tabula Smaragdina* cfr. L'l'ed. R. Steele del *Secretum Secretorum* (*Opera hactenus inedita*) R. Baconi, fasc. V, Oxford 1920, pp. XLVIII－I. I, 115－117; J. Ruska, *Tabula Smaragdina*, Heidelberg 1926; Waley Singer, op. cit., I, pp. 18 sgg.; W. E. Peuckert, *Pansophie. Ein Versuch zur Geschichte der weissen und Schwarzen Magie*, Stuttgart 1936, pp. 101 sgg.

但是，如果说这点无疑地清楚表明巫术的“活动”特征的话，那么，为此也需要反对轻率地把中世纪巫术概念中的一些论题、方面或启示分开的做法。对此，也许有一个可以向我们说明问题的有用的例子，这就是在另一种严肃的巫术活动中，即占星术的操作程序中的基本原理。这里，进行的初步区分似乎是很明显和容易的：一方面是观察行星的运行，进行“数学运算”；另一方面是确定它们的“影响”。前者是有效的和无可非议的，严格科学的；而后者则是随意的和迷信的，是轻率地把物理的普遍现象同原始的宗教信仰进行奇怪的结合。那么，正是在这点上，在思想史的一个有限的区域内，充分表明一种史学方法的薄弱，正如老柏拉图所说，这是一个拙劣屠夫的做法。为了方便和为了我们称之为数学占星术的习惯，继续把这两个论题交织起来的做法，给人留下深刻印象：不仅探索为人服务的数学知识，或者说不是消极承受而是积极利用天
170 体力学的力量，但是与此同时，又不断交织着与数学毫无关系的愿望和动机。给某些行星所取的名字，就足以决定相应的天文学问题的提出；我们看到在实施的过程中，计算是次要的，而且在过程之后进行，主要是为了验证提出的假设，这种假设不仅独立于计算本身，而且来自于另一种考虑范围。注意不要在因果关系的，可使人理解为物理学的层面上去理解占星术家的行为。星星和所有的行星力量的表现，对它们来说都同人的表现一样，而对于人，它们完全从人的激情和人的感情的角度看人。占星术家和巫师们的重点——这就是他们的意义所在——是放在积极活动的方面，放在改变和改造的技艺方面，他们认为所有的动因都如同人的动因一样，所有的力量都如同人的力量一样是生产力。实际上中世纪的

有关文献，由于它们知识上的操作性质，在并非缺乏精细的理论研究中，尽量减弱了原始无逻辑的巫术程序的语言，而大大加强了人的行为表现在宇宙空间中的延伸。这样，人和自然便在理智的潜在层面上相会，但又被理解为走向理智的基础，像对理智本身的回顾一样。返回自己家里的人是高兴的，并准备向他人提供帮助。回到了自己"住所"星星，或者说当宇宙巨大的机器转动时，回到过去曾经在那里停留过的星座，便高兴地发出向人们祝福的光。占星术者们的天空，在一定的时刻似乎像人间的世界一样，不成比例地反射出它的感情、事件的变迁、冲突甚至不安。星星们之间也相互爱恋、相互仇恨、相互结合、相互斗争、相互追随、相互围困和相互燃烧。人和宇宙之间的统一性在确切的对应中被理解，有时达到令人震惊的程度。这方面有一些令人难忘的例子。

1936 年，贡德尔根据 1431 年的一份文艺复兴时期的手抄本——唯一保存的孤本——所提供的材料，在慕尼黑的科学院学报中发表了一篇极其重要的占星术论文《神秘之书》，其中某些部分抄录了也许回溯到公元前 3 世纪的埃及文献。然后杰出的历史学家弗朗兹·库蒙特又根据这些材料写成一部优秀的著作《埃及的占星术》，这本书通过把星星们的生活压缩为人的生活的手法，对埃及的社会，包括手工业者们的生活，做了生动的描述[①]。

这便是被称为占星术的"因果关系"的情况：从中引导出并在这个层面上运行的"积极科学"，可以说这个层面更接近于修辞学、

① Wilhelm Gundel, *Neue astrologische Texte des Hermes Trismegistos*, 《Abhandl. Bayr. Akad. der Wissenschaften》, N. F. XII, 1936; Franz Cumont, *L'Egypte des Astrologues*, Bruxelles 1937.

政治学和战略学，而不是接近逻辑学。占星术家的观点是，应当说服和诱导威胁着我们的自然界的力量，同它们中的某些力量建立联盟，以反对其他力量，利用我们的一切资源去打倒我们的敌人。

有一句印在所有占星术手册前面的话，应当是托勒密说的："智者战胜星星"。无疑，这是一句很好的格言，但是如果按照帕斯卡的论调却完全无法理解。它几乎是经过对一切进行沉思以后，产生的一种要把人从奴隶状态中救赎出来的思想。智者知道天体上的风俗习惯、层环、气候、影响，能够进行巧妙的战术回避，有时通过祈祷、仪式、符咒，或者经过力量的对抗，战胜威胁、诡计和隐患。如果说月亮在某些阶段散布潮湿，即促进腐烂的过程，那么在做外科手术时就应避开那些阶段。认识月亮运行同潮汐之间的关
172 系，有利于航海的人们，正如认识季节、气候同植物生长之间的关系，有利于农民一样[①]。占星术的论文常常从严肃的形而上学的

---

① Per la teoria delle *partes* (*pars hordei*, *pars ciceris*, *pars lentis*, *pars fabarum*), per cui tutto si ritrova in cielo, cfr., di Albumasar, *Introd.*, VIII, 4. Per il mescolarsi, nelle trattazioni astrologiche, delle indicazioni di calendario a pratiche magiche, cfr. W. Gundel, *Religionsgeschichtliche Lesefrüchte aus lateinischen Astrologenhandschriften*, 《Mélanges Cumont》, I, pp. 225 – 252. A proposito delle *mansions lunae* il Gundel, pp. 250 – 252, cita l'Urb. Lat. 1384, composto di traduzioni di Guglielmo Raimondo Moncada fatte per Federigo da Montefeltro. Al Gundel sfuggì che già qualche anno prima il Cassuto aveva identifyicato il Moncada con Flavio Mitridate, il cabbalista e orientalista maestro di Giovanni Pico (U. Cssuto, *Wer war der Orientalist Mithridates?*, 《Zeitschrift f. die Geschichte des Juden in Deutschland》, 1934, pp. 230 – 236). È molto interessante l'esaltazione che il Moncada, nella dedica al Duca d'Urbino, fa dell'astrologia (cfr. R. Starrabba, *Ricerche storiche su Guglielmo Raimondo Moncada ebreo convertito siciliano del secolo XV*, Palermo 1878, p. 74 dell'estr. Dall'《Arch. Stor. Sicil.》, N. S., III):《Haec est illa Scientia divina quae felices hominess reddit , et ut dii inter mortals videantur edocet ; haec est quae

前提开始，滑向为手工业者提出有益的建议，这种情况并不少见。占星术无疑是一门崇高的科学，作为科学只有在越有用的时候，才会显得越崇高。当弗兰西斯·培根的一个有名的警句说，如果不顺从自然就不可能指挥自然时，它也体现一种惊奇到几乎令人鼓掌的含义：人是一个狡猾的仆人，他研究主人的习惯，然后让主人按仆人的意志行事。

古斯塔沃·科昂在他的《法国中世纪文学图表》中，在关于中世纪的自然观的那一章里，以通常必要的主题开始，如今这一作法已在法国的历史学家中形成习惯，并且沿着吉尔松和他的著名散文的足迹，已广泛传播到几乎各个地方：法国的中世纪从未无视过自然、它的生命、它的力量。尚松·德·罗兰为它描绘了一幅崇高 173
和庄严的形象：

村庄都在高地上，山林阴森森。

但是，历史学家们很快就承认形式的不动的稳定性："北方的战胜冰雪的春天，同南方的春天并无差别……，在描述佛兰德的平原和香槟的土地，塞纳河岸和罗达河岸时，也并无区别。"所有美丽的女人和漂亮的骑士都是相同的，金黄色的头发，蓝色的眼睛，他

cum astris loquitur et, si maius dicere fas est, cum Deo ipso quidquid in mundo est gubernat; de qua sic Messala scripsit:—Omnia astra haben virtutem cum septem planetis in actione et operationibus eorum, et virtus operationis in mundo comparatur lapidi attrahenti ferrum... Aristoteles etiam videtur idem sentire primo Metaurorum... Auctoritate igitur et experimento nil esse verius Astrologia manifestum est ».

们都是千篇一律，十全十美。如果说从神学家们的著作中看到他们对形式的沉思使诗人们的形象僵化的话；那么撒旦王国的放纵的生命力，便活跃在占星术家和巫师们的文献上。乔瓦尼·皮科在15世纪末，谈到一个已经是很老的论题，他在反对占星术的文章中，争论的主要之点正是他认为占星术家们把天空弄得变化无常，占星术家们用一种充满活体的、个体的、各种力量的、工作的和变动的奇怪和荒谬的宇宙，去替换亚里士多德和柏拉图对天体的看法。

对于某个模棱两可的物理学问题，有时希腊科学赋予数学的漂亮处理以形而上学的价值。天体的假设，已演变成一个有限的、圆形的、完美的、由现实的几何实体构成的美丽和谐宇宙的概念，围绕它一切都在音乐的伴奏下永恒地跳着舞。野蛮的、恶魔般的占星术，让整个美丽的宇宙结构陷入危险之中，把数学的运算贬低到纯粹奴仆的地位。作为基本元素和统治一切的君主的数字，成为隐藏的和神秘力量的工具。

在这些文献中最有教育意义和最有趣的文章之一，便是托勒
174 密的《四书》，在中世纪流行的版本中，可能该书还附有阿文罗达写的注释。众所周知，这是西方占星术的主要著作，它表现那位伟大的天文学家如何力图通过严格的数学方法，把星球占卜术变为科学。

直到博尔和贡德尔的历史学家们都在谈论希腊的科学天才如何积极致力于把含糊不清的宗教信仰和民间迷信的混合物，置于理智的标志之下。实际上，《四书》给我们提供了一个很好的例子，表明在柏拉图—亚里士多德的形而上学，同一个充满活力、感觉、变动的力量，和不是固定与静止形式的世界观之间的冲突。当然，不可否认，其结果是奇怪的；但是，也不要怀疑，其中最重要的部分完全不应当在那些构成它的框架的数学混杂物中去寻找，而是要到它简单的占星术主题中去寻找，即在气候、人性和他们的信仰之间的持续关系的思想中去寻找；在所有的自然力量的汇合和一致性中去寻找，甚至在企图与宇宙物理变化相联系的历史大危机的观点中去寻找。令基督教批评家感到非常害怕的《预见》的主题本身，在阿文罗达的注释中具有明显的特殊价值，我们在那里看到这个主题完全没有按照需要的星球命运的方向展开，而在完全不同的方向中展开，在这个方向中要考虑到在其中起有效作用的形势的各个方面。

物理学家们和神学家们，看到这种蔑视宗教的、要颠覆不变的完美宇宙的理论，非常愤慨。占星术家们以他们的星球潜力的、变化不定的、总是相爱或总是斗争的古怪幻想，偷偷摸摸地进入了众神的密室，使那里的生活变得复杂和动乱不堪，充满着黑暗和闪光的力量，在这些力量中不是从完美神性的沉思中上升的人，而是机灵和狡诈的统治者。

整个《选择》的理论，都常常极力歌颂把预见演变成潜能的科
学。不再研究气候、季节、地区的决定性特点，然后对此进行哭泣 175
和祷告，而是如何预防这些灾害。知识就是预见，预见就是认识到某种事物后卓有成效地工作。另一方面，中世纪占星术中的重要特殊论文《讯问》的理论，在向我们提供了真正的特征分类的同时，也向我们提供了不应当忽视的无意识的初步分析。作为巫术，它是建立在普遍联系和同情的思想基础之上的，建立在人可以认识

微观世界和有所作为的概念上的;而占星术则贯穿着一个明确的信念,即在人身上存在现实的各种音调。那么,如果说我不能够听到在我身上的星星的声音,那无疑是由于尚低于应有的理智意识的水平,除了智慧的统治以外,还有某种更深层次的趋势和感情生命在搏动。从这里,或是在下意识中,或是在偶然情况下,去寻找讯问的方式,即在既非固定也非确定的形式下,去寻找宇宙的回声,然后同它沟通。看风水(土占术)、看手相,特别是看风水,在这个含义上提供极为明确的提示,通过无控制的反应和运动,寻找宇宙对某个人的印记,即构成他的性格的倾向和深层特征。从这里,在这片几乎是中世纪文化中尚未开垦过的处女地上,像云格那样的心理学家还引申出其他歧义①。

176 尽管时间不允许作这种离题的探讨,但是我们还是可以用几乎是示例的方式,确定某些基本点:第一,在占星术中不可能把数学计算同对未来的预测分开,在某些时候,实践的兴趣居统治地位,并支配着认识的兴趣。第二,占星术所认为,不变和不朽的星球按照“数学”理论进行转动,天空向大地下降,并与大地成为宇宙的统一生命体系,在这一生命体系中升起的唯一现实统治

① La geomanzia《scientifica》non procede *frivole e temere*, ma raggiunge《operacionem ipsius animi Pytagorico libamine purgati mirabilem sive potentem virtute sua naturali eciam in divinacionis misterio superspiritualem...》. Così l'introd. a un trattato lat. (Cod. Bruxellensis 21541) cit. da A. Delatte e L. Delatte, *Un traité byzantin de geom. ancie*,《Mélanges Cumont》, II, pp. 575－658(e cfr., per es. la Terry Lectures su *Psicologia e religione* di C. G. Jung, del '37, tradotte in italiano nel 1948 per le Edizioni di Comunità).

者是人，即工作、看见和预见要做什么的人。总之，这里汇集了三个根本性的主题，尽管在它们的外面还包裹着一层奇怪的神话：第一，活跃的自然界的一切，在本质上是统一的。第二，能够通过行动，改变微观世界动因的人，具有卓越的地位。这句话被译成简单的公式，就是："人是万物的君主"。第三，就是知识的实践特征。

但是，还有另外一个值得指出的论题，特别是在那些优秀的和有水平的论文中：呼吁重视经验。主要从 14 世纪以后的论战者们，嘲笑这是一种实验天文学的借口；初看起来，并没有错。怎么能建立在经验之上，依靠同转动得非常慢的星球运动建立的联系呢？实际上，经过多少代人保存下来的数据，仍将是少得非常可怜。关于宇宙的理论，只能建立在按照"演绎法"进行的几何学结构之上。

给占星术家们提供经验的，就是在地球上观察到的月球周期的变化，形而上学家们反驳说，这样的经验还是不够的，并且他们有许多根据。他们忠实于他们的几何学前提，宁愿认为天体是不动的、由完美的星球组成的，由聪明的天使作为原动力的结构。他们立刻否认占星术家亲自观察到的各种特殊的现象，认为那是幻觉和表面现象。从这里爆发了最基本的冲突：一方面是数学天文 177
学的"科学"前提，在某些数字的绝对完美的基础上，确定星球的数量，然后在循环运动完美假设的基础上，确定天体运动的特征。另一方面，与此相反，占星术家们则不顾天体完美的观点，坚持目的在于确定天体同地球之间关系的实验性观察。我们暂时忘记一下占星术家们奇怪的预测；暂时忘记一下阿尔布马扎，他要在星座中

区别出跟在国王后面的马匹的鞍褥颜色。相反，我们比较重视在构成天体的几何形假设中，从内部出现的侵蚀作用，尽管呼声还很微弱和奇怪，要求注意实验性观察。我们首先认为，这种坚持强调把经验作为通向变化的和活跃的大自然的道路，大自然在不断工作的各种力量作用下，处于永恒的演变中，我们自己也是这种演变的参与者，为了这样的参与，我们也在认识，在行动！

正如所说，一方面，在谈到巫术时不可能不谈到占星术；而另一方面，在谈到占星术时，它又重新把我们引回到巫术。在中世纪和文艺复兴时期的文化中，或者更确切地说在文化的这个领域中，它们之间是不可分的：不是占星术家的人也就不是巫师，正是由于宇宙的统一性，只有具备宏观视野的人，才能在其中发挥作用。这样，只有巫师的行为，才能充分显示出占星术研究的滋味，因为它具有知识的实践特征。为了发挥作用，必须抓住切入点，让某种力量介入，以打破古老的平衡，和建立一个新的平衡。另一方面，如果把这两种“科学”分开，那么又将重新徘徊在脱离实践的、巫术的、被指控为迷信的天文学沉思中；而那种不可分的纽带不仅表明现实的统一性，而且还表明知识的非理论特征，或至少在这方面的知识中是这样。

尽管这样，正是巫术，这种认为一切中都包含着对立成分的特
178 殊巫术，保存着所有古代迷信残余的巫术，向我们展现了一片重要的视野；它极力重申一个愿望，即它能够颠覆、打碎、改造一个由智慧确定并受传统和静止的知识敬仰和沉思世界的形式。这种同上帝较量的反叛力量，想要做违背、捣乱和改变现状的事。在科学革新和宗教危机的范围内，确定这种巫术的分量和作用，在那个复杂

和多样性的文艺复兴时代，对想从多方面的角度认识欧洲文化的人来说，无疑是一个不可忽视的方面①。

① 1924年，在《*Hermetica*》牛津版第一卷的序言中，Lo Scott 称，限于对那些"包含有属于 Ermete Trismegisto 的哲学和宗教教导的拉丁和希腊文作品"给予特殊的重视，是他的主张。他还补充说："除此以外，还存在另一类的文献：这就是关于占星术、巫术和炼金术的著作……。但这两方面的作品都属于同一类型，这是不言而喻的……。"而 A. J. Festugière 在他的巨著《*La révélation d'Hermès Trismégiste*》中（vol. I, Paris 1950², pp. 87－88）.却持不同的观点："神秘文学，除了哲学和神学的神秘主义之外，还包括有关占星术、炼金术和巫术的著作和著作片段。在研究 Ermete 的'哲学'著作之前……，应当了解神秘主义的其他方面的情况。实际上，不仅启示的情景对整体来说都是相同的，而且精神氛围本身就无所不在。"Festugière 的观点不仅对古代的神秘主义作出正确的评价，而且对于中世纪和文艺复兴来说也是无可非议的，它可以作为驳斥忽视在某个时期曾一度具有重要意义和分量的某些现象的借口的有效原则。Cfr. quanto, appunto a proposito dell'opera del Festugière, ebbi già a scrivere nel《Giorn. cr. d. filos. it.》, vol. XXIX, 1950, pp. 362－367。

179 # 第五章　文艺复兴思想史

一

曾经在“人文”和法律学校中学习过的巴黎议会的律师乔瓦尼·博丹，1566 年在他的著作《认识历史的简易方法》的第一章中称：“人们的历史来自于他们的意志，而这样的意志又总是不一样的，其目标也是难以预见的。实际上，每天都在产生新的法律，新的风俗习惯，新的体制和新的仪式”①。因此，写历史就意味着重新回顾和弄懂这些事件的含义，寻找马基雅维里在他的《言论集》中所说的，理智和经验的令人惊叹的聚会。他坚持认为，当在塑造人时，总感觉到父辈们所达到的目标，不断地被超越；“因为文明的法律，只不过是古代的法官们所作的判决而已，这些判决后来经过整理，又传授给我们现代的法官。医药方面的情况也是如此，只不过是古代的医生留下的经验而已，现代的医生又在此基础上形成

180 自己的医术”。人类是在自己取得的成绩和所犯的错误中前进的，

---

① J. Bodin, *Methodus ad facilem historyiarum cognitionem*, I, ed. Mesnard, Paris 1951, p. 115 (*Oeuvres philosophiques de Hean Bodin*, I). Quasi con le stesse parole, contrapponendo lo《storico》e mezzo prima, Uberto Decembrio I suoi dialoghi *de republica* (ms Ambros. B. 123 sup., 80 r).

更广泛地认识人类活动的进程，或者说掌握历史知识，就可以使我们珍视一切经验，更准确地使用智慧。“在我所有的东西里面，——在《君主论》的有名献词中我们读到——我认为最宝贵和最为我尊重的，莫过于我对伟大人物行为的认识了。这是我通过对现代事物的长期经验，和对古代事物的不断学习获得的。”

莱奥纳尔多·布鲁尼、马泰奥·帕尔米耶里、多纳托·阿恰约利、尼科洛·马基雅维里、弗朗切斯科·圭恰尔迪尼，所有这些佛罗伦萨的历史学家都习惯于从事政治活动，他们或是国家领导人、大使、省督，他们有着丰富的市民生活的具体经验，在某些时候他们本人就是事件的决策人，他们就是通过这样的途径成为历史学家的。当他们感到某些决定形势的因素超出他们的控制时，他们的渊博的知识促使他们去查阅其他人的作品。担任共和国文书长时，还可以查阅档案材料，使他们可以把现在的热情，同对过去理解的观点结合起来，并将它们置于自己所处的环境之中，寻求明确的答案。对历史的理解——正如莱奥纳尔多·布鲁尼清楚地写道——就是“人民获得自由的进程”。又如斯佩罗内·斯佩罗尼所确切指出的那样，是范例地“叙述”“由大众从事的事业”。正是，也仅仅是基于这样的认识，才使得这些“德高望重”的人，成为现代含义上的历史之父；由此，博丹作出了简洁的表述：“圭恰尔迪尼：历史之父”[①]。他在这里宁愿指出的是圭恰尔迪尼，而不是马基雅维 181

① Il testo del Bruni si trova nel *De studiis et litteris* (ed. Baron, Leipzig 1928, p. 13). Su Bruni storico è molto importante lo studio di B. L. Ullmqn, *Leonardo Bruni and the Humanistic Hstoriography*, 《Medievalia et Humanistica》, 1946, pp. 45-61(《he was the furst modern historian》). Cfr. Baron, *Das erwachen des historischen*

里，在他经过深思熟虑后的解释中指出，马基雅维里让火一般的政治热情，不断过渡到现实的最后基石的坚实概念。首先，因为马基雅维里同“文明的宗教”争论，要把它完全变为权威的工具；其次，是他的严格的自然主义观，这在他的《言论集》第二卷的开头已有明确的论述，一开始他就否认任何有效的进程，把人世变迁贬低为没有目标的波浪起伏，是一种循环往复的运动，使人在世界上的冒险成为无用的童话。他说：“由于人间的事情总是在变动之中，时而上升，时而下降……，当我思考这些事物会如何发展时，我认为世界总是同一个世界，在这个世界上既有好事，也有令人忧伤的事情；只不过这些令人忧伤的事情和好事，在省与省之间各不相同罢了。”下面这句措词凝重的话，也可以按照他的不可回避的宿命论观点进行理解：“对人总是赞扬，但并不总是那样理智，古代和现代的教会都谴责人有罪”。这里，没有，也不可能有，人逐渐获得解放的要求：有的只是我们在任何时候都处于“下降”状态的声明。即使处于“上升”时期，也不要受骗，我们应当感到害怕，因为不久之后我们又将不可避免地“堕落”。

“无论今天晚上我等待的是什么时刻，如果说真的有变化的话，那就是我在黑夜里等待白天，而那些人是在白天等待黑夜。一

Denkens im Humanismus des Quattrocento，《Hist. Zeitschr.》，1933. *Il Dialogo dell' historia* dello Speroni è nell'ed. Veneta del 1596，pp. 361 sgg.（ma sulla *virtù civile* nella storia e sul processo di trasformazione della *virtus* ciceroniana nella virtù machiavelliana sono da vedere le osservazioni dello Ullman，p. 60）. Il testo del Bodin è preso a motto，per il capitolo su Guicciardini《convertito》alla storia，da V. De Caprariis，*Francesco Guicciardini dalla politica alla storia*，Bari 1950，p. 87（di cui cfr. *Il problema dell' equilibrio nel pensiero del Machiavelli*，《Atti Acc. Pontaniana》，N. S.，II，pp. 135－136）.

切东西，无论在这里或那里，在近处或远处，在现在或未来，在立刻或更晚，都是存在的。”这就是焦尔达诺·布鲁诺献给“摩尔佳娜夫人”的《举烛人》中的话，它充分反映了自然主义的影响。自然主义 182
在消除古老神学的同时，也背离了人文主义最有价值的启示，即一切都深刻体现光阴的暂时性，都生活在“记忆”里。而布鲁诺的“消除一切，又赋予一切”的时间使万物平衡，都同样回归到宇宙的兴衰变化中①。当这种思想涉及文艺复兴历史的概念时，我们便立刻面临着一个需要思考的问题：即许多人重复，却很少讨论过的秦梯利的注释：“真理是时间的女儿”（*veritas filia temporis*），这句话几乎把布鲁诺的哲学变成格言，使无处不充斥着历史循环论。德·鲁杰罗相信在阿威罗伊的著作中看到历史的意义，而蒙多尔福在亚里士多德的著作中看到历史的意义，更不用说其他的人，这样本来可以讨论的前提就成为荒谬②。正如人们知道的那样，秦梯利在《四旬斋晚餐》中的天文学发现史的著名草稿中，看到歌颂人的进步，歌颂永远进取和自由的精神。而且培根也正是从这份著名的文章中，获得他的关于《古代世界的发现》的观点。已重复

① Questo aspetto del pensiero del Bruno ha lumeggiato molto bene il Corsano, *Il pensiero di Giordano Bruno nel suo svolgilemto storico*, Firenze 1940, pp. 56 sgg.

② R. Mondolfo, *Veritas filia temporis in Aristotele*, in《Scritti filosofici pubblicati per le onoranze nazionali a B. Varisco》, Firenze 1925 (ma cfr. *L'infinito nel pensiero dei Greci*, Firenze 1934, ove le precedenti affermazioni sono attenuate sotto l'influenza di W. Jaeger). La storicità dello spirito in Averroè sostenne L. Gauthier, *Scolastique musulmane et scolastique Chrétienne*,《Revue d'Histoire de la Philosophie》, II, 1928, che ne fece un precursore di Pascal. Contro il Gauthier cfr. J. Teicher, *Il princepio "Veritas filia temporis" presso Azarjah de Rossi*,《Rendiconti Reale Acc. Dei Lincei》, Classe Scienze morali, ser. VI, IX, 5-6, 1933, pp. 268-275.

过多次的结论就是，布鲁诺首先在历史中找到现代的感觉和早期的亲缘关系。另一方面，如在一篇阿威罗伊派的评论中一样，在亚里士多德学派的著作中，也发现了这个论题，只是在形式上略有区
183 别，这就是“真理是时间的女儿”在亚里士多德派和在阿威罗伊派中的情况，以及后来在过分虔诚的吉安·弗朗切斯科·皮科的著作中的情况。最后的结论是，为什么最近又重申这一观点，认为整个中世纪都有明确和生动的人的历史观，而文艺复兴却通过回到古代的违反历史的神话，丧失了它[①]。

现在只需要认真读一下阿威罗伊的这篇文章，看看他主张的是什么，它并不是那种以不确定的方式，为了人通向无限可能的“逐渐积累的”知识。我们再次看到这个有名的论点，即任何科学都不可能仅仅依靠一个人，就能完善。这句话并不排除这样的含义，即任何科学即使它在实际上已完成了，但绝不意味着对于无限的未来来说它是完善的。这个进程是有限的，而且最终是表面的。援引阿威罗伊和亚里士多德，恰好表明秦梯利的结论的脆弱性，说明布鲁诺在1587年和1588年在维滕贝格坚持的观点是正确的和可以理解的，他反复地书写几乎成为他的格言的《训道篇》中的语言：“它现在怎样？它就是过去那样。它过去怎样？它就是现在这样。太阳下面无新事。焦尔达诺·布鲁诺· 达诺拉”（*Quid est quod est? ipsum quod fuit. Quid est quod fuit? Ipsum quod est. Nihil sub sole novum. Iordanus Brunus Nolanus*）[②]。从《举

① Sul testo di G. F. Pico cfr. F. Simone, *La coscienza della rinascita negli umanisti francesi*, Roma 1949, pp. 163 sgg.

② V. Spampanato, *Documenti della vita di Giordano Bruno*, Firenze 1933, pp. 50-51.

烛人》到路德避难的时代,这位哲学家对于自己的观点是保持一致的,忠实于他的自然主义的基本信念,他无疑也是亵渎神灵的和反叛的,有时甚至是放荡的和辱骂者,但他作为最富于历史沉思的人文主义的继承者,却与此并无关系。此外,秦梯利也承认这点——他是一位思想锐敏的评论家——他在文章的最后说,在布鲁诺身上看不出任何“精神哲学”。

真实的情况是,用不着白费力气在布鲁诺的复杂的作品中,去寻找完美的一致性和发展的一贯性。相互矛盾的论题,使他烦躁 184
不安,折磨着他。我认为,像 15 至 16 世纪的所有伟大人物一样,他喜爱用对话的文学形式,也并非偶然。这样的对话,几乎是一种公开的不妥协的声明,要让人听到所有不同的声音,进行并非心平气和的对话和辩论。这种形式是人的开放的具体表现,它产生于生物的团结精神,并朝向某种精神社会发展:人文主义就是真正的“文明生活”和“文明的对话”。

现在,如果说布鲁诺无可否认地摧毁了神学,当在无限和神圣的自然中,神秘地取消人的努力时,他又同样明显地趋向神学。著名的历史学家们长时期以来,都在讨论《驱逐趾高气扬的野兽》和《论英雄气概》之间的关系,为此常常得出结论说,在前者的争论冲动和后者的美学陶醉之间,根本上是一致的。在这两种情况下,反映人在沉思的转折时刻的永恒冲突,也许是这样。大胆的批评,明确地拒绝一切智力的结构,不断推翻不可逾越的封闭体系。似乎注定的是,人为了实现他的自由而创造的工具,却变成了障碍;试验他的创造可能性的基本原理,在他的屏障前衰退。在布鲁诺的这两部伟大作品中,似乎反映出哲学家们思考的不变的节奏,也许还有人们的生活。当然,因为随着历史学家们妥协的和平的到来,反对金色时代神话争论的意义,已距阿特奥内神话非常遥远了。实际上这里的狗们,即对神圣事物的思考,撕咬着已成为猎物的猎手和裸体的狄安娜,即绝对的真理,取消和痛斥沉思者的有限思考。而在《驱逐》中,人通过他的双手,成为有感觉、有尊严的人,通过人的亵渎神灵的双手,拿走、侵犯圣物,并将圣物据为己有;当驴子们不再领受圣事的时候,信仰上帝的真正教士是胸怀上帝的人,
185 是同上帝一起在自由的大地上工作,负责任的地上真正的上帝。

“众神——在《驱逐》中读到——赋予人以智慧和双手,让人的形象和他们一样,给人以大于其他动物的权力,这样的权力不仅可以按照自然的秩序工作,还可以超越自然的规律;因此,人运用自己的智慧和自由,创造或能够创造其他性质的事物,其他的进程和其他的秩序,如果没有一点,人就不配称之为与天上的神相似的地上的神。”他不会考虑事物的意愿,不会尊重宇宙的秩序、性质和类,而是超越它们工作,利用规律改变自然,并给自然建立新的秩序,自由地进行创造、重塑和革新。因此,布鲁诺曾尖锐地指出人在与“神的行为竞赛”,为发明工业和发现艺术,需要“磨砺智慧”;“并且总是一天天地,通过建功立业,从人的智慧深处激发出新的和惊人的发明”。翻阅令人惊叹的《驱逐》这本书时,可以感觉到维柯的“第七尊严”(*la settima degnità*),但并未求助于“天意”,因为人作为尘世间的造物主具有从动物到神的能力,他使用道德和智慧的力量,把凶恶的坏事转变成建设的动力,并将此视为“最紧迫的工作”。

在《论英雄气概》中,对人的费力“装饰”却被翻转过来:世界的

墙被推倒了，视野无限辽阔，英雄的人被赋予了可以做一切事情的可能性。似乎当猎人成为猎物的同时，行动也转变成为沉思：布鲁诺最后似乎也给“旅行者一人”，指出在“神本质的单纯性”中的一个和平之港，在那里一切都有，“英雄为能向狄安娜屈服，并为成其猎物而自豪”。

再看看这位回到威尼斯的叛逆者，仍然梦想着同罗马教廷之
间建立不可能的妥协，他在马人喀戎的神话中，面对对基督的渎神 186
嘲笑，也并未停止脚步。但是，他不断推翻自己的立场，和改变成相互矛盾的论点，这种情况表明在人文主义启示和形而上学需要之间存在的深刻紧张，而不是内在的不和谐和矛盾状态。这样，布鲁诺对“语法学家们”的反感，认为他们都像是古罗马贵族或拉莫那样的人，就不足为奇，他远离新科学也不足为奇。实际上，这位诺拉人（布鲁诺）无疑代表文艺复兴文化某些深层愿望的声音，但在许多方面仍然处于如今已过时的争论之中。因此，他不理解语言—逻辑学新研究的价值，也未能对科学层面产生影响。

伽利略的沉默，大概主要出于谨慎的原因，但是实际上这位科学家还是从遥远感觉到哲学家布鲁诺的埃尔梅特神秘主义的高深启示。与某些立场相联系的开普勒，对布鲁诺的颂歌留下深刻的印象，也不足为奇。但是，伽利略虽然是哥白尼的鼓吹者，但他对那些不理解天体运行说的人，并无负疚感[①]。

---

① Per I rapporti fra Galileo e i filosofi contemporanei è sempre da vddere V. Spampanato, Quattro filosofi napoletani nel carteggio di Galileo, Portici 1907; sul Bruno e la scienza molto importante F. A. Yates, The Religious Policy of Giordano Bruno,《Journal of the Warburg and Courtauld Institutes》, III, 3-4, 1940, pp. 181-208.

布鲁诺的一生是极具意义的：形而上学的陷阱，把他从一种神学带到另一种神学，人文主义思想又让他在许多方面离开神学，而这样的思想构成历史著作《生物之书》的新概念，该著作与人的概念紧密相连，并在“人文学科”的层面上写作而成。这样，正如大自然的宗教远离明智经验的确切领域一样。要在布鲁诺身上寻找典
187 型，甚至唯一思想的表述，寻找进步和“精神历史的直觉”概念，就可能把发现的有效力量的回声，与部分被歪曲的回声混淆起来。

二

此外，不难理解，为了了解精神在历史上的真实作用，仅根据亚里士多德的大部分哲学思想，尽管是通过阿威罗伊的中介，把它作为前提是不够的。只需读一下铁一般的循环论的严格推理，如卡尔达诺的自然主义，就可以再次证明人文主义的要求同某些前提是不相容的，至于这些前提就其影响而言，是否属于正统的并不重要。因为从文艺复兴原始的格调来讲，并不在于它与继承中世纪遗产立场的联系，而是在于它的人文主义本原，它自觉地宣称拒绝摧毁人和人的活动的经院哲学，而这样的哲学，就其影响而言已并不少见。因此，人文主义争论的议题是准确的和坚定的，完全不像某些人认为，是一种可以引导到修辞学—文学领域中去的现象：它用鲜明的人的形象去反对在其中不再有人的地位的形而上学。

无疑，这种叛逆是从用关于人的科学去鲜明地反对神学开始的。它反对把艺术降低为神学，它要求承认“人文科学”的优先价值。与这种对立的立场并行的，是人的规律与来自先验论的物理

规律相对立，积极的生活与沉思的生活相对立，这样对立的意义是
明确的。在城市建设中表现出来的人的活动中，居统治地位的正
是人：在这里人就是造物主、原因、上帝。其意义不是存在于沉思
某种形而上学的依据中，而是存在于行动中，存在于生产中。因
此，我认为，最早最重要的人文主义者都是法学家、政治家、诗人，
并非偶然；人文主义的摇篮是佛罗伦萨，是14和15世纪的佛罗伦 188
萨，最重要的文化人士都是政府官员、大商人，是每天在自己的城
市里工作，并感觉到历史变化的人。

这就是讨论的中心，它涉及某些学科的价值，——在一个半世纪中成为必不可少的议题——需要再加上这一点：在某些部门人是立法者，是自由创造者：人的尊严全部都在这里。对法律、诗歌、演说的颂扬；几乎仅仅对道德、政治、经济感兴趣，目的在于要树立作为造物者的人的具体形象。当一位并非通俗的哲学家对我们说：只需要用修辞学来颂扬人的尊严，只需要在这个人们习以为常的“通俗注释”的地方，就可以真正看到人的感觉到底是什么！——我可以再说一遍，当明确地提出问题问人的价值是什么时，就可以回答：人的价值在于人能工作，创造，利用大自然的形式和规律，重新塑造它们，为自己的利益服务。当人们一旦获得这种明确的共识时，那时已经不再是修辞学的胜利，而是一个新时代的真正开始。

另一方面，当发现由人建设的世界的积极意义时，说这是古代神话的胜利，这也并非偶然。见识短浅的人们，或者如布鲁诺所说“缺少智慧”的人们，正是要在这个土地上使产生过的古代神话复活。马基雅维里说，使死去的东西复活，就意味着失去历史的感

觉。但是，为数不少的那些人并不明白，这种关于古人价值的明确意识，终于被中世纪的伪造所孤立；而我们在古人面前，通过批判中世纪的伪造，正是为了让真正的历史感觉再生。中世纪的作家倾向于把过去的一切都放入一个唯一的模式，把人和事件混淆起来，把具有确切时代特征的东西，弄得来千篇一律，关心的仅仅是
189 永恒的和绝对的，而不是时代的价值。重视的是好和坏、真和假、建设和腐败、上帝和魔鬼。如果说“历史在形而上学思想笼罩下，只能进行神的描绘”的话，正如萨林贝内修士所注意到的那样，我们继续在神学和奇闻轶事、绝对逻辑和在 1285 年 3 月特别折磨着人类的跳蚤之间，摇摆不定。在神学逻辑取得胜利的地方，不再有永恒理想的地位，不再有人的地位和对人及其事业的关注，归根结底，不再有人的有效业绩①。

意识到人的活动，意识到自己，对中世纪的野蛮进行争论，确定古代的含义和自己对待古代的态度，这些都是一个整体。但是，正是通过这种执着，有时甚至是迂腐的对古代的探索中，通过想弄清楚古代每个字的真实含义，把古代同自己区别开来，而不是同它混淆起来，然后也许还模仿它，但是明白这是与自己不同的东西：这就是如此丰富和生动的人文主义历史观。要注意，中世纪的人也知道古代：今天我们知道的大部分东西，例如古代的思想，特别是 12 世纪以后的思想，经院哲学家们也知道。只是那时对他们来

---

① S. Vismara, *Il concetto della storia nel pensiero scholastico*, Milano, 1924, pp. 33, 71 – 72. Scrive giustamente G. Martini, *Cattolicesimo e storicismo*, Napoli, 1951, p. XVII：“按照中世纪的看法，历史是在某种程度上已经结束或预料之中的事件。” Cfr. i testi, le considerazioni preliminari e la bibliog. rafia di C. Fabro, *La storiografia nel pensiero cristiano*, Milano 1953.

说，某个观点是属于柏拉图的还是属于亚里士多德的，并不重要。重要的是：是否真正和有效地模仿了这些观点，并把它们变成了自己的。其实柏拉图和亚里士多德只不过是一些思想的载体：名字和面具；也许是一些在讲话中为了用来说明人是什么，说明具有共性的人是什么，所使用过的单词和符号。而人文主义则开始寻找每一个人的确切面孔：寻找一个人的面孔，成为本质的行为。想同苏格拉底谈话，就应当到苏格拉底所在的学校去，说我要见真正的苏格拉底。这里，值得重视的并不是抽象的人，而是一个活生生的人，而且我还想说，这个人还带有他的声音的印记。同过去的会晤 190
和过去的再现，并非是把我的思想和他人的思想混淆在一起成为一种无人称的真理：这是一场对话，我在原来的地方，古人从天上下来，各自穿着不同的衣服，各自使用能明确表达自己思想的语言。为此，哲学家希望阅读原始的柏拉图：只学习他的语言还不够，还要了解他所处环境、生活、世界的各个方面。为此，一个历史学家，例如莱奥纳尔多·布鲁尼，可以让他的各种人物的口中说出精心制作的言论。通常匆忙的讲话，只能表达空洞的修辞和对李维的模仿。而那些精心制作的言论，则要在参考各种确切的文献之后才能写成，让我们通过鲜活的真实性，了解那个人物。如果说从彼特拉克到伊拉斯谟和其他人的全部人文主义文学，都是谈话、对话或书信往来的话，那么，他们所希望的谈话是人与人之间的谈话，而不是戴着面具的谈话①。

① Sul dialogo e la lettera(《epistula velut pars altera dialogi》)son da vedere le osservazioni fini e profonde del Poliziano nelle lesioni su Stazio(ms Magliab. VII, 937 della Naz. di Firenze, cc. 4 sgg.).

正如语言学一样，这样便产生了历史，或者说产生了对自己和对他人的批判意识，和按照人性建立的并按照理智重建的人际关系的意识：意识到自己和他人都共处在一个共同建造的世界中，并从各个方面去发现和认识它，发现任何有人类业绩的地方；意识到这些业绩所明确表现出来的阶段性和取得的价值。这样，作为历史，某个阶段的历史，也值得模仿，如果说它的方向仍然有效的话：这是模仿，而不是复制。正如一位伟大的作家所说那样，值得称为父亲的人也可以被儿子模仿，甚至身体的模样；但是，在父亲所有最值得模仿和相似的东西中，是他的目光和眼睛中所表现出的灵
191 魂的闪动。这点，即使在反叛中也是如此，与父亲相似和忠实的儿子，会沿着自己的道路去继承父亲的事业。另一种相似，便是猴子与人的相似。但是，要注意，这种相似既不是真正的相似，也不是模仿：而人，在人的面前像在上帝的面前一样，是与上帝相似的，因为他可以自由地做事、建设和创造：他既能够使自己腐化堕落，又能够拯救自己。

但是，那种建设和自由的创造，只有我们在世俗生活的时间坐标上找到确切的尺度时，那才是我们自己的工程。这是人类关系的坐标，我们在某个时间段发现某个人时，我们也发现了自己。但是，要注意，这不是根本的同一，而是在越来越鲜明的区别和个性化中的同一。要想从亚里士多德的身上去寻找和发现别人的想法，是愚蠢的：寻找的真正的亚里士多德，他应当是“个性化”的人，随着逐渐发现的亚里士多德，要把他的准确的线条描绘出来，要反映出他的原始特征，那只能是他本人。

在 1277 年被判为有罪的命题中，有一句名言称：师徒之间的

学问是一和同一，因为一和同一是人的智慧，多样化仅仅是物质。人与人之间的会晤，师徒之间的会晤就是同一的过程，不是会谈和对话，而是独白。而人文主义的教育希望，作为老师，无论他是古代的智者或是天真无邪的维托里诺，都能尽可能地教给我们一些与我们不同的东西，因此，也在让我们认识我们自身的特点和我们行为的可能性。瓜里诺的人文学校中的严格语法，表现为要求用"古人所用的拉丁语"去表现他们的思想。克里斯托福罗·兰迪诺精辟地说，越忠实于拉丁文，我们的托斯卡纳语也就越纯朴；因为我们可以从中学习到，与其说是去重复西塞罗和李维的作品，还不如写出能与西塞罗和李维比美的作品。这样，正如圣斯皮里托和圣洛伦佐，以及多那太罗和韦罗基奥按照古典的风格创作的雕像一样，它们同古典作品相比同样伟大，也是举世无双的。我并非偶然地说过，佛罗伦萨人文主义的圣人是苏格拉底和但丁；那位但丁在一篇关于教育的文章后面，写了一句最优美的铭文："维吉尔说：不要再指望我的任何提示，因为我已给你戴上了王冠和主教冠"（*non aspettar mio dir piu' ne' mio cenno... perch' io te sovra te corono e mitrio*）。 192

如果多少世纪以来的哲学，我想说的是，人类的一切科学、研究和工作都是神学的话，文艺复兴是在语言学的标志下产生的，是通过语言学来认识人类在取得进步中所获得的这种广泛、明确的批判意识。我们也不会受那种虚假观点的欺骗，即从特伦托会议后的早期人文主义研究的修辞学出发，把洛伦佐·瓦拉同布鲁诺记忆中的"腐儒的粪便"混淆起来。有些把语言学贬低为纯文学因素的15世纪的文人，也表示出接近这种观点，虽然在口头上做了批判，也许他们崇拜古代的分类法，他们并不了解每个时代都有自己的几乎是典型的表达方式，以便高度地体现自身的意识：这样的形式没有必要完全一样，例如在建筑方面某种文明可以建设剧场，而另一种文明则建设议会，第三种文明可以建设神庙。同样，15世纪的哲学幸好没有出现在令人生厌的，已被忘记的帕维亚、博洛尼亚和帕多瓦的大学教授们的教科书中，而是出现在瓦拉的对话中，出现在瓜里诺的信件中，以及出现在萨卢塔蒂、布鲁尼和马内蒂的政治和宣传性短文中。瓦拉和波利齐亚诺是伊拉斯谟的“父亲”，费奇诺和皮科是引起欧洲16和17世纪思考的人物；难道这样的前景不是阿波利纳雷·奥弗雷迪，或者也许还有杰出的阿戈斯蒂诺·尼福开辟的吗？

需要强调指出的是，为什么，这种作为语言学基础的态度本身，就是这项新的科学研究的灵魂，并且指导着研究。有人——以可以探讨的敏锐——再次发现人文主义者的活动同科学之间的某
193 些联系：他说，科学家们终于可以读懂翻译良好的加莱诺写的文章和《机械问题》。似乎真的是这样，只要有一个正确的希腊文版本就可以了，它几乎一下子就可以解释清楚：为什么向人们展示的科学研究和试验性研究会使生活发生革命性变化！而真实的情况在另一方面：改变的是人们对现实的态度和一种方法。这正是瓦拉所持有的无偏见的语言学，使他毫不犹豫地去面对《圣经》，排除所有的“权威”，教导人们睁开眼睛阅读我们面前的书，无论它是写在古代珍贵的羊皮纸上的，或是天上的，或是宇宙的规律中的。教导阅读它们，而不要横蛮地压制它们，要怀着谦卑的态度尊重它们，要接受它们的明确含义，不要歪曲，在理解拉丁文时，至于它们是

不是数学语言——伽利略认为——并不重要。他还说：面对他人还有我们，我们能够进入对话，能够表达我们的语言，“要做的事情，不仅是能够按照自然的规律行动，……而且……要利用智慧和自由，创造事物的其他性质、进程和秩序”。

大自然并非是用于沉思神性的对象，或者仅是值得敬仰的上帝的女儿或侄女；她将委身于能及时占有她的人。实际上，一切都取决于理解的方式，如何理解人与变化中现实的关系；古代的世界观已被粉碎了，或者更好地说已放进了历史：对于过去存在过的东西，已被批判的眼光审视，或者说用人的方式去理解它们。为什么——还重视不够——语言学家和“语法学家”公开批判亚里士多德的逻辑学：不再说他们的观点是费解的，或者说对《工具论》的虚假注释：而是宣称亚里士多德绝不是认识世界的最终解释者、思想的立法者和科学的化身（我认为亚里士多德是最伟大的人物，但是他仍然是人[*Aristotelem ... summum quidem hominem, sed hominem tamen fuisse puto*]）[①]。表明他的理论是一种历史的产物， 194
产生于一定的土地上，取决于某些先决条件与一定的文化相联系：他的逻辑学，并不是现实本身的结构，而只不过是亚里士多德个人的设想，在许多情况下——正如瓦拉所说——现在完全是没有用处的。

无疑，这样的结果也绝不会突然出现：不考虑经院哲学精细的、微妙的和非常尖锐的指责，从内部对一座宏伟大厦所起的腐蚀

---

① R. Agricola, *De inventione dialectica*, I, 3. E continua：《ut non omnia primus invenerit, ita aliis post se invenienda aliqua reliquerit...》.

作用，那也将是严重的错误。但是，我们发现各地都得到肯定的如此生动的意识，它标志一个新时代的产生，是光明对黑暗的胜利，是从新世界曙光中出现的脱离旧世界的跳跃。危机点正是在于取得的这种共识中，在这种已经确立的鲜明的历史意识里。这是一个人们以同样尺度感受到的历史的转折：人文主义者们知道和教导说，人的历史是由人创造的。

常常有人说——其中卡西尔也雄辩地表明——文艺复兴的象征是普罗米修斯。蓬波纳齐在一篇非常优美的文章中，向我们描述了那位用铁链拴着的智者，他抬起反叛者的头，对抗由于他做了好事而折磨他的上帝：智者面对要消灭他的雷电毫不畏惧。我不知道这是否真的就是革新世界的标志。它肯定不是佛罗伦萨的艺术家们和商人们的极其纯真的人文主义的象征，这样的人文主义在该世纪初就几乎表现在萨卢塔蒂的身上，他是一位正直的和虔诚的人，一位来自郊区的谦逊的公证人，他依靠自己提出的许多理论，自己的善良和坚强的性格，从事工作和取得报酬，使他处于共和国最高行政官员的位置，在梳毛工人骚动和遭受吉安·加莱亚佐威胁的时代也是如此。对于大力神海格立斯的功绩和它们的意

195 义来说，这位颂扬积极生活的智慧的文书长，写了大量的论文。在这些论文中，本质上他并不是一位思想上的悲剧性英雄，而是一位剽悍的、带点粗犷的，也许有点像农民性格的旗手，他令人想起《阿尔克提斯》中的人物和帕拉约洛的画册。但就是这样，或者最好被如此看待，带着一点略微悲伤的讽刺，佛罗伦萨的人文主义者和艺术家们，通过杰出的贾诺佐·马内蒂的口，曾经用谦逊的语调宣称，他们可以在自己的城市中制造出能够同出自善良的上帝之手

的东西比美的事物：在那个城市中“在花中选择了百合花，在动物中选择了狮子，作为它的标志，在优秀的人物中选择了海格立斯作为它的纹章的形象”。

第 三 部 分

第一章　佛罗伦萨公民 199
多纳托·阿恰约利*

一

“佛罗伦萨公民多纳托·阿恰约利管理共和国时致力丁钻研哲学，在研究哲学时又管理共和国。”这样，安杰洛·塞尼以碑文的形式，展示了阿恰约利在变动时代中的一生①：这是一段恰如其分地表现把沉思同行动完美结合在一起的碑文。众所周知，他是想生动地体现佛罗伦萨早期人文主义的文明思想。1475 年 4 月 15 日，阿恰约利的兄弟般的朋友阿拉马诺·里努齐尼在为马泰奥·帕尔米耶里作的悼词中称赞了这种最高的智慧，称他在沉思的苦

---

* 在这篇为出版收集的阿恰约利的信件作序的文章中，我希望至少能部分满足 Tiraboschi 以及我们时代的 Marchesi 提出的愿望，更好地介绍阿恰约利的作品。我认为他是佛罗伦萨市民人文主义的杰出代表，在其他人中包括 Baron 已提醒要注意。我有责任立即在这里介绍两本书，任何一个学者都会对它们阐述的正直观点感到高兴。A. Della Torre, *Storia dell' Accademia Platonica* di Firenze, Firenze 1902; G. Cammelli, *G. Argiropulo*, Firenze 1941。

① *Vita di Donato Acciaiuoli descritta da Angiolo Segni, e per la prima volta data in luce dal cav. Avv. Tommaso Tonelli*, Firenze 1841, p. 35. Si conserva autografa nel ms Naz. II, 325, cc. 91r – 111v della Naz. di Firenze (e ancora nel Palatino 493).

修中懂得如何同“城市的文明生活”实现和谐：“这是一位非常明智
200 的人，他善于在两种行为之间作出正确的选择”[①]。数年之后，克里斯托福罗·兰迪诺又正是在多纳托·阿恰约利去世的时候，讲了这些文雅而优美的语言，过去多纳托对他并无好感，也许是瞧不起纯粹的文人，因为这样的文人渴望另一种生活和城市的模式，但是这样的城市早已不同于他和他的大多数同时代人所热爱和建设的城市了[②]。兰迪诺是一位值得尊敬的学校的老师，对于他来说，

① Alamanni Rinuccini *Oratio in funere Matthaei Palmerii*, in F. Fossi, *Monumenta ad Alamanni Rinuccini vitam contexendam*, Florentiae 1791, p. 123 = ed. Giustiniani, Firenze 1953, p. 81.

② C. Landini *Eulogium in funere Donati Acciaioli*. Nel 1455, quando si era trattato di coprire la cattedra che era stata del Marsuppini, fra I candidate vi fu, con A. Rossi, C. Landino, appoggiato da molti (*permulti... ante omnes eligendum aiebant clamabantque eius dostrinam non esse obscuram...*), e fra gli altri da A. Acciaiuoli (*... Angelus patruelis meus pro Landino illo multum laborabat, palamque ei fautor erat atque adiutor...*), e quindi dalla parte medicea (*... Landini fautores... quamplurimi sunt et nonnulli eorum in principibus reipublicae*). Donato gli era avverso e deplorava la《singolare impudenza》di coloro che《ascendere exhedram illam auderent, quam nuper Caroli Aretini et multorum antea doctissimorum hominum voce decoratam vidimus》. Cosa indegna anche di Prato—*hoc... etiam pratensi oppido indignum*! La vivacissima lettera ad Andrea Alamanni del 15 aprile 1455 si trova nel Magliab. VIII, 1390, in varie stesure, a cc. 16r-17v e a cc. 96v-97r, con numerose cancellature. Rivedendola più tardi, forse in vista di una pubblicazione, l'A. cancellò sistematicamente il nome del Landino sostituendolo con l'espressione *familiaris vir*. Di lui abbiamo una lettera gentile al Landino inviata dal Casentino il 20 novembre 1462, e parzialmente pubblicata dal Della Torre, *op. cit.*, p. 411. Letta per intero nel Magliab. VIII, 1390, 46v, tuttavia, mostra che il Landino gli si era rivolto per raccomandargli caldamente una questione che lo interessava (《Res autem... quam tantopere mihi commendas, etsi primum initium habuit admodum leve, imprudentia tamen sive obstinatione eorum qui inter se disceptabant in eum locum deducta fuit me pene invito, ut non facilis deinde explicatio esset. Verum quicquid sit pluribus verbis

学校就够了。而阿恰约利则属于另一代人，属于另一个不能允许
文化同文明的活动分离的阶级。当政治动荡迫使里努齐尼的另一 201
位学识渊博的朋友尼古洛·德拉·卢纳隐退到圣马可修道院里去
以后，只有“文学”成为他的一种难得的安慰①。

由此令人产生的印象是，对这些人来说最大的惩罚，莫过于让他们的人文主义的研究与市民生活分离，在心灵的修养与世俗的

---

tecum non agam, nam quantum apud me valuerint littere et commendations tue cum ex prudenti atque optimo viro patre tua, etiam re ipsa percipies》). Per l'attività dell' Acciaiuoli, allora, in Casentino cfr. All'Archivio di Stato fiorentino nel Med. av. il Princip., 10, 401 e 414.

① Ms Riccardiano 1166, c. 56v (Nicolaus Luna Leonardo Datho):《Ego vero Praedicatorum aedes moram dego, quemadmodum Tytius apud Praedicatorum aedes moram dego, quemadmodum Tytius apud inferos, et non meliori sorte trahor》. Singolare, sempre del Luna, una lettera al Palmieri, che ben traduce uno stato d'animo:《Nicolaus Luna Mattheo Palmerio sal. plur. dicit. Pridie tuis familiarissimis et iocundissimis litteris compertum habui quanta cum diligentia in senatu decretum sit ut in posterum singulis civibus publicus census impartiatur. Quod parum aur nihil ad cotidianam febrem succedere arbitror. Maxime cum iam omnes nostros cives precipitium ruere videamus, nisi alia nobis parata sit via, que non nostris viribus, sed presidio alieno nostrum vendicet libertatem. Unde si nobis nostreque reipublice bene erit, potius superis alieneque auctoritati tribuendum erit...》. Come non pensare al *De libertate del Rinuccini*? L'Acciaiuoli, avvicinatosi più tardi ai Medici, manterrà intatto il suo ideale, ed esalterà Scipione tutore di libertà (ms Magliab. XXIII, 154, c. 76r); solo che Cosimo sarà considerato l'uomo che ha salvato,《non modo huius amplissime reip., sed etiam totius Italie libertatem, que uno profecto dominatu fuisset oppressa》(*Proemium in vitam Demetrii*, ms Magliab. XXIII, 95, autografo). E sarà l'Acciaiuoli a stendere, il 20 marzo '64, il punnlico decreto che faceva Cosimo Padre della patria (《nihil... in hac vita preclarius, nihil excellentius, nihil sanctius, quam in administranda republica patrie sue pietatem officiumque prestare》). Vedilo, nella stesura autografa, nel cod. Naz. II, II, 10, a cc. 23r-24r, e nella copia di Jacobus Nicolai Coshi Dinati (《scriptor... ex dicto consilio》) nel Magliab. VIII, 1439, cc. 57v-59v.

义务之间失去平衡。如果说一旦出现过分，打破必要的和谐，那么就要以某种方式进行弥补。这样，韦斯帕夏诺·达比斯蒂奇便介绍了阿尼约洛·阿恰约利的情况，表明他对在世俗生活中发挥的作用希望过高，后来为了拯救自己，不得不隐退，离开他所处的环境。“在任何事情中，中庸之道是最安全的路。直奔雄伟的事业，继续下去，或者是被流放，或者是死亡，或者是其他类似的结
202 果，……在那不勒斯……他开始不再关心世俗生活。”在那里又找回了适度的思想，这是15世纪上半叶有文化的佛罗伦萨人士喜爱在《尼各马可伦理学》中寻找的东西，而该书也许是在那些年代里被最认真阅读的一本哲学著作，正如在《治国篇》中一样，希望从中找到关于人的文明组织的最完善分析[①]。

正是在这个适度的范围内，多纳托·阿恰约利希望从事他的活动，他所工作的年代也正是从科西莫到洛伦佐生活的时代，佛罗伦萨的政治形势发生了变化，他也许比其他人更好地帮助人们了解这个过渡时期的文化生活。有一些那个时期的佛罗伦萨内外的优秀学者们，聚集在他周围或同他保持持续的关系，并非偶然。1478年，在帕齐家族的阴谋之后不久，他去世了，似乎与他一起消逝的还有以他为中心的15世纪人文主义在继承萨卢塔蒂思想中

① Nella vita di Pandolfo Pandolfini, Vespasiano dice che《 Pandolfo e più giovani di condizioni feciono tanto con messer Carlo d'Arezzo, che lesse loro la *Politica* d'Aristotele... Aveva in prima udito da maestro Battista da Fabriano l'*Etica* d'Aristotele, e parte n'udì da mdsser Giovanni Argiropulo》. Del commento dell'Argiropulo e di Donato diremo. Delle versioni e delle letture del Manetti discorre largamente il figlio Angelo nella dedica al Montefeltro (Magliab. VIII, 1439, cc. 17r sgg.; Vat. Urb. lat. 223. 1 sgg.).

的一种态度。随着美第奇家族的胜利，那种身兼行动的文化人类型的人士便越来越少了，何况洛伦佐本人就是这种人物类型的体现；在美第奇家族的圈子里，如果说不是突然一下就令人感到缺乏高贵的话，最多保留了文学家的地位，而教育活动却日趋枯竭，更是使人惋惜像波利齐亚诺所做的那样，没有足够的手段和资助以从事纯粹和单纯的学术研究[①]。这就是阿恰约利等一批人同费奇
诺等一批人之间的区别：这是无法消除的距离。一方面是亚里士 203
多德主义，另一方面是新柏拉图主义，——正如当时阿尔纳尔多·德拉·托雷天真地认为那样——是阿尔季罗普洛的学生们对在普莱托内或贝萨里奥内的门徒们的分歧；或者说在理解那两位希腊最高哲学大师之间关系的分歧。这是一个完全不同的对生活理解的方式，它与不同的社会政治条件有关，与时代的深刻变化有关。因此，首要担心的问题（伦理—政治和逻辑—修辞）以及涉及其他方面的问题（形而上学和神学）都很不一样。

研究阿恰约利和他的那些朋友们的立场，对于真正希望深入了解费奇诺的“神学”同“人文主义的”文化之间的关系，是必不可少的，而这种文化是从彼特拉克开始，经过萨卢塔蒂，在布鲁尼、波焦和马内蒂身上得到继续发展。

二

多纳托·阿恰约利出生于 1429 年 3 月 15 日。他的父亲内

---

① Politiani *Epist*. X，4（Angelus Politianus Marquardo Breisacio）. Cfr. F. Buonamici，*Il Poliziano giureconsulto*. Pisa 1863，pp. 94 sgg.

里·迪·多纳托，在他出生那年便去世了。因此，幼年的阿恰约利是在他的外祖父帕拉·斯特罗兹和母亲马达莱娜抚育下成长的，他的母亲第二次嫁给了反美第奇党的一位成员，费利切·迪米凯
204 莱·布兰卡奇[①]。这些情况并非是没有意义的。阿恰约利家族是佛罗伦萨世俗和精神统治者的最大的家族之一。至于他们家族多么高贵和阿恰约利的自豪，我们从过去曾经是他的老师，后来成为好友的贾科莫·阿马纳蒂的一封引为骄傲的信中可以看出。“真的是这样，我对他们向你讲的那些话也非常抱怨……我再次对你说，你成为那些一般称为是你的朋友的罪人……当然，你是贵族而且又有知识；为此，你在对待那些身份比你高许多的人时，对待那些为你后来的理论打下基础的人时，你的态度是不合适的……多纳托，你太爱犯贵族们通常犯的错误。你对你的家庭带来损害，

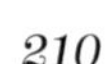

① Della perdita del padre parla l'A. nella consolatoryia a Pandolfo Pandolfini, che non è priva davvero di efficacia (vedila nel cod. Magliab. XXXII, 39, a cc. XXXR－XXXIV)：《Vide quantum inter tortunam ruam et meam intersit. Ego vix in hanc lucem editus eram cum patrem amisi: eum neque vidi unquam, neque cognovi; nullum ex eius vita fructum, que immature morte oppressa est, nullam iocunditatem, nullum adiumentum ad honores, nullum stimulum ad virtutem percipere unquam potui》. Della madre è presente il ricordo nelle lettere. Al Griselli, l'8 luglio 1448, scrive：《commenda me quoque Lene, madre nostre, cui etsi non scribo, neque ea tamen neque negotia sua abeunt e memoria nostra》(Magliab. VIII, 1493, c. 98v). A. Angelo da Barga (ivi, c. 25r), nel settembre '49, invia un caldo e comm. osso ringraziamento per l'assistenza alla madre morente. Un'affettuosa lettera a Palla Strozzi dell'agosto '49, ivi, c. 23r－v (Della Torre, pp. 325－326). Per un Michele Brancacci scriverà con tanto affetto nell'ottobre del '54 all'Ammannati (ivi, c. 90r) e a Niccolò da Cortona：《sine parentibus, sine amicis, inops omnium rerum, a patria exul, hinc inde vitam ducit miseram, olimque in hac civitate maiores sui honorati vixerunt, et pater eius vir clarissimus in principibus fuit nostre reipublice》.

而且还将继续带来损害，如果你不更加注意掌握贵族出身的分寸的话”①。

他对被流放在远方的外祖父帕拉·斯特罗兹保持着密切的联系，二十岁时就怀着感谢上帝的心情给帕拉写信，使他在失去父亲之后仍能得到“贵族亲人”的照顾。当时他似乎真正地继承了帕拉对文学的兴趣和态度。多纳托所属的那个世界，都是非常强烈地反对美第奇家族的“暴政”的。1448 年，当城市陷入战争和税收的
灾难中的时候，他写信给作为韦斯帕夏诺·达比斯蒂奇和贾诺 205
佐·马内蒂的共同朋友的安杰洛·巴尔德西，发出这样痛苦的呼声：“难道有谁的智慧如此愚钝，至今仍不明白和感觉不到，我们那些领导国家的同胞们总是引起一次又一次的战争，给佛罗伦萨人民灌输未来和谐的虚假希望？”②

① *Epistolae et Commentarii* J. Picolomini Cardinalis Papiensis, Mediolani 1506, c. 168v. La Lettera, Roma die v Nov. 1468, alllude anche a difficoltà degli Acciaiuoli. 《 Fac ut possessionem amici non negligas, victuri tecum annos si Deo placuerit multos et inutilis nunquam futuri. In omnem casum tuum ac fratris cogita perfugium nullibi quam apud me et tutius vobis et certius... Mitto tibi ex reliquiis praeteriti naufragii mei aureos viginti et quinque papales, qui in calceandis filiolis te adiuvent. Si colligere me ipsum fortius potero, maiorem eamque annuam...impensae olim charitatis mercedem...》.

② Magliab. VIII, 1493, c. 98r. 由 Della Torre 部分复制的那封信，pp. 335－337，为 Gutkind 所使用，其中提到极其珍贵的著作《*Cosimo dei Medici il Vecchio*》, Firenze 1949[2], p. 178，记载了佛罗伦萨人不满的情况。但时间不是 1458 年，而是 1448 年 7 月 6 日。它很好地说明了那个夏天的悲惨形势：亚拉冈人的进攻，Piombino 的陷落，支持 Sforza 反对威尼斯的沉重负担，以及鼠疫。许多信是写给 Baldesi 的，都谈的政治，有的部分 Della Torre 并未提到。Un Baldesi di Matteo Baldesi finisce di trascrivere a ore otto del deici dicembre 1467 la *Vita di Carlo Magno* di Donato conservata nel cod. Naz. II, I, 62 (già Magliab. VI, 95; Gaddi n. 24), a cc. 36r－43r.。

在那个年代他崇拜的英雄是贾诺佐·马内蒂，此人在佛罗伦萨是讨论和反对的对象，但在整个意大利却受到崇敬和赞扬，“因为如果我们的同胞们对贾诺佐表现出忘恩负义，那么外地人都会同他站在一起”。

他给派到威尼斯去的贾诺佐，和给他亲密的朋友贾诺佐·格里索·格里塞利文书长写信，表示无限的景仰和热情的问候，作为二十岁的青年人就开始了政治信仰的职业生涯①。在那些信中居主要部分的是对献身于城市服务的颂扬，是对为所有人工作的人
206 的伟大的颂扬，使用自己的威望使祖国的威望得到增长：表现出深切盼望参与“共和国”的事务。但是，总的来说，对知识、文化和人文学科的热爱，构成马内蒂的权威的魅力所在，并在他的头上形成一道不知疲倦的国务活动家光环：“拯救祖国，总是在心中占据着崇高地位，你作为贵族应当如此，也符合你的习惯和多数优秀人物的天性。正如你所正确地写道，你为你的祖国工作已经十年了，这期间你多次面临危险，不辞劳苦，为完成能为你的城市带来利益和荣誉的任务”②。

① Dell'amicizia costante per Griso sono documento le molte lettere a lui. Ma vedi anche nel Med. av. Princ., 12, c. 304, la lettera di Lorenzo a Piero :《...Donato Acciaiuoli nella vostra partita vi raccomanda ser Griso, el quale desidera questa volta esser notaio de' signori...Il perché lo raccomanderò a Luigi Ridolfi e vi priego avendo a dare nota di simile cose me ne facciate onore, perché questo incarico me è dato da tutta quanta la Accademia...》. Cfr. Magliab. VIII, 1493, cc. 98v, 100r (al Griselli); 99r, 101r (al Manetti). La relazione dell'ambasceria veneta in Laur. Plut. 90 sup. 89, cc. 32r－70r (Della Torre, pp. 279 sgg.).

② Da venezia e da questa ambasceria trae origine il *Dialogus un quorundam amicorum symposio Venetus habitus dum ibi Florentini populi nomine legatione funge-*

也是在 1448 年，在一封写给卡拉布里亚公爵乔瓦尼信的草稿上，年轻的阿恰约利公开宣布自己的人生理想是什么，这与他多少年后在把他的《治国篇》献给费代里戈·达蒙泰费尔特罗时所阐述的并无两样："我听说在你身上闪烁着许多崇高的美德：坚强、正直、自由、慷慨和特别热爱学习，这些也是我所致力追求的"①。

实际上任何政治方面的事务或是私人的事情，都不可能让阿恰约利从学习上分心，正如后来他在更成熟地为佛罗伦萨效劳的 207
时候一样。当我们翻阅他给韦斯帕夏诺·达比斯蒂奇写的书信，或给他的老师阿马纳蒂寄去的有关书籍目录提要的信，或同马内蒂和菲莱尔福的通信，在我们的眼前都会浮现出他的形象：讲话时用的是大商人那样铿锵有力的语言，不时迸发出具有高度文化修养人的锐敏智慧。他在其中谈到的希腊人从德莫斯泰内到普卢塔科、迪奥杰内·拉埃尔，谈到的教父们从阿塔纳西奥到纳齐安扎诺、德尔图良、托马斯，然后是斯塔提乌斯和塞内卡以及彼特拉克的文章，他还用手抄写了拉文纳特的为焦尔达诺·布鲁诺所喜爱的关于记忆术的论文。但是，伴随着对西塞罗和亚里士多德的热爱，还有对商人们所继承的精确习惯的赞赏，在同韦斯帕夏诺的通

---

retur, dedicato da Giannozzo *ad Donatum Acciaiolum*. Il dialogo, di cui il Della Torre dette qualche cenno, non è molto significativo, tranne, forse, in qualche spunto. Ecco l'inizio della giustificazione dell'esistenza di tutte le bestie：《...si Deus et natura nihil frustra faciunt iuxta celebratam illam physicam sententiam et a sacris et divinis scriptoribus approbatani, et si cuncta etiam que procreata sunt, secundum profanam Stoycorum opinionem, et a catolicis scriptoribus confirmatam, hominum gratia facta fuisse concedimus, profecto omnia animalia humano generi utilia ac salubria esse nesessarium est... 》.

① L'abbozzo, Magliab VIII, 1469, e 100v. e cancellato.

信中，他指出抄写员抄书的价格、行数、字体和格式，拥有者的任性和妒忌以及他们的价值：从这里可以看出对文化的热爱同文明的生活如何不可分地交织在一起，这里还清楚地表现出手工业者和商人们的世界如何重视实际的情况①。

① Ecco le notizie sui codici che possono interessare, tanto più che il Sabbadini non usò il carteggio Acciauoli – Vespasiano da Bisticci. A nome di Vespasiano scrive (1448)a Filippo Podocataro di Cipro (su cui cfr. Sabbadini, *Epistolario di Guarino Veronese*, vol. III, Venezia 1919, pp. 508 – 510):《certiorem te reddo habuisse me equidem summo labore Lactantium super Statium, optimum sane et emendatum 》(su Lattanzio Placido e il suo commento a Stazio cfr. Sabbadini, *Le scoperte dei codici*, I, pp. 28 – 29, 33; II, 186, 231). Poco dopo gli chiede *Lycurgt et Nume vitas eleganter con versas* (Magliab. VIII, 1493, c. 102r – v). A un Guglielmo (30 dic. '48.) scrive:《 Opera Tertulliani et Athanasii et Gregorii Nazanzeni in papiro scripta... misi... De vitis Plutarchi et reliquis operibus expecto cognoscere propositum vestrum. Hic nil aliud restat... nisi reliquum quidam Laertii Diogenis...》(ivi. c. 103v). All' Ammannati (1449):《 opusculum Plutarchi. Quod scribis., si transferes, facies id quod et tibi glorie... Vite Nicie et Crassi enitor ut transcribantur... His vero diebus queritans in bibliotheca Sancti Marci offendidi volumen quoddam grecis litteris scriptum in quo hec et alie quam plurime Plutarci vite continebantur...》(c 104). Al Manetti (1449):《 audio te habere librum Ciceronis, qui *Orator* inscribitur, emen datum sane et perfectum...》(c. 27 v). Nel '51 gli scrive il Filelfo (Epistulae, ed 1502, f. 65v):《accepi esse apud vos quosdam priscos de arte gramatica libros...》. All' Ammannati (1451):《commentarium Donati ceptum... a te scribi... Librum *de oratore* quem apud me habeo... *Tusculanas* tuas ei (al *Marsuppini*) dedi... Georgium Trapesuntium orationem... Demosthenis pro Ctesiphomte... traduxisse denuo video...》(c. 35r). A Filippo Ugolino(1453):《 librum tuum *de oratore* Georgio Antonio Vespuccio dedi...》(c. 84v). Nel '54 chiede al Filelfo《 commentarium quoddam in *Triumphos Petrarce* olim a te compositum...》(c. 86r). Chiede (c. 87v)il *de officiis*; nel '61 il Filelfo gli scrive (*Epistulae*, f. 116v〚c. 126v〛), criticando aspramente la versione del Traversari di Diogene Laerzio; nel '62 (c. 41v) riceve da Vespasiano le *Filippiche* di Cicerone e altri codici (*de primo bello punico*, *historiam Leonardi*, *Caroli vitam et Emilium Probum aliosque libros*). Nel '65 l'ammanati(Epistulae, c. 52r)

三 208

韦斯帕夏诺·达比斯蒂奇在他的著作《阿恰约利传》中，做了许多深情的回忆，从其中可以了解到这位刚十五岁的阿恰约利在学校的一些负责人面前所作的一次演说的情况。“他的讲演使每个人都为之惊叹，因为他才十五岁。这是他最早表现出的在文学方面的成就。”在他的自传材料中，还有一篇在他的学业结束时的简短讲话（“我要求你能授予博士的头衔……”）。其中有一些是即兴发挥的句子，也有些是背诵他学过的许多东西，“实际上，自幼我
就确信在一生中应当积极致力于对辩证法、物理学和形而上学，以 209
及其他自由学科方面的文化学习”。但是，特别有意思的是他感谢两位老师，一位是赞扬他的在“辩证法、物理学、形而上学以及其他自由学科方面”获得知识的巴尔托罗，另一位是亚历山德罗，“他是

---

gli chiede la *Summa* di s. Tommaso, *omnia opera Senece*, *omnes vitas Plutarci in latinum tradutas et insuper de viris illustribus*. Di Seneca intero risponde: *nusquam Florentie... praeterquam in biblioteca Abbatie Fesulane* (cod. cit., c. 49r). L'Ammannati (Ep., c. 65r) risponde che di Plutarco *precium non terret*, *terrent... traductiones... Antonium Tudertinum ita inepte... Leonardi Aretini placent*, *Francisci Barbari... placent*; 《*... De remediis utriusque fortune*》 *Francisci Petrarce*, *non* 《*de viris illustribus...*》. A questo proposito Donato gli comunica, c. 50v: 《liberum de remediis utriusque fortune nusquam reperire Florentie potui nisi apud filos Jannotii Manetti...》. Tra le lettere all'Acciaiuoli di Antonio Ivani, conservate nel cod. Magliab. VIII, 10, c. 8r, si legge: 《Ciceronis epistulas ad Atticum quas ad me misisti...》. A proposito dei codici di Vespasiano nel Naz. II IV, 192, c. 211 della Naz. di Firenze, si legge questa nota: 《Hermas, cuius apostolus Paulus ad Rom. Scribens meminit, scripsit librum qui Pastoris dicitur, quem Vwspasianus Florentiam ex Britannia transmitti ad se curavit, habetque in villa sua Antellana》.

我的辅导教师，一位知识渊博的人，杰出的哲学家”①。

从韦斯帕夏诺那里，我们还了解到这位年轻人曾向圣马可的安杰洛·达莱科学习过逻辑学，他称呼这位“博学之士”为“帕戈洛大师”，也就是保罗·威内托。更晚的时候，阿恰约利在 1455 年给那位过去的老师写了一封信，这封信成为一份珍贵的自传性文献。刚刚结束童年时代，阿恰约利就表现出对学习哲学有浓厚的兴趣，并且在安杰洛的指导下集中精力研究辩证法，非常忙碌。“但是，在这段时期中发生了一些事情，使我中断了在那令人赞叹和自由的大学里的学习，从而减少和推迟了对哲学的研究”②。

但是，似乎他从未中断过对文学的学习和围绕道德问题进行的讨论，我们从他写给雅科波·阿马纳蒂和贾诺佐·马内蒂的许
210 多信中，可以了解到这方面的情况。帕维亚的红衣主教雅科波·达卢卡是阿尼约洛·阿恰约利的家庭教师，他在那里负责教多纳托和他的哥哥彼得罗，“他们很快就进入了奇妙的文学世界”。从

① Ms Magliab. VIII，1390，cc. 109r－110r：《 Magna est huic etati venia danda，et adolescentum，qui bonarum atrium studia diligent，non modo tolleranda，des etiam Miranda ingenia sunt...》. I due maestri qui indicate si trovano menzionati in un documento del 1451 dello Studio，pubblicato da A. Gherardi，*Statuti della Università e Studio fiorentino*，Firenze 1881，pp. 461－462.

② Magliab. VIII，1390，cc. 94r－v. All'interruzione dei suoi studi di filosofia allude una lettera all'Ammanati del 10 ottobre '51（cfr. Della Torre，p. 342，nn，351－352；C. Marchesi，*Carlo Marsuppini d'Arezzo e Donato Acciaiuoli. Uno scandalo nello Studio Fiorentino*，Catania 1899〖per nozze Chiarenza－Fazio〗，pp. 5－6），loc. cit.，c. 34v：《codicem vero dialecticum non tanti facio...nam dialectice et philosophie stadium deserendum non tanti facio...nam dialectice et philosophie studium deserendum nobis erit et tempori remittemdum si，ut speramus，Karolum nobis hoc anno audire contigerit》.

至今还保存着的阿恰约利的部分笔记中，我们了解到在雅科波的指导下，他的学习方法：从西塞罗、昆体良、萨卢斯蒂奥、马克罗比奥、吉利奥、拉坦齐奥的文摘和例句中学习；列出句子、词汇、定义、范例和风格练习的表①。1449 年 1 月，阿恰约利给他的老师写了一封长信，他以生动的语言讲述了他对西塞罗的景仰。“我这里有你写的一些信，正如你说的那样，是一气呵成的，它们迫使我几乎是不得不阅读。事实上你在信件里正确地使用了西塞罗也注意到，并希望所有人遵循的流行风格。因此，我请求你经常给我写一些长信来，因为你的这些信会对我的学习带来不小帮助。实际上我在竭力模仿你和效法你。这点，相反，我是从西塞罗那里得不到的；当我读他的著作的时候，我忘记了我自己，我感到自己似乎一文不值；这样，最后我不是激励自己，而是被吓坏了”②。

圭恰尔迪尼给加布里埃莱的信，最雄辩地颂扬了 15 世纪的“人文主义学科”，认为这些学科不仅塑造了有道德的人，使他们成为模范市民，优秀父亲，而且把他们安置在高贵的城市中，在那里时间不能征服他们，死亡不能消灭他们。“有什么比知道遥远时代的杰出事件，如同在当代发生的那样美好吗？有什么比听到早已逝去的智者们的声音，像听到活生生的语言那样惬意吗？”有知识的人同无知的人之间的距离，比人同牲畜之间的距离还要大③。

---

① Nel cit. Magliab. VIII, 1390, a c. 22r, sotto la data adj 6 luglio 1449, cominciano delle《exercitationes pro exiguitate ingenii》. Tutto d'appunti è il Magliab. XXI, 150. Le note contenute nel Magliab. VI, 162, sono posteriori (v'è una data, 25 novembre 1456).

② Magliab. VIII, 1390, c. 103v.

③ Magliab. VIII, 1390, cc. 29r－30v (cfr. Della Torre, *op cit.*, pp. 339－341).

211 他向贾诺佐·马内蒂提出要《演说家》这本书;但他首先喜爱同他谈论别的事情,谈论伦理和政治问题。对道德问题的兴趣,是由于他生活在一个宗教气氛浓厚的环境里形成的,这也是15世纪佛罗伦萨产生的人文主义的特征,它反映出文化上深刻的严肃性,这样的文化不仅关注高深和微妙的形而上学和神学的论题,而且更关心在城市里的有关人的生活问题。1450年的讨论正是在这样的环境中展开的,参加讨论的人有韦斯帕夏诺·达比斯蒂奇和安杰洛·巴尔德西,议题是关于未经过洗礼的孩子们的死亡问题。作为坚定的神学理论捍卫者和持正统观点的马内蒂,在一篇以书信形式写的论文中,认为他们也是犯有共同罪行的罪人,因此,应当入地狱。阿恰约利屈服于福音书的权威;“但是我认为——他补充说——原罪不应当是孩子们的,而是他们的父母的,我不明白这些无辜的孩子为什么要为他人的罪过受罚”。他首先写道:“孩子不应当为他的父亲的不道德行为负责。”还说“死亡的应当是灵魂上有罪的人”。“因此,我不明白为什么在说上帝就是正义和真理的同时,又说正确地惩罚了那些从来没有犯过罪的人。如果说父亲犯下的罪行与儿子有共同的关系,为什么惩罚又不是共同的?为什么孩子应当为父亲的罪过受罚,而不是父亲为孩子的罪过受罚?如果说每个人应当承担自己的责任,为什么可怜的婴儿应当为他人的罪行永远入地狱?”

这里,在阿恰约利身上有一种永不熄灭的兴趣,我们将在以后会看到,他在十多年后的另一次讨论中更全面、更深入地谈到它,那时他提出的问题的特征与此相似,密不可分。“在1463年,同你谈论自由的优先时,乔瓦尼·卢切拉伊,……多次同你一起思考道

德问题，你表示怀疑，你问我做好事困难，还是做坏事困难”。 212

阿恰约利认为做好事更困难；但是一位多明我教派的修士乔瓦尼·达维特尔博反对他的意见，在一封写给卢切拉伊的信中，作为一个典型的经院哲学问题提出来，即使他的观点也是用俗语阐述的。如果我们翻阅一下卢切拉伊读过的反驳阿恰约利的文件，可以看到：“布道会修士乔瓦尼·达维特尔博对这一问题的意见，或者说怀疑，做好事或做坏事哪一种更困难”。使我们感到惊奇的是，在不偏不倚的教会面纱掩盖下，表现出既支持这一方，又支持另一方的论点①。实际上，这位多明我会修士强调的重点是，人的本性就自然而言是善良的；上帝为了德行创造了人，激情和理智和谐地使人从事善良的事业。促使我们做善事是一种天生的动力，它像火焰燃烧时向上，而石头滚落时向下时一样自然。善良是自然不可抗拒地把人召唤到那里去的地方。在乔瓦尼朴实的文章里，可以看到乐观的贝拉基又再次出现在托马斯的亚里士多德主义里。正如他多次说过的那样，希望局限在纯粹和简单的“是或者不是”的思维中（“一篇作者匿名的讽刺短文”），但是，也使人清楚地看到，他支持做好事是“自然”的观点，支持把具有感情的人，同

① Sulla discussione cfr. Vespasiano da Bisticci, *Vite*, ed. Frati, III, pp. 336－339; Della Torre, *op. cit.*, pp. 346－347. La lettera di Donato, loc. cit., cc. 33v－34v (ex Chufonensi, XII kal. Octobris 1450), ov'è anche un ringraziamento del *Dialogo* sopra cit. (《ex illo dialogo, quo iampridem tu me es afflatus, maximum fructum consequutus sum, non solum lectione scriptorium tuorum, verum etiam quod ex illo existimavi me opportere tale fieri, qualem videbam me a doctissimo etatis nostre viro esse iudicatum》). La lettera originale del Manetti, *Generosissimo atque eruditeissimo Adolescenti Donato Acciarolo tamquam fratri honorando*, si trova nel Naz. II, IV, 109 (già Magl. XXXIX, 72; Strozz. In fol. 538).

具有倾向于寻求真理的理智的人，“自然地”结合起来。

213 这里，可以看出阿恰约利所坚持的批评意见：“自然的”就是人的道德，它似乎完全不同于那位善良的修士所理解的含义；这正如costume或abito这样的词在道德方面表示风俗习惯，而在身体方面表示服装一样。“任何有智慧的哲学家或作家都不会说，正如石头的自然本性趋向于向下，而火焰的自然本性趋向于向上，风俗习惯的自然本性也是如此”。这位“反对者”认为，有时确实谈到了“自然的道德”，但那仅是借用，每个严肃的伦理学家都会注意到不要提供任何借口，把道德的行为说成是自然的，或者是相反，把所有自然的东西都说成是道德的。阿恰约利一再指出，把带自然倾向的东西说成是道德的或习惯的，这是太容易的事了：“我们并不想抓住道德上的善，然后再把它细分，说某些道德上的善，是一种倾向或习惯；而另一些恶行，也是由于倾向和习惯”。

乔瓦尼修士的反驳更为简洁：这位多明我会的修士说，做好事更容易一些，因为这种行为更符合自然，更容易，更少受到阻碍。但是，好事是在我们冲突中的无限的错误里的唯一出路；正如射箭一样，朝着可以被认为善的唯一中心目标之外的无限个点射出去，是很容易的。这样的决策，正因为是最好的决策，它要注意到全面的情况，处理好全面的情况，所以它绝非是更容易的。谁会看不见要瞄准中心，在无限点之间测量好距离，比随便向无限的空间射出去更困难吗？无限的空间中存在许多个点，但你不能注意它们，而你却要费力地瞄准你的理想的目标，这正如艺术家进行创作一样（“道德上的行为如同艺术创作”），要想把这件作品做成完美的，而不是丑陋的和平庸的，绝非易事。更不要说如果认为行善更容易的话，就难以解释为何干坏事的人那样多，而好人却寥寥无几。更不要说把做好事理解为需要神灵的帮助："我们是不能做那样的事 214
情的，如果没有神的恩惠或帮助，仅仅依靠我们自己是很难完成的"。

阿恰约利，一方面引证奥古斯丁，另一方面引证埃吉迪奥·罗马诺的看法，他说感情的因素不可能推动人们趋向道德的善，而常常推动人们趋向表面的善，仅仅是表面。"卓越的博学之士埃吉迪奥认为……欲望总是在善的色彩掩盖下行动。但是，那样的善有时是真实存在的，有时却是表面现象"①。不仅如此，感情的成分

① Su questa discussione cfr. Segni, *op. cit.*, pp. 47 – 48; Della Torre, *op. cit.*, pp. 412 – 413 e, soprattutto, la n. I a p. 413. Ma entrambi sono inesatti, e più stupisce il Della Torre, che ebbe sott'occhio, a quel che dice, gli abbozzi dello scritto. Il quale ci è conservato autografo in tre redazioni. Nel codice Magliab. VI, 162, si trovano, di pugno dell'A., il testo italiano a cc. 87r – 94v, e il testo latino a c. 95r. Si tratta della minuta, come si vede chiaramente dalle continue conversazioni avute durante il priorato col Rucellai; il testo latino, invece, comincia :《cum esset nuper proposita questio utrum bene an male operari esset facilius, quidam amicus noster sententiam dixit quod facilius esset bene operari, et hanc suam opinionem litteris mandavit afferendo rationes et auctoritates nonnullas...》. In realtà la redazione latina l'Acciaiuoli elaborò in un secondo momento. In seguito alla prima discussione fra' Giovanni da Viterbo inviò al Rucellai per scritto, in volgare, la sua opinione. Il testo nel nitido autgrafo d'invito, si trova nel cod miscellaneo Naz. II, IV, 192 (già Magliab. VIII, 1400), a c. 195r. Swgue lo scritto dell'Acciaiuoli,《in nostra lingua volgare》, autografo, con la data del 20 agosto 1464 (*Vale*, *Florentie XX augusti 1464*), nel《quaderno》stesso inviato a Giovanni Rucellai di cui reca il nome. Il R., evidentemente, pose sott'occhio a fra'Giovanni la risposta dell'Acciaiuoli; ed il frate v'aggiunse, frettolosamente (《prego mi perdoniate sì dello scrivere...》), su una carta rimasta bianca, una postilla non molto concludente e , infine, un saluto per l'A.《Salutatemi il mio contraddittore, il quale tanto più amo quanto ho veduto piatosamente difendersi et etiamdio l'offerisco ogni mia opera in tutte le cose gli piaciano, sicché gli

215 由于它的无节制的趋向，常常成为犯罪的因素。而有时也存在向善的自然冲动，但在这样的冲动和完美的道德行为之间，还需要追求完美的辛勤努力。阿恰约利认为，推动他对知识的热烈追求的爱，正是人渴望掌握知识的自然表现，但这并不是追求已经知道的知识，需要作出克服困难和勤劳的努力，运用理智、能力和计算，才能达到目的。

面对乔瓦尼·达维特尔博的非常简洁的回答，阿恰约利完全意识到这种产生于日常工作中的道德，在日常生活中欲望和犯罪总是无时不在的。“那些不愿意放弃不光彩的享受和享乐的人……不是更难屈从和遵循道德吗？……同样，当需要的时候，可以为被认为是合适的目的付出物质、金钱和礼物，这是自由的行动，他比把钱放在柜子里，或认为不需要花它的时候更困难。因此，……要战胜他的心灵是一件艰巨和崇高的事情。”道德就是这种艰巨的训练，这种不断地考验，它要求努力地严格约束自己，形成掌握分寸的习惯，通过深入思考和勇敢果断达到目的。在过于乐观的多明我修士面前，阿恰约利的思想表现出道德本身的严肃性，他知道在人的心灵深处总是存在着陷阱，熟悉哪些是萨伏那洛拉进行说教时所喜欢的语言。在隐居的“休闲”中，这位国务活动家和商人就是这样以能够产生十分不同色彩的见解，非常平静地

è virtuoso, sicché anche vostro familiare, è anche benevolo dell'ordine, secondo che le vostre lettere e suo quaderno dichiara esser de l'Acciaiuoli, i quali sono stati all'ordine affectionati. E anque io pell'amor di suoi antecessori e vostro e le sue virtù, sono sempre a suoi piacere quel che nel mio umile stato si può. Mi raccomando a voi 》(c. 209r).

像反驳基督教的教导一样，反驳了希腊的伦理学。亚里士多德的节制的态度，被戏剧性地理解为解决不断出现的尖锐内心冲突的理想手段，对于阿恰约利来说，也并非是拒绝我们生活目的的善恶 216
二元论的理由，而是一种对规律的和谐性的概括。

“请代我向我的反对者问好——他在给多纳托·乔瓦尼·达维特尔博复信的最后可以读到——我既爱他，也希望他充分捍卫自己，我愿意把我的作品中所有他喜爱的东西奉献给他，使他更坚强”[①]。

四

我们看到了多纳托的政治态度，他的担忧，他至少部分放弃了对哲学的研究，以及他对城市的命运和统治者们的缺乏经验所说的语重心长的话。这种态度一直持续到整个 1451 年。如果相反我们看一下 1453 年 9 月 26 日寄往卡萨维基亚银行的一封信，很明显他对形势的看法是悲观的，使我们在很多地方都感觉到阿恰约利的思想已经发生了变化。“我看到你在平民中间聊天时所获得的消息使你不安。我请求你不要待在那些总是对城市的事情持悲观态度的人中间，也不要过分相信那些凭感情，而不是根据事物的变化做出判断的人，并把他们当成榜样。放弃极端，用最智慧的

---

① Ms Naz. (Firenze), II, IV, 192, c. 202r. L'Acciaiuoli cita Esiodo, il raccoonto di Prodico d'Ercole al bivio, s. Basilio, s. Agostino, la *Nicomachea*(《per più confirmazione delle predette cose possiamo ancora produrre l' autorità del sommo filosofo Aristotele》)e il comm. ento tomistico.

办法保持一种恰当的分寸。当我审视我们的城市的情况时，我认为她不可否认地深陷困境之中，她的人民经受着许多严重的磨难。面临的首先是财政上的困难，它非常重要，因为战争的神经就是
217 钱。但是，如果把我们遇到的这些灾难同我们的敌人的情况相比，似乎又算不上什么，或者确切地说，这些困难在我们对手的巨大困难面前消失了，正如整个意大利都知道的那样，他们的财政困难已到了破产的边沿。”他的骄傲的语调意味着他对科西莫政策的判断已有改变。阿恰约利从不背叛他的朋友；在最严重的时刻他也忠实于他的城市的事业，忠于那些为此而联结在一起的亲人和友好人士。这个城市也信任他的被流放的侄子阿尼约洛·阿恰约利，此人在1476年同帕齐家族有相当密切的联系。他在写给班科的信里说：“我一贯热爱我的共和国，凡是对她或是对她的创始人有利的事，我都乐意去做。”①

和平接近了，那是多纳托将怀着激动的心情迎接的和平。和平的到来，学习活动又活跃起来。1451年，他曾向阿马纳蒂表示希望在马尔苏皮尼的指导下，巩固他的拉丁文和希腊文。1453年，他又写信给雅各布，对那位他曾寄予一切希望的伟大人文主义者的去世表示沉痛哀悼。“卡尔洛· 马尔苏皮尼曾经几乎公开呼唤长时间内处于昏睡中的拉丁文……我不知道，现在希望热爱文学的青年们想做些什么。”在谈到自己时又补充说：“我的学习经常受到那位学识渊博的人的鼓励。他的去世，或者将会使我的学习

① Magliab. VIII, 1390, cc. 83r－84r.

停滞不前，或者将迫使我永远忘记它们。”[①]但是很清楚，他是怀有满腔的学习热情的，他围绕佛罗伦萨困难的形势，发出痛苦的呻吟，这样的呻吟是真诚的和强烈的，尽管如此，他仍未丧失信心。在 1453 年至 1456 年之间，阿恰约利的心中又重新燃起了热情。218
他在给多梅尼科·潘多尔费尼的信中写道：“沉溺于睡觉、无所事事和闲聊，会使我们虚度光阴；致力于研究那些被忽视的学科，也许会改善我们的处境，但也可能使我们陷入灾难之中，但无论在任何困难的形势之下，我们都要安慰自己和相互帮助。”（*Sompno et otio—et vanis confabulationibus dediti*，*inanem vitam ducimus*，*bellumque gerimus iis artibus que sole sunt*，*que in secundis rebus*，*ornare*，*in adversis vero et in omni gravissimo caso et consolari et iuvare nos possint*）[②]据说，战争和灾难使人们更强烈地需要思考（“对文学的巨大热情驱动着他”）他给阿拉马诺·里努齐尼、马尔科·帕伦蒂、安东尼奥·罗西等最亲密的朋友写信时，总是强调要觉醒，对此，莱奥纳尔多·布鲁尼和卡尔洛·马尔苏皮尼曾给予了很大的推动：“你们应当鼓励学习拉丁文学和所有一切值得为一个自由人学习的学科，并应当更明确地进行阐述。”（*latine littere et imnes artes libero homine digne*...，*eo vehementius a vobis excitande sunt et in lucem revocande*）[③]

① Loc. Cit., c. 82r (= 106r); Marchesi, *op. cit.*, pp. 7 - 9; Della Torre, *op. cit.*, p. 353.《Si immortales foret fas flere mortales, flerent dive Camene》, scriveva Matteo Palmieri (Magliab. VIII, 1437, c. 16r).

② Loc cit., c. 82v.

③ Loc cit., c. 91r.

米兰的菲莱尔福和后来的波焦曾对他的研究工作提供帮助。菲莱尔福建议他继续学习希腊文。1455年，他同波焦的会晤对他产生极大的震动。“我离开你时，心中为对文学的爱和对知识几乎难以置信的渴望而激动；我仿佛感觉到在生活中，除了与认识最高真理有关的事物以外，没有什么值得留恋的。”他的理想中的典范就是波焦：“在许多学者中，我只选择你作为我模仿的对象。”他对里努齐尼讲述他的激动心情时，几乎害怕引起对方的嫉妒。他对阿马纳蒂说：“还需要说什么呢？我把我的一切活动，一切作品，全部我自己，都提供和奉献给他。”[①]

他学习希腊文的情况是有文献可查的，除了他给菲莱尔福写的信以外，还有他同瓜里诺的学生利阿诺罗·德利阿诺里的关系，而瓜里诺同托尔特利的交往很深，这也是人所共知的[②]。但是，他同安东尼奥·罗西的关系，就说来话长，此人非常自负，近似于骄

219 傲自大，难以接近。安东尼奥·罗西同佛罗伦萨的一批学者之间的通信是非常奇特的，这也反映出当时争吵和咒骂是一种文学上的时髦。无疑，罗西是一位很有学问的人，但那篇夸张的讲话《论在尊敬的斯波莱塔红衣主教眼中的可赞美的科学》并没有反映出

---

① Loc. cit., cc. 94v (cfr. 11r-v), 95r (13r), 95v (13v).

② Su Lianoro cfr. Sabbadini, *Epistol. di Guarino*, III. pp. 534 - 535 (Müllner, *Reden und Briefe ital. Humanisten*, p. 97). Nel '54 era a Firenze, come si ricava da una lettera di Donato, c. 90v (Flor. IV nov. 1454):《Humanitas tua, littere, mores, alieque virtutes, que in te plurime sunt, et maxime, faciunt me de te sepis sime cogitare. Atque ideo has litteras ad te scribo, que discessum tuum statim consequuntur, ut tu plane intelligas, quam sim me mor et promissorum meorum et benivolentie in me tue...》.

他的非凡特征[1]。

他同阿恰约利的关系也是富于冲突性的，有时甚至十分冷淡。1455 年 5 月，多纳托给他写了一封热情洋溢，但也具有讽刺意味的信："当我们抛弃使用妙语和那些习惯而显得过分的礼节之后，你没有再收到过我的信，我也没有收到过你的信"。多纳托在信中向他建议恢复从前的关系。罗西如今已致力于研究讲演术。"我也是——阿恰约利补充说——在这样做，如果我的聪明才智能满足我的愿望的话。但是，水平有限的人不应当贪图过分宏伟的事业，应当满足于哪怕是微小的成就，不要从事超出于自身力量的事情。因此，我只写一些较为朴实的无拘束的短信；我满足于讲通俗的语言，而把长篇大论，内涵丰富和激情洋溢的讲话让给你。我请求你，如果你不喜欢这封格调卑微的信，你就用长篇大论的演说回敬我。我可以事先向你许诺，如果我收到你的长篇大论，我一定回你两封信"[2]。

实际上在阿恰约利的"谦卑的"信中，也提出了一些当代思考 220
中最热门的话题，他在给马尔科·帕伦蒂的信中，邀请帕伦蒂参与"积极的道德"同"沉思的道德"之间关系的讨论，对于阿恰约利来说，这个问题并非是纯学术消遣，而是一个十分重要的问题[3]。

---

① A. Rossii *Oratio*..., Magliab. VI, 183 (già Strozz. In 4. n. 175). Vedi, a c. 9, la lode della poesia:《hec enim ceteras omnes ingenuas artes complectitur cantu et rithmis suis usque adeo animum invadit humanum, ut nos quocunque voluerit facile videatur impellere...》. Le lettere dell'A. al Rossi vanno dalla fine del '54 al '55.

② Magliab. VIII, 1390, c. 18r. É interessante seguire nelle varie minute gli stadi di elaborazione delle più vovaci lettere di Donato al Rossi.

③ Loc. cit., c. 95r.

但是，决定性地推动完成“人”的文化和提出相关问题的，是来自于他从阿尔季罗普洛的教导中找到的动力，为此，他来到了佛罗伦萨，并且积极地进行活动，他既反对兰迪诺，又反对曾经是马尔苏皮尼主张的其他继承者们，甚至同当时影响很大的市民安杰洛·阿恰约利也发生冲突。他在 1454 年 10 月 1 日写信给利阿诺罗·德利阿诺里时抱怨说，在意大利懂希腊文的人太少，还说：“曾经是整个世界的光辉和荣耀的著名希腊，也长时间以来陷入对文学和一切优美艺术的巨大无知中。今天，拜占庭也灭亡了，只保存了几件古代希腊的衣服，随着（古）希腊的灭亡，几乎全部希腊的科学也消失了。”此前不久，8 月 15 日，他写信给阿马纳蒂谈了他对那些日子来到佛罗伦萨的阿尔季罗普洛的深刻印象，认为此人的实际情况超过了他的远播的名声：“实际上我不仅感觉到此人学识渊博，正如我所听说的那样，而且充满智慧和具有坚强的性格，如同古代的希腊人那样。”（*vir enim mihi visus est, non solum eruditus, ut fama audieram, sed etiam sapiens gravis et vetere illa Grecia dignus*）①

很多人都知道 1456 年发生的事情，多纳托和他的朋友们终于成功地让佛罗伦萨大学任命阿尔季罗普洛任教。阿尔季罗普洛从 1457 年开始了他的正式教学，人们曾迫切地期待他的教学，同时也由于某些人的反对而推迟。实际上阿拉马诺·里努齐尼在
221 1456 年 11 月 9 日曾写信给阿恰约利说：“曾经引起多少期待和我们渴望聆听的阿尔季罗普洛的课程，人们听不懂他讲的话。我对

① Loc. cit., cc. 85v, 87v.

于他在这方面的疏忽和轻率并不感到过分惊奇，我不想谈论他的容易使人产生误解的精明：事实上他在离开课堂时甚至没有留下一行字，似乎他也完全忘记了那个年轻人说过多么希望得到它。过去几天，委托的那个女人曾经非常谨慎和克制地抱怨说，对学生缺乏照顾，缺少许多必要的东西；她请我写信给你谈这件事。因此，希望你进行干预，做需要做的事情。”里努齐尼还有意谈到兰迪诺对开始上课很高兴。“我们的兰迪诺知道他已开始讲课，听众很多；他用丰富和美化的语言告诉了我上课的情况。我因为在乡下，不能参加”[①]。

不久，这位有学识的拜占庭人便普遍地征服了他的门徒们，也许他不用更多使用有效的修辞学语言，而是使用他的广泛的知识，和对希腊思想史的惊人的熟悉，从前苏格拉底的思想家到亚历山大的信徒们，他都进行了评论。正是通过首先是阿恰约利为我们保留的和部分经过阿恰约利编辑的那些评论，我们才可能了解到他所讲的内容同人们普遍接受的内容之间的差别所在。

五

1463 年 9 月 24 日，在一封从佛罗伦萨以“阿方索·帕拉蒂诺
的书商韦斯帕夏诺的名义”写的信中，多纳托对阿尔季罗普洛的教 222
学活动进行了热烈的赞扬，他认为一段时间以来在佛罗伦萨出现

① A. Rinuccini, *Lettere ed orazioni*, ed. Giustiniani, Firenze 1953, p. 18. A proposito dei figli dell'Argiropulo e di quest notizia cfr. le osservazioni del Perosa in《Leonardo》, XV, 1948, pp. 261－266.

学习革新的现象，这都由于阿尔季罗普洛的影响所致。当时的年轻人不是一开始就学拉丁文和希腊文，而是他们在学习之前就已知道柏拉图和亚里士多德，似乎他们都是从学院里出来的人一样。“在他的父亲尼古洛死后不久，拜占庭人阿尔季罗普洛就来到了佛罗伦萨。这位学识渊博和充满智慧的人，足以代表他的古代希腊，他对佛罗伦萨青年人的教育工作进行了多年，不仅教希腊文，也教给他们所有培养道德和获得幸福的知识。这样，他按照古代的方法，以极其优美的形式开设哲学、伦理学和自然科学的课程。他把亚里士多德的许多书翻译成了拉丁文，他在听众的惊叹声中，讲授了柏拉图的理论和神秘高深的知识。”具有广泛知识的一代青年人，完成了许多举世闻名的工程。佛罗伦萨城中出现了很多新的建筑物，特别是由于科西莫的努力，建立了一个藏书丰富的图书馆。那里掀起了一股出书热，这不仅仅是为了装饰城市，而是为了向学者们提供公共使用的书籍。“佛罗伦萨出现了前所未有的繁荣，不仅在文学和最高贵的学科方面，而且在绘画、雕刻和许多其他领域也是如此”①。

---

① Ms Magliab. VIII, 1439, cc. 47v－48v (cfr. Fossi, op. cit., pp. 60－63; Marchesi, *Bartolomeo della Fonte*, Catania 1900, pp. 13－14):《Si fuit unquam tempus ullm in quo hec nostra civitas te aut quenquam alium delectaverit, nunc procul dubio talis esse apparet... Loterarum studia nunquam magis in hac urbe viguerunt multique hic adulescentes multique iuvenes reperiuntur eruditi literis grecis atque latinis plerique etiam ita Aristotelicis Platonicisque disciplinis instructi, ut in Academia educati videantur. Venit enim in hanc urbem Argyropylus Bizantius statim post obitum Nicolai Pontificis, vir prestans ingenio et doctrina, et vetere illa Grecia dignus, qui multos annos iuventutem florentinam, non modo litteris grecis sed etiam his artibus erudivit, que ad bene beateque vivendum pertinere videantur . Itaque philosophiam

在出自于阿恰约利的智慧之笔的这份文件中，需要指出的是，223
其中某些部分不仅对韦斯帕夏诺的俗语散文有用——如科西莫的《筑墙》，可是卡瓦尔康蒂却改变了其中的尖锐讽刺①——而更重

---

tum de vita et moribus, tum etiam de natura, summa cum elegantia antiquirum more et docet et docuit. Plures Aristolelis livros latinos fecit, Platonis opiniones atque arcana illa et reconditam disciplinam diligenter aperuuit non sine magna audientium admiratione. Itaque nonnulli iuvenes antea literis latinis egregie eruditi, cum nunc ad scribendi rationem literas grecas et philosophicas addiderint disciplinas eo evaserunt ut opera nonnulla edidetint elegantissima illa quidem et omnium cognitione dignissima. Preterea hec nostra urbs novis edificiis pulchrior in dies efficitur. Invredibile dictu est quanto studio cives ad construendas egregias somos et publica erigenda edificia mentes converterint. Cosmus ipse clarissimus vir nunc privatas domos, nunc sacras edes, nunc monasteria, tum in urbe, tum extra urbem, tot tantisque sumptibus condit, ut antiquorum vel imperatorum vel regum equare videantur. Bibliothecam insuper egregiam struit, libros undique colligit. Iam ego librariorum magnum numerum habeo, qui mercede ab eo acepta libros et gentiles et sacros scribunt. Greci quoque libri undique conquiruntur, quos ille magnificus vir summa diligentia comparat, non solum ut sibi glorie, urbi ornamentum sint, sed etiam ut doctorum hominum industriam iuvent. Sic igitur, magis quam unquam antea, Florentia floret, non modo literarum studio et nobilissimarum artium disciplinis, sed etiam pictura, sculptura aliisque permultis, que nunc omitto, ne in singulis recensendis nimium nobis ipsis blandiri videamur》. Nella lettera v'è anche un'interessante notizia : Vespasiano ha commissionato un volgarizzamento dei *Saturnali* di Macrobio(《quamquam difficillimum sit Macrobium illum de Saturnalibus ob sui materiam in tuscam linguam transferre, curabo tamen》).

① Giovanni Cavalcanti. *Istorie fiorentine*, Firenze 1839, vol. II, p. 210. Il C., riferendo le voci che correvano in città, così si esprime :《questa sua ipocrisia, la quale è piena di ecclesiastica superbia, si paga col votamento delle nostre borse...Egli ha pieno per insino i privati de' frati delle sue palle; ed ora che non c'è più da mutare fratescamente, ha cominciato un palagio, al quale sarebbe a lato il Culiseo di Roma disutile》. Come è noto, fu Donato a stendere per pubblico decreto la proclamazione di Cosimo a padre della patria; la minuta autografa è nel ms Naz. II, II, 10, a cc. 23-24. Una copia della stesura ufficiale nel Magliab. VIII, 1439, cc. 57v-59v (《 Donatus Acciaiolus vir nobilis ac literatissimus suprascriptum decretum composuit, quod hac die Lune XVIII mensis martij 1464 fuit pro finali conclusione comprobatum in

224 要的是它把由于阿尔季罗普洛的来到，带来的哲学文化引起的佛罗伦萨的繁荣，同所有科学和造型艺术的蓬勃发展联系起来。艺术表现注意风格，经过仔细斟酌，大部分要考虑到它的实际广告修辞效果，像一个“非凡的”书商对他的目录所写的前言一样。不少地方都可以读到数十年前留下的文字，如克里索洛拉或萨卢塔蒂的门徒们来过此地。重视这些歌颂只在佛罗伦萨出现古典文化的“再生”，和对科学、艺术、图书馆、古物、发现手抄本的新的热情的人，都会发现很难确定它们的最初出处，这仅仅由于在 14 世纪最后几十年，在布鲁尼和他的模仿者们的作品中对萨卢塔蒂的歌颂之后，反复出现的对使用彼特拉克和薄伽丘著作的颂扬。当阿雷蒂诺在文章中谈到克里索洛拉时，用词之强烈，不亚于阿恰约利在谈到阿尔季罗普洛的语调。那是一种实际上当时已成为时髦的赞颂形式，它具有双重目的，既赞扬了那位名声显赫的用高薪聘请到佛罗伦萨来的外国学者，又称赞了他的狂热的信徒们和鼓吹者[①]。但除了这种学术风气和提高已获得东西的商业价值外，克里索洛拉的教育，无疑也有利于布鲁尼和他的集团的活动，而阿尔季罗普

consilio quod dicitur centum virorum valde honorificentissime, in quo ego scriptor Jacobus Nicolai Chochi Donati interfui, quia ad presens sum ex dicto consilio》).

① Cfr. la lettera del Rinuccini all'Argiropulo (Firenze, 4 agosto 1455), ed. Giustiniani, p. 14:《in urbem venies pulchritudine et amenitate italicarum nulli inferiorem; et mercedem consequeris, etsi dostrinae et virtutum tuarum magnitudini penitus non respondentem, non tamen, his praesertim temporibus, contempnendam; et erit, ut arbitror, a dignitate tua et ab ea, quam tuo merito et labore famam consequutus es, non alienum in ea civitate humanitatis studia docere, quae, ut pace aliarum dixerim, cum caeteris in rebus laude dignis italicarum nulli inferior habeatur, in hoc certe virtutis genere reliquas omnes longo iampridem spatio superavit》.

洛的教育学活动更推动了1450年后佛罗伦萨上层文化的发展，和 225
赋予它新的特征。此外，在阿恰约利和所有那些与这位希腊学者接近的人的言论中，还可以找到其他权威性的印证，我们不仅清楚地看到按照古典方式进行亚里士多德学派教学的重要性，而且还看到那种“古代”方式的实际意义。到目前为止，对阿尔季罗普洛开设的课程还较少关注，从多纳托留下的笔记和“教材”中，并没有清楚注意到那位非常熟悉从托马斯到埃吉迪奥的经院学派文献的拜占庭学者——我们没有忘记他曾在帕多瓦大学停留过——有意识和批判地离开，再回到自己，对所有希腊古典思想的发展进行评论的习惯，特别是从柏拉图到普罗克，到更晚的亚里士多德的评论家们，认为这些思想都是某种统一的东西，是一种认识的深化、完善和补充，但它们并不代表对立的学派或立场，或者更不是不可调和的。即使在他们的语言中有时有某些指责的言论，也是反对亚里士多德学派“歪曲”柏拉图立场所进行的过激争论。

阿尔季罗普洛在1460年上“心理学”课的第一课时，便确定了他的这种连续性的思想，从琐罗亚斯德，从“晦涩和诗的”哲学作者们的前苏格拉底派，到“通过道德把人们推向科学”的苏格拉底，到“精通各方面知识，伟大的诗人，在道德、自然、数学和特别是思辨等所有方面雄辩的哲学家，但是在知识的体系上又不同于苏格拉底的神圣”柏拉图，到“建立了完善科学体系的柏拉图的二十一年的学生”亚里士多德，都体现了这种连续性。阿尔季罗普洛认为，亚里士多德并没有反对柏拉图，而是在知识和研究的统一性中，对科学的不同方面作出不同的论述。差别——他承认在涉及“灵魂”
问题时，例如在亚历山德罗·迪·阿弗罗迪西亚和特米斯蒂奥之 226

间——是存在的，它取决于在对模棱两可的问题进行讨论时会出现多种发展的可能性；它们是最早遇到这些问题的思想家留下的悬而未决的东西[①]。

稍后，贝萨里奥内也按照大致相同的方向发展，虽然进行辩解的方式有所不同。而对于阿尔季罗普洛来说，这种把柏拉图、亚里士多德、普罗提诺和也许还有普罗克会聚在一起，让他们表现出相互之间的和谐却是重要的教学方法。这是佛罗伦萨大学里持续了相当时期的新事物。即使并不是带根本性的新事物，但是从克里索洛拉执教的大学里也培养出《理想国》一书的译者以及柏拉图、亚里士多德著作的翻译家布鲁尼。需要指出的是，克里索洛拉和布鲁尼之间，还主要由于对政治—道德的实际兴趣，被联系在一起。而通过阿尔季罗普洛，我们不仅对自然科学有了兴趣，而且还了解到亚里士多德、柏拉图—新柏拉图的形而上学方面的问题。

① Le prolusioni dell'Argiropulo contenute nel ms Riccardiano 120, cc, 1－36 furono publicate nel Müllner, *op. cit*. L'intero corso sull'*Anima* si trova, di mano dell'Acciaiuoli, nei mss Magliab. V, 41 (trad.), V, 42 (Commento). Scrive l'Argiropulo :《Fuerunt tria preclara ingenia. Omitto Zoroastrem et multos alios usque ad Anaxagoram, qui obscure et carminibus tradiderunt philosophiam. Fuerunt igitur tres, scilicet Socrates, Plato, Aristoteles. Socrates disserendo per moralem philosophiam compellebat hominess ad scientias, et ideo appellatus est moralis quamquam speculativus summus fuerit. Videbat ea tempestate hominess deditos eloquentie forensic, a qua avocabat et compellebat deinde ad stadium sapientie et perfections suas. Homo enim nascitur imperfectus, sed actus per potentias ut perficiatur, ut etiam deinde perficiar alios. Post hunc fuit Plato divinus, qui perfectissimus in omni facultate, in poesi summus, eloquentissimus omnium, moralis, naturalis, mathematicus et maxime speculativus, ut ex scriptis eius intelligi licet, non tamen tradidit ordinem scientie secutus Socratis morem. Post hunc Aristoteles qui XXI annos audivit Platonem et dedit ordinem scientiarum summum》.

这样，我们便看到在与正式开设的关于亚里士多德课程的同时，这位拜占庭学者还进行“私人”授课，讲关于柏拉图的对话和阅读《美诺篇》，尽管当时恩里科·阿里斯蒂波的古代译本的知名度还不 227
高。即使在讲关于亚里士多德的课程中，他也加入一些柏拉图“神学”的特殊片段。皮埃尔·菲利波·潘多尔费尼在写给桑托·维雷托的信中说，他终于找到了翻译过来的亚里士多德关于自然科学的书，并且他的印象是只有到了现在，他才真正抓住了这位“哲学家”。不仅如此，阿尔季罗普洛还想把古典诗歌同哲学融为一体，为此，他在阅读和评注亚里士多德的《治国篇》时，还同时阅读索福克勒斯的著作（按照希腊人的阅读方式，他都在节假日阅读这些书，先读雅典最杰出的剧作家索福克勒斯的优美著作……，再读《治国篇》）[①]。

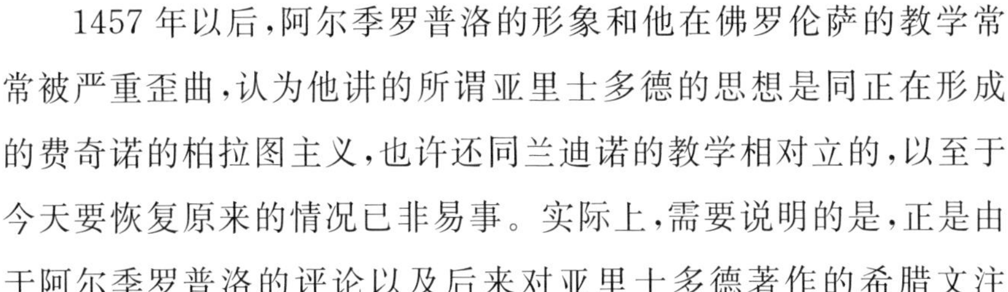

1457年以后，阿尔季罗普洛的形象和他在佛罗伦萨的教学常常被严重歪曲，认为他讲的所谓亚里士多德的思想是同正在形成的费奇诺的柏拉图主义，也许还同兰迪诺的教学相对立的，以至于今天要恢复原来的情况已非易事。实际上，需要说明的是，正是由于阿尔季罗普洛的评论以及后来对亚里士多德著作的希腊文注

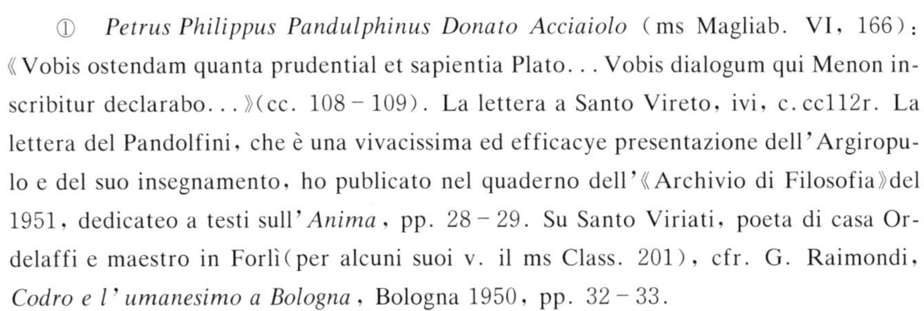

① *Petrus Philippus Pandulphinus Donato Acciaiolo*（ms Magliab. VI, 166）：《Vobis ostendam quanta prudential et sapientia Plato... Vobis dialogum qui Menon inscribitur declarabo...》(cc. 108－109). La lettera a Santo Vireto, ivi, c. cc112r. La lettera del Pandolfini, che è una vivacissima ed efficacye presentazione dell'Argiropulo e del suo insegnamento, ho publicato nel quaderno dell'《Archivio di Filosofia》del 1951, dedicateo a testi sull'*Anima*, pp. 28－29. Su Santo Viriati, poeta di casa Ordelaffi e maestro in Forlì(per alcuni suoi v. il ms Class. 201), cfr. G. Raimondi, *Codro e l'umanesimo a Bologna*, Bologna 1950, pp. 32－33.

释，才把柏拉图学园和普罗提诺、普罗克提升到第一流的水平。他不仅出版了《九章集》的全文，而且他在正式讲解亚里士多德的著作时，还引用了柏拉图的“神学”。在开设的关于《尼各马科伦理学》的重要课程中，他几乎要同布鲁尼较量，或者说在思想上同他
228 联系起来。他在佛罗伦萨大学执教的时候，正值亚里士多德的追随者们同“柏拉图的理论发生激烈争论的时候。柏拉图认为，在天上有一个最高的神，他是一切之王，在他的智慧中包容着下界的万事万物，但他仅仅是作为原因，而不是作为实体存在。这个神知道自己的责任，产生另外一个第二位的神。这个第二位的神在思想中有了万物的本质形式，这种本质形式既通过它体现，又是它自身的本质。首先它拥有宇宙的形式，然后是所有事物的类。它巡视万物，明白自己的责任，产生出所有更低级的和被创造出来的事物的类，并且产生出第三等级和第四等级的神”①。

① Ms II, I, 104 della Naz. Di Firenze, c. 15r, *de ideis*：《hac in parte philosophus impugnare intendit opinionem Platonis, qui posuit summum bonum esse ideam: eius opinionem latissime exposuit Argyropolus hoc modo. Dicebat Plato summum esse et super celestem et regem omnium Deum in cuius intelligentia essent omnes species rerum inferiorum, sed causative tantum, non essntialiter. Hic inlligendo se ipsum ab eterno generat alium deum secundum, qui secundus Deus habet in mente sua omnia, idest rationes formales omnium spetierum que sunt in eo essentialiter et sunt de substantia ipsius et ibi habet speciem primo totius mundi, deinde species omnium aliarum rerum. Iaque illas intuens, idest se ipsum intelligens producit omnes alias omnium rerum inferiorum et creaturarum; producit quoque tertios et quartos deos et, deinceps, non modo mares sed etiam feminas, quod ita intelligendum est, quod cum ad omnia que creantur duo concurrant, materia scilicet et forma, et unicuique istorum correspondant sue idee, ille que ordinantur ad formas possunt appellari masculino nomine, que ad materias feminino...〚*nota marginale autografa dell' Acciaiuoli*：In primo illo dicuntur rationes / In secundo exemplaria. Rationes dicuntur in quantum in ph. o cau-

没有必要继续谈下去：而需要指出的是，正是阿恰约利在对 229
《尼各马科伦理学》评论中以简洁的方式告诉我们，阿尔季罗普洛在讲学中并不认为柏拉图神学偏离了正轨。这位希腊学者并不因为这样讲了，对他的教学的反应和他在佛罗伦萨文化界的影响就更小，而我想说正因为如此，他的“新柏拉图主义”才四处传播，甚至作为医生的蒂尼约西也开始同“保守分子们”辩论起来，捍卫阿尔季罗普洛符合新潮流的“伦理”评论，围绕理念的理论进行了长时间的讨论[①]。

---

sativa veluti de sole dicitur quid causative generat ranam et equum et alia animalia〗》. Quanto agli studi e alla conoscenza che di Plotino ebbe l'Argiropulo cfr. P. Henry, *Les manuscrits des Ennéades*, Bruxelles 1948², pp. 91–96, sul Par. gr. 1970, che è di mano dell'A. (e cfr. Anche quanto eloquentemente dice il Cilento nella nota alla sua versione: Plotino, Enneadi, Bari 1948, I, pp. 275–278). Ma non sono accettabili le precisazioni cronogiche addotte a stabire dei rapporti col Laur. 87, 3, annotato dal Ficino. Lo Henry afferma infatti che l'Argiropulo avrebbe fatto uso del Laur. dopo che Fiicino l'aveva annotato, ossia dopo il '54. Ora noi sappiamo che ancora nel '56 il Ficino stendeva le perdute *Institutiones* solo fonti latine, e che Landino lo esortava ad attendere《quoad Graecis litteris erudirer》— come egli stesso confessa. E la conoscenza approfondita di Plotino appare tardi, molto più tardi del '60. Perciò le relazioni cronologiche stabilite fra i due codici, o, meglio, fra le congetture del Ficino e la trascrizione dell'Argiropulo, non convincono.

① La posizione di Niccolò Tignosi da Foligno (su cui cfr. Lynn Thorndike, *Science and Thought in the Fiftheeth Century*, New York 1929, pp. 161–179, 308–331) sarebbe degna di più atenta considerazione anche per quell che riguarda la formazione del Ficino. L'*opucculum de ideis*, dedicateo al Magnifico nel ms Laur. 82, 22, e in redazione diversa nel Vat. lat. 3897 (ex Tuderto die Xª Jan 1470), fu publicato dal Thorndike (ma cfr. anche il ms 606 della Oliv. Di Pesaro). A Lorenzo è dedicateo anche il comm. ento al *De anima* (Florentiae 1531). Ma importanti per il nostro scopo sono le considerazioni sul metodo seconddo il quale va letto e comm. entato Aristotele (Naz. Firenze, Conv. C. 8, 1800) dedicate a Cosimo il Vecchio:《In commentandis exponendisque auctoribus consideration diligens habeatur, donec ad men-

230 传统和新事物之间的矛盾，如同经常所发生的那样，多次围绕形式、表现和语言的问题展开。在这方面如同在其他方面一样，把那些表现充分和明确的典型议题孤立起来讨论，都是会犯错误的。巴尔巴罗和皮科之间，关于哲学语言的争论通过梅兰托内延伸到新教的领域，而在天主教中仍然在讨论红衣主教斯福尔扎·帕拉维奇诺的论文的风格问题，它已远离了最初两位第一流人物所持的立场，变成在无数文件中随处可见的没有结论的争论[①]。蒂尼

tem auctoris eiusque veram sententiam interpretation sit producta et proprie sonnet, nullaque sit nisi aperta et enucleate locution, ut qui legit verum intelligat finemque scrutari posit, propter quem de re ipsa diutius non legenda solum vel intelligenda sed docenda laborandum est》. Ed ecco la condanna dei《conservatori》:《Nec admittunt Ciceronem hominem pene divinum posse inter viros doctissimos nominari... Contempnunt etiam gravissimum illum hominem Manettum Iannotium, qui suo tempore oratores inter doctissimos habebatur, et Matheum Palmerium lacerant, ac de Donato Acciarolo et Alamanno Rinuccino clam et strictis dentibus obloquuntur, quia suas disciplinas aperte diserteque, nullis vexatis sophysticis, proferant et demonstrent...》.

① Cfr. Q. Breen, *Giovanni Pico della M.*, *on the Conflict of philosophy and Rheroric*,《Journal of History of Ideas》, XIII, 1952; il Breen tuttavia mostra di ammetere un mutamento d iidee del Pico dopo il 1485 sulla base di un'infondata asserzione del Ferriguto (*Almorò Barbaro*, Venezia 1922, p. 321). In una lettera del 30 settembre dell'89 il Pico ribadiva che quel che importa è aprire la porta della verità, né più giova la chiave d'oro di quella di legno(《praestat omnino aperire lignea, quam occludere aurea》). Vedi la lettera in《Giorn. Crit. d. filos. it.》. XXXI, 1952, pp. 523 – 524 dal ms Conv. D. 2. 502 della Naz. di Firenze. La questione del *genus dicendi philosophorum* era del resto divenuta comune : ma fra le sintesi più precise v'è quella contenuta nei dialoghi d'amore di Lorenzo, prete pisano (ms Magliab. XXI, 115 :《duo sunt disserendi precipue genera... liberale unum et iucundum... et docto ingenuoque homine dignum, quod plurimum plane adprobo, licet inoleverit et nostri pemporis philosophi illud aspernentur. In quo... mea de mente Plato princeps, et apud nos noster Cicero omnibus prelonge plurimum effloruit. Alterum autem est quo nostrates philosophi se uti fatentur, et Aristotelem emulari dicunt, breve, aridum, ar-

约西，作为无可争议的杰出的亚里士多德主义者和当时有名的医生，即是说与自然科学有紧密联系的人，就强烈地感觉到了来自保守派人士的批评，并为“语言学家们”所教导的方式进行辩护，目的 231
是为了翻译和注释亚里士多德和其他哲学家的作品。那种表现出来的高雅，即使是装饰性的，但从本质上讲它是要求概念清晰的问题：清晰的表述来自于清晰的思想。表述的华丽，首先需要更明确，讲话的语言和形式都应当与内容一致。

一些人并没有看到“语言学的批判”同继后的科学革新之间的联系，他们开始就犯了一个错误：他们没有弄清楚在反对亚里士多德的争论中，共同使用的名词含义，这样后来在许多情况下争论首先变成了形式上的争论。“语言学家们”谴责野蛮的、哥特式的和不能恰当反映文章原意的语言。这是某些亚里士多德著作的翻译者和注释者所不了解的，他们不能明确表述作者的意思：他们不是在打开通向作品的道路，而是关闭了正确理解作品的感觉、方向和含意道路。“语言学”所代表的新道路是曾经一度出现的批判意识，它拒绝不再与自身的含义符合的语言。蒂尼约西指责经院派粗野的哲学家们和某些“修士们”的语言晦涩难懂；波利齐亚诺在上逻辑课时批评一些“拙劣的”逻辑学家并不懂亚里士多德，因此不但没有把他讲清楚，而且使人更加看不懂[①]。

某些注重修辞的讲话，在装饰华丽的语言中隐藏着陷阱：它的某个寓意也许在政治—伦理方面有效，但在涉及自然科学时就显

gutum, plenum sentibus et scrupulis; et non solum acris... eget ingeniis, sed sibyllis et oraculis opus habet...》).

① Politiani *Praelectio de dialectica*, in *Opera*, Lugduni 1528, II, p. 460.

得拙劣。皮科反驳巴尔巴罗的小册子，后来成为一篇经典文献，其中充分展示了修辞学的“危险”方面。这就是一方面放弃了无可争
232 议的希望表述清晰的要求；另一方面并未达到教诲的作用，换句话说，这是用坏的方式进行的修辞：宁愿要“野蛮地”谈论上帝的邓斯·司各脱，而不要清晰地谈论自然的卢克莱修。

实际上关于“说话的逻辑”方面的大讨论，不是为争论而争论，它有深刻的建设性内涵，它呼吁语言要更符合实际情况。态度应当是相同的，“语言学家”面对不同的文本：古人留下的书，或是上帝的书，或是自然界巨大的书。这本自然界的书也是神圣的，它是一位不死的圣人留下的一本活的圣经。我还可以说，这本书的形象是如此普遍，如此经久不衰，它十分可爱，以至于后来的康帕内拉和伽利略都爱上了它[①]。

六

因此，阿尔季罗普洛的教学活动首先是在他掌握娴熟的希腊语方面，在于他对文章和词汇的准确解释和评论，他如同主人一样，在希腊世界中游刃有余，同时他也非常熟悉中世纪拉丁经院哲学的传统。他的教学是清楚而文雅的“现代”版，评论不仅抓住要害，而且逻辑严密：三段论式的推理严丝合缝，毫不含糊。他除了推崇亚里士多德之外，还景仰西塞罗。他认为，如同整个有机组织

① R. Curtius, *Europäische Literatur und lateinisches Mittelalter*, Bern 1948.

一样，构成讲话的理由越充分，讲话也就越有说服力[①]。在他的讲课中，无论是索福克勒斯或柏拉图，亚里士多德或普罗提诺，都是被活生生地呈现在听众面前。还有伟大的"古代自然科学家们"： 233
无论是辛普里奇奥或菲洛波诺，亚历山德罗或特米斯蒂奥，都显示出鲜活的生命力。正如潘多尔费尼所说的那样，阿尔季罗普洛讲课的巨大魅力，在于他发现了亚里士多德，发现了一个新的亚里士多德，他生活在他所处的时代中，活跃在滋养他并为之奋斗的思潮里。

但是，他也涉及"神秘和隐秘的柏拉图学科"。讲文艺复兴时期的柏拉图主义，即已经形成的，人们谈论很多的自然的柏拉图主义。然后，沿着伟大的费奇诺的足迹，还发现从古代学院到洛伦佐·德·美第奇宫廷有关"神圣的"思辨传统的"连续性"，并且，排列出人名和佐证材料。例如奥古斯丁和斯科托·埃里乌杰纳，沙特尔学校和方济各会的修士们，阿维森纳和库萨诺，以及普莱托内和贝萨里奥内，所有这些人在这个金色的链条中都占有自己的位置。也许学识渊博的马尔西利奥凭借他的神秘符咒的帮助，或者

① Cfr. la lettera di dedica a Piero de' Medici in G. Cammelli, *op. cit.*, pp. 222－223 (《Ciceronem eloquentiae principem quem imitamur》). Poliziano nel primp capitolo dei *Miscellanea* tessrà un bell'elogio dell'Argiropulo (《Argyropylus ille Byzantius, olim praeceptor in philosophia noster, cum literarum Latinarum minime incuriosus, tum sapientiae Decretorum disciplinarumque adeo cunctarum, quae cyclicae a Martiano dicuntur, eruditissimus est habitus》). Tuttavia, soggiunge, non poteva dimenticare di essere greco e , come tale, non sopportava l'eloquenza ciceroniana da lui opposta alla cultura ellenica. 《Ob id igitur, subiratus Latinae copiae genitori et principi, Graecus magister etiam dictitare ausus est(quod nunc quoque vix aures patiuntur) ignarum fuisse, non philosophiae modo Ciceronem, sed etiam (si diis placet) Graecarum literarum》.

在某个吉祥的星星的影响下，终于明白今天其他人所不知道的事情[①]。关注柏拉图的信徒们所普遍喜爱的佛罗伦萨环境的人，可以收集到大量不同的兴趣和动机。早在 14 世纪末，首先由于广泛传播的卡尔奇迪奥对柏拉图的《蒂迈欧篇》的注释，已直接广为人
234 知。萨卢塔蒂多年来都想弄到一本《斐多篇》，但没有成功，他也是首先知道《蒂迈欧篇》的；后来讲解《高尔吉亚篇》的彼尔・保罗・韦尔杰里奥，也读过《理想国》这本书，并且亲自从这本优秀的著作中摘录了有关自然的部分，这表明在中世纪已知道《蒂迈欧篇》；乔瓦尼・达拉韦纳研读过古列尔莫・迪孔什的著作；还有柏拉图的热烈崇拜者尼科利，开始时学习卡尔奇迪奥的书，并且费奇诺在年轻时也在卡尔奇迪奥那里学习过[②]。

① Sul tema della tradizione platonica e della sua continuità è da vedere il conto che il Klibansky fa della celebre lettera del Ficino a Martino Uranio (R. Klibansky, *The Continuity of the Platonic Traditio in the Middle Ages*, London 1939, pp. 45–47; e cfr. anche il discorso accademico di J. Koch, *Platonismus im Mitteluter*, Im Scherpe–Verlag, Krefeld).

② Per le letture platoniche de Salutati cfr. l'*Epistolario*, ed. Novati, III, pp. 144, 515. per le sue conoscenze del *Timeo* cfr. anche il ms Magliab. XXIX, 199, che gli apartenne, e dove a cc. 117v–123r si trova il fragmento della versione Ciceroniana. Per le sue ricerche del *Fedone*, *Epistolario*, III, pp. 444, 449. Sulle prime lettere della *Repubblica* sue e del Vergerio, ivi IV, p. 366; sulle conoscenze del Vergerio, e le sue lettere del *Gorgia*, cfr. *Epistolario*, ed. L. Smith, pp. 241–242. L'esemplare della *Philosophia* di Guglielmo di Conches apartenuto a Giovanni da Ravenna è il Laur. Ashb. 173. Appartennero al Niccoli I codici del *Timeo* ora alla Naz. di Firenze (del conv. Di S. Marco). Quanto al Ficino, scrive il Caponsaccho nella *Vita* conesrvata da ms palateno 488 della Naz. di Firenze :《havendo egli ancora copiato di propria mano Calcidio sopra il *Thimeo*》(il codice è ora all'Ambrosiana). L'estratto del *Timeo* autographo del Vergerio nel Marciano lat. XIV, 54 (*Allegabilia dicta collecta ex Thymeo Platonis*).

《蒂迈欧篇》中的柏拉图具有中世纪的特征，是“肉体的”柏拉图，“自然科学”的理论家。卡尔奇迪奥用了一些美好的和恰如其分的语言，来描述关心人间正义和“介绍文明社会形象”的苏格拉底，同毕达哥拉斯的信徒，思考宇宙问题的蒂迈欧之间的关系。蒂迈欧只考虑调节整个神界的规则，这种调节宇宙的规则如同调节城市国家的规则一样。那里，首先注意到的是人类的法律；这里，城市国家的规则来自于宇宙的秩序[①]。从伦理和政治的角度研究
亚里士多德的人文主义，在西塞罗的身上感觉到柏拉图的回音，也 235
向柏拉图求教如何建设人的世界和市民的正义（我们仔细研究柏拉图的著作，其中肯定吸收了图利奥的思想）[②]。另一方面，使这些作家区别开来的理智思考，那种也要按照理智的规律重新组织

① Chalcidii *Comm.*, ed. Wrobel, Lipsiae 1876. Commenta Guglielmo di Conches（ms Marciano lat. X, 4, appartenuto al Bessatione）:《Plato tractaturus de naturali iustitia, recapitulate ea quae Socrates dixerat de positive, ut sit unus et continuus tractatus iustitiae tam naturalis quam positivae》(c. 9r).

② Scrive Uberto Decembrio nei versi premessi alla sua versione della *Repubblica*:《Postquam nulla libros concessa licentia nobis / Cernere politicos Ciceronis lege notatos / Platonis speculemur opus, quo fonte bibisse / Tullius asseritur...》(Laur. 89 sup. 50 = Ambros. B. 123 sup.). Nel prologo il Decembrio riferisce il giudizio di Macrobio destinato a diventare un luogo comune:《Platonis Ciceronisque libros quos ambo de re publica conscripsere, in hoc equidem scripsit differre Macrobius... quod Plato rem publicam ordinavit quo ordine scilicet tractandam esse censeret, qualiter autem a maioribus fuerit institua Cicero...》. È un motivo che ritroviamo messo in versi dal Palmieri（*Città di vita*, III, 22）:《Però non puote in popol ch'è corrotto / star la comunio che Plato intese / in popol giusto, sapiente e dott. / Per questo Tullio tal cittade prese / quale esser puote governata e recta / dal senno, manca delle ingiuste offese. / Non l'ordinò com'esser piò perfecta / in quella mente che appetendo figne, / ma come in terra dar si può più nectar. / Così l'un fines e l'altro la dipigne, / l'un la disia e l'altro mostra...》.

人的世界的需要，便产生了要把历史上已形成的许多国家作为整体来考虑的强烈愿望，研究国家应当是怎样的，如果说它还听从于某种最高智慧的技术指导的话。正是西塞罗——根据翁贝尔托·德琴布里奥的考证——感到迫切需要研究柏拉图的《理想国》：人们根据自己的经验，缓慢建立起来的城市的形象，又促使人们希望更理智和更完美地规划这个形象。又再次追根溯源“回到”柏拉图，我们正是在一场反对“物理”兴趣的争论中，找到的不是形而上学的，而是政治和道德上的担忧。同时，我们看到彻底思考人类行为的愿望。克里索洛拉、翁贝尔托·德琴布里奥、皮耶尔·坎迪
236 多·德琴布里奥、和卡萨里诺：在数年之间，我们看到《理想国》一书有了四个版本，和乔治·迪特雷比松达翻译的《法律》。莱奥纳尔多·布鲁尼把《书信集》翻译成拉丁文，很好地说明了人文主义者们最早阅读柏拉图著作的方向和意义：他们不仅是喜爱一个活的，会说话的柏拉图，这个柏拉图生活在人群之中（这个柏拉图似乎还可以充当见证人的角色）；而且对于政治人物来讲，还想了解他的丰富的政治经验的秘密（“需要记住——科西莫说——他的每一条政治格言”）[①]。

---

① *Leon. Br. Ad Cosman Medicum* (Laur. 76, 57; Magliab, VIII, 1424).《Traductio autem harum epistolarum ita vehementer michi iocunda fuit, ut cum Platone ipso eumque intueri coram videtur... Platonem ego in his epistolis non precipientem aliis, sed ipsum agentem perspicio... Tu igitur has epistolas multum lege, quest, ac singulas earum sententias memorie commenda, precipue vero que de re publica monet》. E molto bello è l'inizio della lettera :《 Inter clamosos strepitus negotiorumque procellas quibus florentina palatia quasi Euripus quidam sursum deorsumque assidue fluctuant, cum singula non dicta modo, sed verba etiam inter rumperentur, tamen, ut potui, latinas Platonis epistolas 》. Può essere opportuno ricordare come al

特拉佩聪齐奥在把自己的译著《法律篇》献给威尼托的元老院时，他删去了一切阿谀奉承之词，突出这本书的重要性，他这样写道：你们建立了柏拉图描绘的理智国家，应当读一读柏拉图的著
作①。在德琴布里奥的催促下，推动了格罗切斯特的公爵翻译柏 237
拉图的重要著作，这是当时的一种时髦；但是，令人印象深刻的是他迫不及待地注明他对皮尔・康迪多译本手抄本的所有权，以及他写的一些热情洋溢和激动的信②。虽然这都是当时讲究修辞的

Bruni Giovanni Diminici attribuisse la traduzione della *Repubblica* (*Lucula noctis*, ed. Coulon, p. 408 :《in illo libro de Republica...id pandente discipulo tuo venerabili Aretino, qui illud opusculum de greca lingua reduxit in nostram》. Cfr. p. 165 :《Aretinus ille, qui prefatum libellum Platonis de greco in latinum copioso sermone reduxit...》). Che il Dominici alluda alla *Repubblica*, non è dubbio (parla della condanna di Omero), come non è un *libellus*, e che l'Aretino, per quel che ne sappiamo, non la tradusse : vuol forse alludere a un singolo libro dell'opera ?

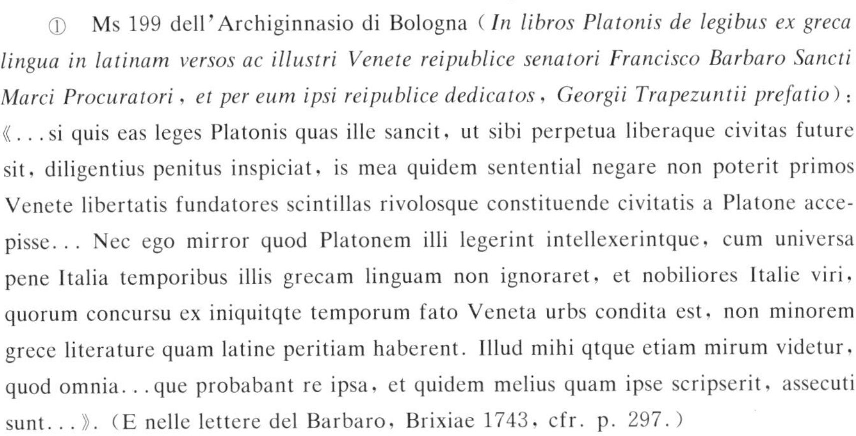

① Ms 199 dell'Archiginnasio di Bologna (*In libros Platonis de legibus ex greca lingua in latinam versos ac illustri Venete reipublice senatori Francisco Barbaro Sancti Marci Procuratori, et per eum ipsi reipublice dedicatos, Georgii Trapezuntii prefatio*):《...si quis eas leges Platonis quas ille sancit, ut sibi perpetua liberaque civitas future sit, diligentius penitus inspiciat, is mea quidem sentential negare non poterit primos Venete libertatis fundatores scintillas rivolosque constituende civitatis a Platone accepisse... Nec ego mirror quod Platonem illi legerint intellexerintque, cum universa pene Italia temporibus illis grecam linguam non ignoraret, et nobiliores Italie viri, quorum concursu ex iniquitqte temporum fato Veneta urbs condita est, non minorem grece literature quam latine peritiam haberent. Illud mihi qtque etiam mirum videtur, quod omnia...que probabant re ipsa, et quidem melius quam ipse scripserit, assecuti sunt...》. (E nelle lettere del Barbaro, Brixiae 1743, cfr. p. 297.)

② *Cest liure est a moy Homfrey de Gloucestre du Don P. Candidus Secretaire duDuc de Mylan* (Ms Harl. 1705; cfr. Cat., II, 177－178). Scrive il Duca da Londra al Decembrio nell'aprile del '39 :《Legimus eos [i libri della Repubblica] ac perlegimus adeoque nobis iocundissima fuit eorum lectio doctrina et gravitas, tum etiam interpretationis tue dignitas ac elegantia, ut illud nobis instituerimus, seu domi seu mili-

一种风俗，但是，君主们热衷于寻求的正是柏拉图的关于政治的一些篇章，这一情况也是重要的。政治使修辞学得以“再生”：特别注意学习的对话之一是《高尔吉亚篇》；韦尔杰里奥思考过它，布鲁尼翻译了它；它被经常阅读和分析；并同《斐多篇》一起讨论①。当然，老科卢乔是理解的，还想阅读他的彼特拉克所喜爱的《斐多
238 篇》。对于《斐多篇》、《申辩篇》和《克力同篇》来说，它们带来古代世界的许多信息，并且引起人们对苏格拉底的强烈兴趣。但是在《克力同篇》和《申辩篇》本身中，也有许多关于法律、正义和不公正判决方面的问题。

对于那些伟大的理论性对话，只有到了 1450 年左右，特拉佩聪齐奥翻译了《巴门尼德篇》之后，库萨诺才指出其精湛的辩证技巧、“优美的语言和华丽的结构”②。在此前的半个世纪，虽然不少

tie fuerimus, eos nunquam a nostro latere discedere... ut habeamus semper cum quo possimus oblectari, ac reliquum vite cursum qui nobis a negociis vacat conquiescere, ac reliquum vite cursum qui nobis a negociis vacat conquiescere, sintque nobis quasi comites et consultores vite degende...》(Ricc. 827, 63r; M. Borsa, *Correspondence of Humphrey Duke of Gloucester and P. C. Decembrio (1439 - 1444)*, 《English Historical Review》, XIX, 1904, pp. 515 - 516).

① Sulla conoscenza che il Vergerio ebbe del *Gorgia*, da lui studiato a fondo, cfr. oltre l'epistolario (ed. L. Smith, Roma 1934, p. 241 : 《Gorgiam bis ex integro evolvi》), il *De ingenuis moribus*. Su ciò insiste C. Bischoff, *Studien zu P. P. Vergerio dem Alteren*, Berlin - Leipzig 1909 (《Abhandlungen zur mittleren und neuren Geschichte》, Heft 15), pp. 31, 82, 83. Nega una trad. del *Gorgia* da parte del V., F. P. Luiso, *Commento a una lettera di L. Bruni e cronologia di alcune sue opere*, nella 《Raccolta di studi critici, dedicata ad Alessandro d'Ancona》, Firenze 1901, p. 93.

② La prefazione al Cusano della traduzione del Parmenide del Trapezunzio è stata publicata dal Volter. 6201, 61r sgg. dal Klibansky, *Plato's Parmenides in the Middle Ages*, 《Mediaeval and Renaissance Studies》, I, 2, 1493, pp. 291 sgg. Nella lettera prefazione al Loschi il Bruni, a proposito della parziale trad. del Fedro dice

人都读过柏拉图的著作，但是，既没有发现《美诺篇》，也没有发现《泰阿泰德篇》、《智者篇》和《斐利布斯篇》，更不用说《蒂迈欧篇》的全文了；对《会饮篇》这篇文章，布鲁尼也仅仅只翻译了一部分和关于高尚的美的一段；就是连《斐多篇》这样的文章，在那些主要思考问题的人群中都尚未见到。在布鲁尼和萨卢塔蒂讨论过的《格拉底洛篇》这篇文章中，人们也只把它当作一篇语义的论述。

在阿尔季罗普洛和贝萨里奥内这样的思想家的影响下，人们增加了对“神学家”柏拉图的兴趣，对他的谈论很多，反映出不同的动机，但讨论并没有深入下去。当然，这并不是说仅仅由于阿尔季罗普洛一个人便激起了人们这种新的兴趣。就佛罗伦萨地区来讲，我们看到在主教会议和科西莫上台之后，许多事情都发生了变化，文化发展的方向也发生了明显的改变。在那个世纪的最后几十年居中心统治地位，而且并无竞争对手的费奇诺现象，至少直到萨伏那洛拉的深刻动乱为止，使我们感觉到那段时期的气氛与 15
世纪上半叶的气氛已无任何共同之处。也许危机点，至少在哲学 239
文化的层面上，可以到阿尔季罗普洛身上去找。有些奇怪的普莱托内的身世和形象，他同科西莫的关系，他的宗教—政治的改革思想，以及“卡尔达伊神谕”，这些都使人推测他有更深刻的影响。实际上在当时所有作家的著作中，很少提到普莱托内，甚至包括那些应当对他有好感的作家中也是如此。费奇诺和皮科[①]也仅是简单

che l'ha compiuta《maxime quia poeticae vis naturaque in illo describitur》. La versione del *Convito* (l'elogio di Socrate fatto da Alcibiade) fra le epistole del Bruni (ed. Mehus Flor. 1741, II, pp. 70–76); sul *Cratilo*, ivi, I pp. 11 sgg.

① Il Ficino com'è noto, nella prefazione alla traduzione di Plotino(Flor. 1492)

地提到了他一下。希腊人对于他诽谤亚里士多德的文章产生的愤懑和冲突，几乎在移民圈子里悄无声息地消失了。拉丁人对于拜占庭人所喜爱听的神学方面的许多流言飞语，不知所措。特拉佩聪齐奥偶尔表现出一点少有的同情，却很少得到他的同胞们的尊重。只有贝萨里奥内后来并非显赫地被列在哲学文化人士之中。阿尔季罗普洛的影响，并不那么引人注目，但却很广泛。一方面是他的翻译工作，另一方面，首先是他在大学里任教，特别是在佛罗伦萨产生了深刻的影响并逐渐渗透到各处。

值得一读的是在1489年11月，由阿拉马诺·里努齐尼写给罗贝尔托·萨尔维亚蒂的信，他在其中回顾和评论了这位拜占庭学者的工作[①]。在佛罗伦萨，在他之前人们普遍处于无知的状态，
240 这是由于教师们强迫人们一直到老，都学习一些甚至连小孩子不愿意学的东西。“既包括自然知识又包括超自然知识的哲学，有一些人对它浅尝辄止，认为他们既然已经学过亚里士多德的伦理学的书就足够了。修士们和那些学医的人进行哲学方面的讨论，正如在我们之前的一些文献中看到的那样，他们已经在培养对‘人文主义学科’的爱好，但是在他们中间除了贾诺佐·马内蒂以外，我

attribuì all'influenza del Pletone, *quasi Platonem alterum*, *de mysteryis Platonicis disputantem*, la decisione di Cosimo di rinnovare a Firenze l'Accademia. Ma è una presentazione dei fatti che lascia molto perplessi. Il Pletone fece impressione soprattutto per la sua posizione religiosa e per l'annuncio dell'imminente fine così del Cristianesimo come dell'Islamismo e della restaurazione della vera religione ellenica (《non multis annis post mortem suam et Machumetum et Christum iri, et veram in omnes orbis oras veritatem perfulsuram》, come scrisse Giorgio di Trebisonda). Il Pico ricorda le sue interpretazioni dei miti classici; allo stesso proposito lo menziona il Dati senese.

① A. Rinuccini, *Lettere ed Orazioni*, ed. Giustiniani, pp. 187–190.

很少发现有哲学方面的学者”。这应当归功于阿恰约利——里努齐尼继续说，由于“我是成员和陪同”——一开始就看出路过这个城市的阿尔季罗普洛的价值，并且说服科西莫“为了公共的利益，用国家的钱雇佣他教哲学”。这样，阿尔季罗普洛经过高卢、德国和英国后，便决定接受佛罗伦萨的大学教席，不是“零乱和继续地”，而是系统地按照亚里士多德的计划教授哲学，“从辩证法开始，经过物理学到形而上学，在两年的课程中对这十二本书进行评论”。在他的推动下，很多人学习哲学。但按照里努齐尼的看法，教学效果却不像所期望的那么好。这主要并不是因为教师的原因，这位“教师非常勤奋，并且负责任地回答自由提问”，而是由于学生的无能和懒惰，他们中的许多人常常中断学习，回去忙于自己的“公共和家庭”的事务，他们认为已经学习够多了。这封信在结尾时，对皮科及其著作《七册》的评论也是模棱两可的。

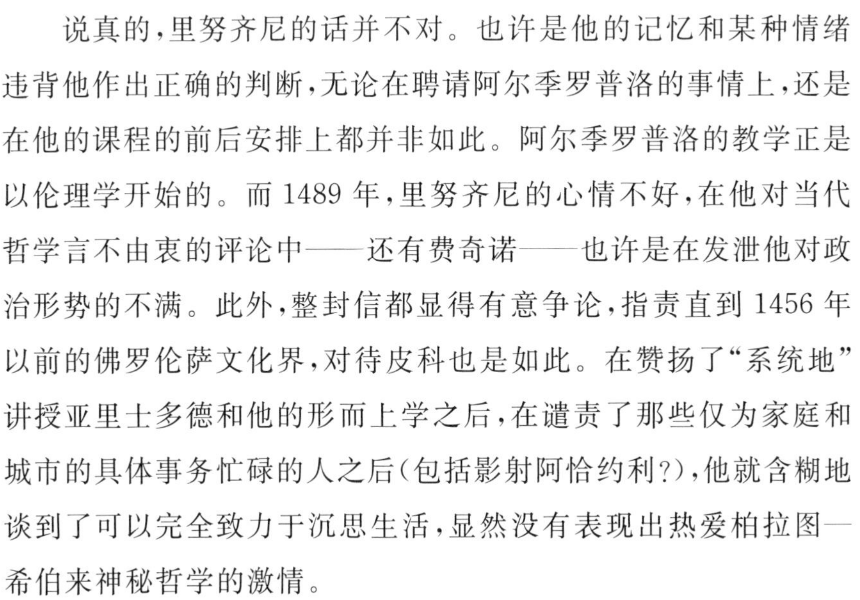

说真的，里努齐尼的话并不对。也许是他的记忆和某种情绪违背他作出正确的判断，无论在聘请阿尔季罗普洛的事情上，还是在他的课程的前后安排上都并非如此。阿尔季罗普洛的教学正是以伦理学开始的。而 1489 年，里努齐尼的心情不好，在他对当代哲学言不由衷的评论中——还有费奇诺——也许是在发泄他对政治形势的不满。此外，整封信都显得有意争论，指责直到 1456 年
以前的佛罗伦萨文化界，对待皮科也是如此。在赞扬了“系统地” 241
讲授亚里士多德和他的形而上学之后，在谴责了那些仅为家庭和城市的具体事务忙碌的人之后（包括影射阿恰约利?），他就含糊地谈到了可以完全致力于沉思生活，显然没有表现出热爱柏拉图—希伯来神秘哲学的激情。

1489 年，里努齐尼在争论中颂扬了有点被歪曲了阿尔季罗普洛的形象；但这也很重要，至少有部分是真实的，他提醒皮科的崇拜者罗贝尔托·萨尔维亚蒂注意，正是和仅仅由于那位拜占庭人所办的学校，改变了佛罗伦萨哲学研究的方向。另一方面，还有一件事并非没有意义，作为阿尔季罗普洛的最忠实的追随者的阿恰约利，不仅从不拒绝古老的佛罗伦萨“伦理”传统，而且还强调它，甚至企图贬低在那位拜占庭教授开设亚里士多德课程时，堂而皇之进入这个城市的“柏拉图神学”。多纳托·阿恰约利关心的是关于伦理和政治方面的评论；那些关于新柏拉图的部分被删去或削弱。1472 年 8 月 3 日，他在起草献给费代里戈·达蒙泰费尔特罗的《治国篇》的序言时，写了一些引人注目的话：“在所有研究斯塔基拉的亚里士多德的学者们看来，他给后人留下了在各方面都很优秀的哲学遗产。但是，他忽略了令人惊叹的辩证法，物理学和形而上学，人们肯定非常需要知道它们，用它们的丰富内容来处理有关个人、家庭和国家的事务。首先，它表明了每个人为了获得幸福，在人们的条件许可的范围内，应当怎样生活和有怎样的行为表现。然后简略地谈到家庭问题，因为作为‘社会’一部分的家庭，
242 也需要获得幸福。最后，逐渐谈到建立无所不包的，对每个人、对多数人、对城市、对人民都有益的国家。在读了这些关于伦理的书以后，……我也很好地思考了如何对待这些平民百姓，不要像一个无能的诗人一样，忽略了最后的一幕；我也没有忽视有关家庭的部分……”①。

① Ms della Naz. di Firenze II, III, 373, c. 2r (autografo):《Egregiam doctri-

一年以后，1473 年 8 月 27 日，阿恰约利完成了“杰出的历史学家列奥那多·阿雷蒂诺”的著作的翻译之后说：“因为我认为，任何的善如果越是共同的，在人们中间传播越广，就越完美和作用就越大。无疑，历史上的信息是非常有用的，特别是对于统治者和管理者而言，因为仔细审视过去的事情，就可以更好地为现在和未来指明方向，在城市的需要中，最明智的办法是建议他们搞共和政体”。正因为“它是共同的，不仅熟悉拉丁文的人了解它，只能讲俗语的人也能了解它，因此需要翻译这部作品，它也使我确信，如果达芬奇活的时间更长的话，为了城市更大的利益，他本人也会翻译这部作品”①。阿恰约利完成这项工作后，他又令人钦佩地进行抄写，把这部作品奉献给城市和他的君主，“对这部书的抄写和插图，使他付出 200 金弗罗琳”②。在他的心里也许认为，他这样做就系

nam in omni genere philosophie, ut cuncti sapientes una voce consentiunt, Aristoteles Stagirita posteris suis reliquit. Atque ut artem disserendi, tum phisica metaphisicaque omicram, et alia eiusdem generic que sunt cognitione dignissima, mirabile dictum est quanta eleggntia et copia scripserit ea, que ad privatam, que ad domesticam, que ad publicam pertinent disciplinam. Nam primis de vita et moribus ea docuit, quibus unusquisque quantum mortalis condition patitur, felicitatem consequatur humanam. Deinde, rem familiarem brevibus verbis complexus, omnem familiam instituendam putavit, ut esset etiam domestica societas in suo genere felix. Demum ad hanc quasi per gradus de rebus publicis institutionem pervenit, ut nihil omisisse sit visus: quod uni quod pluribus, quod denique civitatibus et gentibus prodesse posse videretur. Nos vero post explanationem librorum moralium, tuis presertim litteris excitati, hos quoque civiles aggrediendos putavimus, ne extremum actum, ut inepti poete, neglexixisse videremur, nec omisimus expositionem domestice discipline》.

① Ms della Naz. di Firenze, II, III, 54 (già Magliab. XXV, 277, dalla Bibl. Gaddi, n. 13).

② È oggi il ms II, III, 55 (giaà Magliab. XXV, 41) della Naz. Di Firenze. Cfr. il ms II, III, 53 (già Magliab. XXV, 506 – Strozz. In fol. 278).

统和有秩序地完成了他的作品——从“伦理学”到“治国篇”，再到佛罗伦萨自由人民的“历史”，这将有利于他的“城市”。按照他的看法，这个“秩序”也是亚里士多德式的，它是在阿尔季罗普洛的课堂上成熟起来的，即使它与里努齐尼和某些人所赞赏的通过神的等级而上升的“秩序”有所不同，但却在洛伦佐的宫廷里由费奇诺的柏拉图爱好者们将其发展。

七

要准确地描绘出阿尔季罗普洛的面貌绝非易事，从他的最后的自传中列举的材料加在一起也不可能做到。他是一个文化修养非常深厚的人士，既精通希腊文学又熟悉拉丁作家的情况，也了解许多重要的经院哲学家，他在性格上也具有许多拜占庭移民不安定的特点，在流亡中很难找到一个安静的港口。当然，这位希腊学者在意大利找到了足够令他满意的环境；他的门徒们对他忠诚，君主们对他慷慨大方，他们之间几乎建立了感情关系，即使通过阿恰约利的信件，可以感觉到经常存在某种分歧和也许是相互的不理解。他游历了整个欧洲；有一个并不小的家庭，似乎并不是对他的所有孩子都同样关心；他并非没有古怪的脾气，也不总是那么容易接近；好像他也并不蔑视女人的诱惑和地产，或者大人物的恩惠，即使没有任何人把他同他的那些贪婪、爱争吵和不守信用的同胞们相提并论[①]。

① A proposito dei figli dell'Argiropulo, rimando a quanto si è osservato sopra. E circa i suoi stipendi cfr. nelle *lettere* del Rinuccini, p. 14.

他在佛罗伦萨是一位杰出的教授和著名的学者；列奥那多· 244
达芬奇也同他进行过一次谈话。他在上课的时候，重新解释亚里士多德，不仅是“现代版”的翻译，除了介绍伦理学之外，还讲解逻辑学、物理学、心理学和形而上学；然而，首先他是作为第一个希腊人，向他的听众介绍整个希腊世界的全貌。谁要是翻阅一下保存在阿恰约利的笔记中的评论，就可以看到在阿尔季罗普洛的讲课中，如何运用熟练的语言阐述深入了解的历史知识。在文本的讨论中，紧扣作者观点的逻辑联系非常紧密，伴随着对不同理解的分析，并且引用阿拉伯人和拉丁人评论家的论点。而且，首先他是要力求准确地说明亚里士多德的语言，在他那个时代和在他那个文化环境中的确切含义。从波利齐亚诺的著作《文集》的前一百页中[①]，可以看到他对许多问题的著名论述，包括对“灵魂—隐德来希”(anima－entelechia)的论述。当阿尔季罗普洛看到在《图斯库拉》中说，亚里士多德称灵魂是“永恒和不断运动”时，感叹西塞罗还并不了解希腊时代的哲学。他还说，有些人自以为读懂了亚里士多德的著作。但是，他不知道亚里士多德所用的词“隐德来希”(entelechia)是指“自我圆满实现”，而并非指“永恒和不断的运动”。阿尔季罗普洛认为，西塞罗错误地从混乱的理论中引用了一
个观点，把柏拉图关于灵魂（用 άεικίνητον 代替 αύτοκίνητον ）自主 245
和永恒运动的论点归之于亚里士多德；由此，便产生了用一个非常近似，但错误的词 endelechia 来代替真实的词 entelechia。对此，

① Per la discussione sll'entelechia cfr. quanto ne scrivevo su《Atene e Roma》, serie III, a. V, fasc. 3, 1937 (*Endelécheia e entelécheia nelle discussioni umanistiche*), ove sono anche leindicazioni dei testi.

曾遭到希腊所有评论家的反对。阿尔季罗普洛的这种弄清词义的讨论，受到了希腊人的欢迎，但也遭到他的学生波利齐亚诺尖锐而深刻的批评，但同时也得到拉蒂尼的支持。波利齐亚诺认为："西塞罗作为一个文化人，对此有充分的权利，他可以把亚里士多德用过的这个词，用来解释《斐多篇》中柏拉图关于灵魂的永恒和神圣运动的新含义。"

里努齐尼还同我们谈到关于灵魂的课程，但是，阿恰约利所保存下来的材料并非是最著名的阿尔季罗普洛所讲的内容；至少也不是引起多纳托·阿恰约利最感兴趣的，很快就停留在伦理学上的那部分。实际上阿尔季罗普洛在讲课的开始时总是这样，并非偶然，即使同预定的明确的教学计划有冲突，也是如此。阿尔季罗普洛按照自己的爱好，把各个科目做了有机的排列，这也许与一些作品的编辑不无关系，如波利齐亚诺在其著作《帕内皮斯特蒙》中认为："学习的顺序应当是这样的：首先学习语法，然后是修辞学，接着是辩证法、伦理学、数学、物理学，最后是形而上学"①。

① Una précisa classifycazione delle scienze si trova all' inizio delle lezioni di fisica (ms della Naz. Di Firenze, II, I 103, già Magliab. XII, 5 - Strozz. Fol. 589) cominciate il 3 novembre 1458:《diffinienda primum pilosophia, postea dividenda esse videtur. Tum enim unusquisque habitus cognoscitur, cum deprehenditur subiectum in quo est, obiectum circa quod est, finis eius, nomen quo appellatur, gradus eiusdem...》. Per le divisioni dicotomiche, ivi, cc. 2r sgg. (a c. 252r la data fine: 2 agosto 1860). Anche il *Panepistemon* del Poliziano è una prolusione, e l'autore ricorda l'uso, a cui egli stesso si conforma, di far precedere il commento d'Aristotele da una classificazione delle scienze:《qui libros aliquos enarrare Aristotelis ingrediuntur, consuevere a principio statim philosophiam ipsam velut in membra partiri》. Come l'Argiropulo il Poliziano sceglie l'esempio della medicina, e dichiara di procedere per divisione: *divisionem istiusmodi aggredi* (Politiani *Opera*, II, Lugduni 1528, pp. 306 sgg.).

但是，在佛罗伦萨，不仅在佛罗伦萨，最大的兴趣是学习实用 246
哲学中的三个部分：伦理学、政治学和经济学；也正是对这些部分感兴趣的人，雇佣了阿尔季罗普洛，这也表明了他们的态度，这种态度在这个城市的历史上可以回溯到很远。如果说布鲁内托·拉蒂尼把修辞学家西塞罗和伦理学家亚里士多德放在一起的话，他还说："图利奥说过，在管理城市的所有学科中，最高贵的是修辞学，即说话的科学。如果连话都讲不清楚，这个城市就不会有正义，也不会有人们的和谐相处。"[①] 阿尔季罗普洛献给了皮耶罗·德·美第奇一篇他的关于辩证法的短文，实际上他并没有说什么不同的东西：总是重复同一个题目，直到成为了共同的话题，从萨卢塔蒂开始，在15世纪佛罗伦萨的演说中得到极为广泛的传播。这就是每两个月一次的对正义的赞扬，"担任正义旗手的人要在阳台上的栏杆内"面对法官们和佛罗伦萨的人民，重复这一话题，这类大量的讲话稿同有关宗教的讲话稿一起保存起来，而且常常是同一些人既进行宗教方面的演说，又在世俗人士聚会时讲话。把所有这些官方的讲话——宗教的和世俗的——放在一起的人，并不审查某人讲话中某一段的内容，浏览它们可以清楚地看出在修辞方面所作的殚精竭虑的努力。在一般的平民大众中，那种似乎

Per rimanere nell'ambito dell'influenza dell'Argiropulo è da vedere anche la classificazione del Fonzio nell'*Oratio in bonas artes*, dell'8 novembre 1484 (ed. di Francoforte 1621, pp. 329 – 342).

① Mi sia concesso rinviare a questo proposito a quanto ho scritto su *La fortuna dell'etica aristotelica nel* '400,《Rinascimento》, II, 1951, pp. 321 – 334. Dell'Argiropulo è da vedere nel Vat. Lat. 5811, ff. 1 – 31, l'opuscolo *de institutione corum qui in dignitate constituti sunt* (su cui A. Perosa in《Leonardo》, 1946, pp. 265 – 266).

是出自肺腑的言论，正好说在他们的心坎上，返回来便形成了一种
247 一致流行的腔调。低估这种腔调的作用将是错误的，它充分表达了认真认同了的风俗、习惯和城市生活方式。

“这样的惯例……是值得赞扬的——阿恰约利在 1469 年 5 月 15 日讲演开始时这样说①——已经长时间这样做了，每两个月……由一位担任正义旗手的人，在这个极其庄严的地方，在尊敬的你们这些杰出的和穿着华丽的法官面前，表明用理智和正义进行统治，对共和国来说多么有益和必要，因为从长期的经验中可以看到，这是唯一的美德，没有它，任何城市都不可能以任何方式生存下去。当然，如果说在我们的城市中建立了某些好的法律或制度，现在这个仪式就是开始，因为它总是重复和向所有的人提醒一切公共和私人的善的最基本的东西”。

阿恰约利继续使用《尼各马可伦理学》第五卷中的语言侃侃而谈，他的贾诺佐·马内蒂又从他的演说中汲取灵感，后来成为了一种模式。对于多纳托·阿恰约利来说，正义几乎已成为哲学、法律和神学的焦点。“我不怀疑，是上帝把这种神圣的美德送到大地上，送到我们和其他统治和管理者的手里，我们可以用肉眼看到她，她的光辉是如此强烈，使我们所有的人都可以感觉到，她让我们燃烧，使我们的灵魂充满炽热的爱和对她的美好和善良的期待，

---

① *Protesto fatto da Donato di Neri di messer Donato Acciaiuoli oratore di compagnia a dì 15 maggio 1469*. Mi servo del testo contenuto nel Magliab. VI, 162(già Strozz. 1093): *Orazioni e dicerie di Donato Acciaiuoli scritte di propria sua mano e fragmenti di altre sue opere pure di propria mano* (ma ho confrintato il testo col Ricc. 2204, cc. 9r－14v, col Naz. II, II, 50, c. 180r, coi Magliab. VIII. 1389 e VIII, 1433).

因为她被称为长庚星，被称为金星，是一切美德的女王……她是做任何工作的准则和尺度。她能使我们幸福和欢乐。”因为，正义是由公共的平衡组成的严肃的内在尺度，是正直的人同管理良好的 248
城市之间的真正交会点。“如果说我们的幸福不是别的，像德谟克利特所说的那样……，是心灵的平静的话，正义的实施者的心灵就总是那么地平静。从这里开始，桑蒂佩便习惯地谈起她的丈夫苏格拉底，说经常看见他进出家门时脸上的表情都是那么安详，没有丝毫由于烦恼引起的不安”。

作为人的生活的基础和家庭生活的规则，正义是文明生活的最高规范。“正如医生关心病人的健康，军队的首长关心胜利，船长关心安全的航行一样，政府好的行政长官应当一直注视着维护和执行正义。这是柏拉图的最高神圣格言，他在《理想国》一书中盛赞这种崇高的美德，毫不怀疑地认为她就犹如我们身体中的灵魂一样，城市的灵魂就是正义。身体有生命是因为有灵魂，共和国有生命是因为有正义。啊，多么杰出的哲学格言！这样伟大的东西不应当仅仅献给共和国……，要极其荣幸地把她举向天空，如此的美德正应该把她奉献给上帝，上帝不是别的，正是正义”①。

需要再次提醒的是，那是一种讲演的风俗；当然不要过高估计修辞学的主题。但是，穿上一件这样的衣服也有它的意义，它的衰落会清楚地造成一场危机的感觉。在那种平静和有分寸思想

---

① Il detto platonico ricordato dall'Acciaiuoli era—seconddo il Platina (*De optimo cive*, II, Ptarisiis 1530, f. 90v)— spesso ricordato dall'Argiropulo (《aurea... illa doctoris vestri Argyropyli sentential, qui asserit ita iustitiam in humana societate necessariam esse ur in animante anima》).

中——苏格拉底出入家门时的“平静”——是一个找到了平衡并确
249 定了自己生活模式的社会的音调。这里有忠于某种秩序的罕见的伟大，因为这种秩序在其深层受到某种痼疾的阻碍已越来越弱。这些人不是寻求逃避；他们在意大利和他们城市的司法、政治与行政事务中，希望拯救满足不同的需要，而不是窒息这些需要的理智的平衡；他们相信在“正义”中，或者说在明智的计算中，能够协调“自由”与“和平”的关系，同时也保持它们应该得到尊重的尊严。因为他们特别相信人的理智，认为智慧、精明以及我还想说的公平交易，就可能在不对人和事造成损害的情况下，最终调节国家和人们的生活，给所有人带来幸运。对于他们来说，“古人们”便是使用智慧、“礼仪”和节制进行统治的范例。那是一个有条不紊的政治制度。在他们的学校中，应当让一种秩序和一种完善的平衡“再生”。“你不仅保卫了一个伟大国家，而且保卫了整个意大利的自由、安全和完整，而这种自由是可能遭到独裁权力的践踏的。要控制某些人的冲动，调解所有的争端，使战争得到和平解决，这样的国家就会终于达到智者们向最优秀的统治者们提出建议的目的。正如医生希望病人康复，军事统帅希望获得胜利，船长希望航行顺利一样，国家事务的调节者希望公民们幸福，财产安全，获得广泛的好名声，以及过一种正直和有道德的生活”①。

---

① Ms Magliab. XXIII, 95 (autografo)：《...cum appareat..., non modo huius amplissime reip, sed etiam totius Italie libertatem; que uno profecto dominatu fuisset oppressa, opera patris tui tua quoque industria salvam esse qtque incolumen. Nam repressi sunt aliorum conatus, sedate omnes discordie, omnia bella restincta... Ut enim medico salus, imperatori Victoria, gubernatori cursus secundus, sic moderatori reip, beata civium vita proposita est, ut opibus firma, gloria ampla, virtute honesta,

这样，阿恰约利就把德梅特里奥的传记翻译成拉丁文，献给彼 250
得罗·迪·科西莫，我们看到他在1469年用俗语作的演讲中称赞了这种想法。他一生中，即使在最困难的时刻，也如同法官在自己的岗位上一样，保持着这样的信念："应当遵循明智人的习惯，按照理智而不是根据感觉行事。"1462年他在波皮担任法官的时候，需要对他的朋友皮埃罗·德伊·帕齐的某些朋友判刑，他写信给皮埃罗说，正义应当制约友谊："在这样严峻的形势下，我欣然承认我不仅是个好人，而且还是个好公民。"两个对立的派别用鲜血打破了发誓达成的协议。"破坏了和平就是不再讲诚信；随着诚信的丧失，社会也遭到破坏，友谊不复存在，人们的共同生活被摧毁。去掉相互的信任之后，任何人都不再可能保持自己的生活准则。甚至海盗，野蛮人都习惯于尊重停战，保持信任，尊重誓言。那些违背誓言者，更愿意屈从于他们的愤怒情感，而不是按照理智行事，他们无视人们的权利和共同的人性"①。

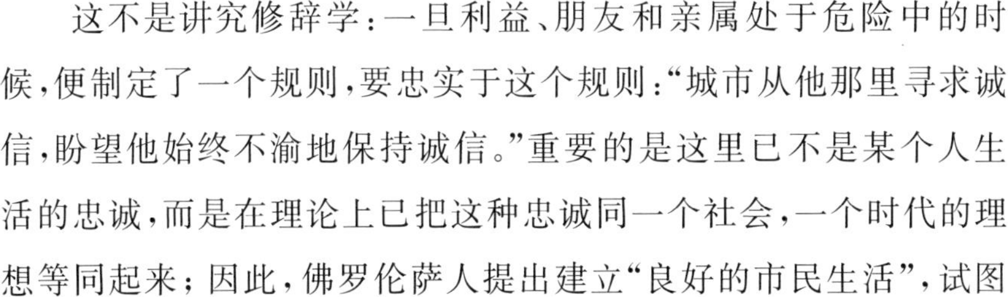

这不是讲究修辞学：一旦利益、朋友和亲属处于危险中的时候，便制定了一个规则，要忠实于这个规则："城市从他那里寻求诚信，盼望他始终不渝地保持诚信。"重要的是这里已不是某个人生活的忠诚，而是在理论上已把这种忠诚同一个社会，一个时代的理想等同起来；因此，佛罗伦萨人提出建立"良好的市民生活"，试图

---

sit...》. Lo stesso tema si trova, quasi con le stesse parole nella dedica della *Politica*. Sul tema del《tiranno》unico, cfr. il *De optimo cive* del Platina (I, ed. Cit., f. 75r: 《sapientes necat, commessationes et sodalitates vetat, tollit gymnasia, et quiquid tale est unde oriri inter cives intelligentia et fides podest: sua enim interesse putat ut cives inter se quam maxime disiuncti sint》).

① Ms Magliab. VIII, 1390, cc. 43r－44v.

模仿那些懂得遵循理智规律行事的聪明和谨慎的古代人民。

阿恰约利就是带着这样的思想，收集和重复阿尔季罗普洛关于《尼各马可伦理学》的教导内容，出版了那位拜占庭学者的新译著和写的评论。这样，他就进入了一些显贵人物的家庭圈子，如从
251 帕拉·迪诺弗里·斯特罗兹到莱奥纳尔多·布鲁尼，到贾诺佐·马内蒂。科西莫·德·美第奇，他们都是亚里士多德著作的勤奋读者。阿恰约利写了一篇关于那部古代著作的雄辩论文（“那本书有巨大的价值，令人惊奇地包含着渊博的科学和理论知识，而且这样的著作几乎是唯一的”）。他翻译的作品和写的评论，如同一个社会的成熟的果实一样，表现一种生活规则和思维方式。他被同时代的人称之为标准完善的哲学公民（“管理共和国的时候，致力于研究哲学；致力于研究哲学的时候，又管理共和国”），他想同时直接在自己身上体现出道德、辛勤的实践、政治上的明智和对理论问题的深入思考，正如在《尼各马可伦理学》中所看到的对一种完人的典型所作的严肃表述一样①。

1461 年，路易十一世登上法国的王位，佛罗伦萨派了一个特

① La forma definitivea del commento dell'Acciaiuoli, quale poi apparirà nelle stampe, è data nel ms della Naz. Firenze, II, I, 80 (già Magliab. XXI, 8) appartenuto a un Acciaiuoli (*Alexandri Acciaioli et amicorum*):《Acciaioli (donati) expositio librorum ethicorum Aristotelis iuxta versionem J. Argyropyli Bizantini cum promio ad Cosmum Medicem》. Il ms della Naz. II, I, 104 (già Magliab. XII, 52—Strozz. In f. 602), autografo, contiene la stesura originaria del corso dell'Argiropulo. Appunti e abbozzi sono conservati nel ms VI, 102. Chi confronti con cura la redazione del commento dell'Acciaiuoli con le lezioni dell'Argiropulo deve riconoscere che lo scrittore fiorentino non fece che ordinare, ritoccando l'opera del professre bizantino. L'originalità, se di originalità di contributi può parlarsi, è tutta in qualche accento.

别的使团去向他祝贺，在这个使团的组成人员中有比萨的大主教菲利普·德·美第奇，皮埃罗·德伊·帕齐，博纳科尔索·皮蒂。多纳托·阿恰约利趁这个机会，把《查理大帝传》献给这位新君主，称“一位佛罗伦萨人向法兰西国王表示崇高的敬意”。选择查理大帝并非偶然；“我们读到——菲利普·德·美第奇在向国王致词时慎重地说——查理大帝在这个王国中是你的前任，他应教皇阿德里亚诺的要求来到意大利，使我们的城市从被哥特人的国王托提拉摧毁，两个世纪中成为废墟的状态下得到重建”。阿恰约利写的 252
关于查理大帝生平的献词，从很多方面看都值得注意。他感谢法国国王，除了过去对佛罗伦萨人的恩惠以外，还有对阿恰约利家族的恩情。“当我考虑如何感谢你时……，我想起了查理大帝，他在他那个时代不仅是法国的国王，还是全世界的明灯和光荣，应当把他的生平、习惯和丰功伟绩写下来，要把这样的一位君主放在所有的世人面前，他不是虚构的，像色诺芬·西罗一样，而他是真正具有极其罕见的天赋，神圣的愿望显现着光辉，是美德的典范和镜子，让世界上的所有君主都对照看一看他们的国家和私人的生活。”他比马尔切洛、法比奥、西庇阿更伟大，“他不仅仅是为了一个共和国，也不是为了罗马人民的光荣，而是为了所有人和基督教徒们的共同自由而日夜操劳”①。

① Sull'ambasceria cfr. G. Canestrini—A. Dejardins, *Négociations*, I, Paris 1859, p. 118. della vita di Carlo Magno seguo le stesure autografe del testo italiano (ms Naz. di Firenze, II, II, 325, già Magliab. VIII, 1401) e del testo latino (ms Naz. II, II, 10). Ma cfr. anche il ms II I, 62 (già VI, 95) finito di copiare《a dì x di dicembre 1467 a ore otto》da Baldeso di Matteo Baldesi.

我们从《查理大帝传》中读到，查理大帝使佛罗伦萨和意大利复兴，把她从经历 330 年的（“从奥古斯都到查理大帝之间的许多”）野蛮人统治下解放出来。经过加冕之后，成为埃特鲁里亚地区，“他恢复了古代城市的宏伟，让周围的城堡再现了一度消失的辉煌，修了新的城墙和教堂”。但是，他首先革新了文学和文化。“有像后来更名为阿尔库伊诺的阿尔比诺那样的大师，此人是一位文化修养深厚的人和杰出的哲学家，从他那里不仅学到各种知识，还知道演说家的概念和说话的技巧。据说，由于阿尔库伊诺的努
253 力，查理大帝创建了那所后来被他的后继者们保留下来并加以扩建的巴黎大学，那所大学获得了如此的威望和荣誉，以致闻名于全世界，被视为文人之家。”这里，是否是加洛林王朝的复兴，或是逗留在佛罗伦萨人所喜爱的传奇式的传统上，已不重要；这位智慧和有学识的君主的理想形象，在治理他的国家时求助于文化，求助于古典文化和必要的理论（“不仅在拉丁文学中，也在希腊的文学中自由地接受教育，他还把自己的子女托付给学识渊博的人，为了让他们从小就在良好的艺术环境中成长”）①。

在中世纪是查理大帝，在古代是西庇阿——是西庇阿，而不是恺撒（“实际上是西庇阿在关心罗马人的自由……”）：阿恰约利不仅从历史中得到欢乐（“我注意到你从对名人的回忆中获得不少的欢乐”），而且四处探索如何塑造一个理想的国家统治者形象，寻求一

① Identico tema, con espressioni molto simili, troviamo nel proemio alla *Politica* (Ms II, III, 373 della Naz. di Firenze:《fuit olim clarorum virorum hec precipua laus, ut preter alia ornamenta virtutum litterarum studia amplexarentur et doctorum hominum familiaritate gauderent...》).

个符合他所喜爱的，被哲学家们在政治和伦理文章中所具体描述的君主形象。因为他一直坚持认为，对于人来说最崇高、最神圣和最卓越的任务，莫过于让正义来统治国家（“*nihil... in hac vita preclarius, nihil excellentius, nihil sanctius quam in administranda republica patrie sue pietatem officiumque prestare*”）。但是，他感觉到这样一个任务是与君主自身的内在修养，自身的文化紧密相连；“除了一种更能体现良好的风俗，良好的生活准则的文化之外，还有什么值得更令人向往的呢？”①

这是在 1461 年 6 月他写给菲莱尔福的一封信中的话，他在那封信中满含深情地谈到阿尔季罗普洛，说热爱此人“不仅仅把他视作老师，而把他当成一位父亲”。但是，在伴随着阅读那些知识内容丰富的信时，我们还可以读到那个时期的商务方面的信函，对意 254
大利形势，对热那亚、那不勒斯和米兰，以及对法国威胁表示担忧的信件。他在 1461 年 6 月 29 日给洛伦佐·阿恰约利写的信中说：“我非常担心如果没有上帝的保佑，意大利将出现一场巨大的混乱。从来就没有出现过阿尔卑斯山那边的国家干预高卢附近地区的事务时，没有引起严重后果的。正如其他人都知道，高卢人特别凶悍，意大利已经常体会到了这一点……。如果智者们不再有智慧，怎么办？”②另一方面，他也没有忘记土耳其人扩张的危险。他在 1463 年给教皇的信中写道：“假如像过去那样，需要打退野蛮人的凶恶进攻，这就是关键的时刻。拜占庭被占领了，锡诺普和特

① Ms Magliab. VIII, 1390, c. 37r.

② Ms cit., c. 37v：《Ferocissime sunt Gallorum gentes, ut illi sciunt et sepe Italia experta est...》.

雷比松达陷落了,吞并了整个希腊,战争、屠杀和野蛮的行径威胁着所有的基督教徒。从前哥特人、汪达尔人、赫鲁利人和其他野蛮人曾以同样的残暴占领了意大利,并比别的君主更加凶残地奴役她。因此,谁想明智地安排未来,就需要重视过去的历史事件。”①

1462 年他担任波皮的法官之后,又担任了多种职务:1463 年担任佛罗伦萨(两个月的)执政官,1474 年任最高行政(军事)长官,多次出任驻意大利其他国家的大使,(1471 年)赴罗马选举教皇西斯托四世,(1475 年)在米兰,(1473 年)到法国,(1470—1477 年)任沃尔特拉的元首,(1472 年)任蒙特普尔齐亚诺的最高行政长官,(1476 年)任比萨的最高行政长官,(1473 年 3 月至 1474 年
255 10 月)任主管大学的官员。他的演说取得很大成就;从他的私人信件中,可以看到推动他从事活动的双重动力:对学习的爱好,关注并积极参与佛罗伦萨以及意大利的事务。

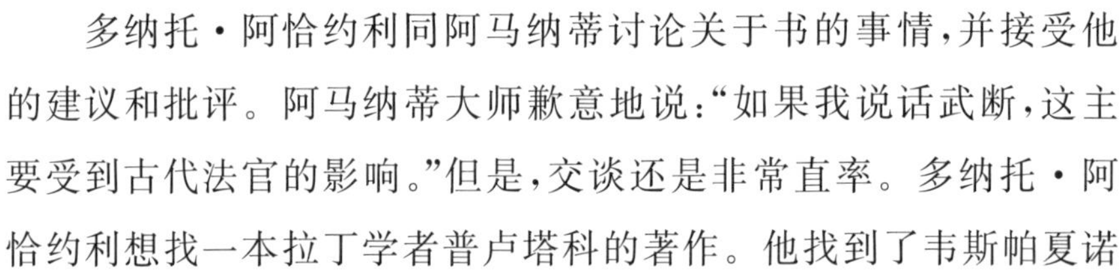

多纳托·阿恰约利同阿马纳蒂讨论关于书的事情,并接受他的建议和批评。阿马纳蒂大师歉意地说:“如果我说话武断,这主要受到古代法官的影响。”但是,交谈还是非常直率。多纳托·阿恰约利想找一本拉丁学者普卢塔科的著作。他找到了韦斯帕夏诺

① Ms cit., 47r:《Si fuit unquam tempus ullum in quo fuerentes impetus barbarorum reprimendi videantur, nunc manifestissime esse〖aparet〗ostenditur, cum illi capta Bizantio, Sinope Trapesuntioque devictis omni denique Grecia imperio suo adiuncta reliquis Christianis arma, cedes, servitutem minantur. Olim Ghoti, Vandali, Heruli, alieque barbare gentes natione simili furore ducti Italiam invasere eamque servitute oppressam diutus tenuere quam victricem omnium gentium provinciam decuit. Quare qui rebus futuris consulere prudenter volunt, ea sibi proponant que preteritis temporibus evenere》.

的书，但是很贵（“价格不会少于 80 个金币”），那是三卷本，主人不愿分开卖。当这位红衣主教准备付钱时，吃惊地发现物非所值，这部书充满着翻译上的错误（“使他害怕的不是贵……，而是翻译上的错误”）。他举了一些例子。“你很熟悉安东尼奥·图德尔蒂诺，他的翻译糟糕透了；我喜欢列奥那多·阿雷蒂诺的译本，以及弗朗切斯科·巴尔巴罗的译本。你只翻译了两个人的传记，我非常欣赏。”但是，他并不赞同他写信的风格；如果认真一些，会写得更好；如果他不懂得写信，或是粗心大意，那就是浪费他的时间，他的老师不会因此而感到高兴[①]。

多纳托·阿恰约利不无讽刺地回答说：“我从你的信上学到，你现在已全部致力于圣经，沉浸在贝阿托·托马索的评论中。从这里，使我相信应当把语言表现的丰富和华丽放在一边，像你那样只关心内容；我也就只关心大问题，不管那些鸡毛蒜皮的小事。”但是，无论怎样，他还是感谢对方的责备。“长时间以来，你的劝告使我相信，在我们的人生中，没有什么比文化加上真诚的生活更美好的事情了。为达此目的，也许我还缺少智慧或学习；但是，我的愿望是有的，而且从来不缺少，常常只有在你的开导下，我才感觉到更年轻了，继续陪伴着我吧。我多么想见到你，同你交谈，高兴地听你的极其优美的谈话。这是我人生中最大的愿望。然而，在我 256
不可能这样做的时候，至少你要给我写信，你是亲切的人，但愿经常这样。你的信越写得长，越频繁，我看到它们时越高兴，它们总

---

① Ms cit., c. 49r (e nell'epistolario dell'Ammannati le lettere a pp. 52r, 53v, 65r, 65v). Su Antonio da Todi e le sue versioni cfr. A. Zeno, *Dissertazioni vossiane*, Venezia 1752, I, pp. 358–360.

是使我充满着新的欢乐。”我们这是在1465年中期。交织深情的建议，责备和歉意：这种远距离的风格教育继续着。在1467年，阿马纳蒂非常高兴地知道多纳托·阿恰约利完成了翻译西庇阿和阿尼巴莱传记的工作，但是，他劝阿恰约利不必匆忙定稿，而是要仔细地再阅读和修改。记得在佛罗伦萨的时候，他刚浏览了半页纸，就发现了不少不当之处。后来，他到锡耶纳以后写信给阿恰约利，谈到从康帕诺那里借了一些他的小册子：“不同时期收集到的你的著作”，从德梅特里奥生平到查理大帝传记的译本。康帕诺是一位鉴赏力很高的人，他赞扬了书的“优美的朴实无华的演说”风格。而他，这位老教师阿马纳蒂，却领略了重新认识“古代教育的遗迹”。对话继续下去，加入了康帕诺的声音，以及对德梅特里奥和查理大帝的赞赏，“回忆从黑暗到光明的过程，它来自希腊的心脏，也经历极端的野蛮”[①]。此外，1468年阿马纳蒂还从罗马写过一封信给他，值得全文阅读。信上责备他的时候语气非常严厉，帮助他的时候又很动情，已处于贫困中的老师为了帮助这位骄傲学生的孩子，还以古代的爱的名义寄钱给他（“寄25个教皇国的金币给你，这是我过去为了度过困境的积蓄，帮助你拿去给你的孩子们买鞋穿吧”）。最后，这位老师的态度又严肃起来，赞扬学生的作品：西庇阿和阿尼巴莱。继续工作吧：你的年龄和精力要求这样做，清晰的风格和为得到所有人的尊重要求这样做[②]。

257 当多纳托·阿恰约利为了公务远离佛罗伦萨的时候，便通过

① Cfr. J. Antoni Campani Epistole *et poemata*, Lipsiae 1707, pp. 182-186, 300.

② J. Picolomini Cardinalis Papiensis *Epistolae et commentarii*, c. 168v.

书信往来继续学术的谈话。1462 年 11 月 20 日，他从波皮客气地同兰迪诺谈起需要保持这种对话。1469 年 11 月 5 日，他从沃尔特拉写信给梅利奥尔·克雷希和利利奥·蒂费尔纳特，以开玩笑的口气又谈起了同一个话题。朋友们写信给他，谈起隐居生活中的平静和从其中获得的智慧的增长。但是，多纳托·阿恰约利回答说，朋友们，“还有比山林美景更富刺激性的东西。最伟大的哲学家苏格拉底曾经说过，教育人们获得智慧的不是山和树木，……在人与人的关系中，不是山，而是学习和正直的生活更为有益。”阿恰约利对他们并无怨言，他还在回信中说：“这里的人很温和；城市却很坚固，她建立在陡峭的岩石之上，能够瞭望四方；这个国家盛产藏红花、葡萄酒、油、小麦和所有其他食物。这里还有浴场，硫磺、盐和铜的矿脉。……我专心致志于我的职责和学习，并像逍遥学派的人那样散步，我想去打猎，如果时间和机会允许的话。你们……要经常给我写信，不要企图消除我的不同看法。分歧可以磨砺智慧，并且为相互写信提供材料”[①]。

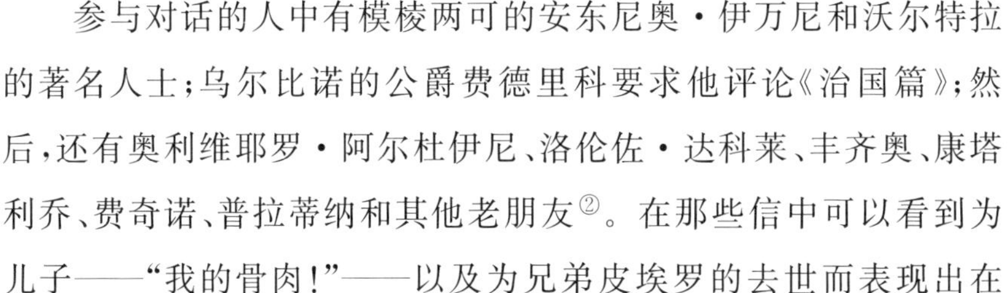

参与对话的人中有模棱两可的安东尼奥·伊万尼和沃尔特拉的著名人士；乌尔比诺的公爵费德里科要求他评论《治国篇》；然后，还有奥利维耶罗·阿尔杜伊尼、洛伦佐·达科莱、丰齐奥、康塔利乔、费奇诺、普拉蒂纳和其他老朋友[②]。在那些信中可以看到为儿子——“我的骨肉！”——以及为兄弟皮埃罗的去世而表现出在

① Ms Magliab. VIII, 1390, c. 51r (cfr. Della Torre, *op. cit.*, p. 545).

② Un folto gruppo di lettere dell'Ivani all'Acciaiuoli nel ms Magliab. VIII, 10; una lettera del Fonzio nel Magliab. VI, 166, c. 115v e nel Palat. Capp. 77, c. 4r (pubblicata nell'ed. Juhasz, 1931).

258 “死神”面前无可奈何的悲伤。而在给大学里的信件中，可以看到通常的争吵，冲突和学者们之间的意见分歧；以及在给美第奇家族的官方信件中，可以看到外交方面的微妙和确切的信息。还有一些为谋求城市职务的信息，可以读到 1475 年 3 月 23 日由“演说者”阿恰约利写给马尼菲科・达米兰的推荐信，为了让贝尔纳尔多・迪・维埃里・德尔・贝内担任执政官①。

并非偶然，阿恰约利在文学方面最后的成就是对《治国篇》的

① Fra le lettere scritte quand'era ufficiale dello Studio (Arch. di Stato di firenze, Uff. Studio 9－11) ve ne sono in favore di Lorenzo da Colle (9, 163):《nel tempo che io sono stato qui ho hauto a praticare messer Lorenzo da Colle diputato a leggere poesia e l'arte oratoria et hollo trovato sì sufficiente nella lingua latina e nella greca che glio posto affectione per la sua virtù...》(Pisa, 22 marzo 1475); (11, 105):《Io credo che vi sia noto la virtù et sufficientia di Messer Lorenzo da Cholle, el quale leggie qui poesia et arte oratoria. Non havevo prima notitia di lui, ma poi che lo praticato lo ho truovato in greco et in latino sì sufficiente che al salario chegli ha riceve torto...》; (9, 166):《parmi di non pretermectere Messer Holiviere Arduini el quale... merita dessere favorito per la experientia che si vede in lui in questa università perché dognie lugho se ne sente assai et dellegere suo e di li scolari suoi oditori et io nelle disputationi che qui in camera mia se son facte ne posso fare fede pienissima che fa grande honore a se e a la ciptà...》(Pisa, 3 aprile 1476). Ed ecco la raccomandazione per il Del Bene (Arch. di Stato, Med. Av. Il Princ., 48, 9):《Non ebbi tempo quando mi partii di costì raccomandarti uno mio intimo amico et compare el quale ha gran fede in me et desidera una volta, se possibile, per mia intercessione et tua gratia esser facto de' priori, et questo è Bernardo di Vieri del Bene el quali si truova in età di cinquanta anni et à vivuto molto bene et mercantilmente et non è molto tornò di Ghostantinopoli et vedendosi invechiare ha gran desiderio di questa dignità. Il perché ti prieghо che vogli operare che lui habbi quest consolazione et io questo piacere che mi sarà gratissimo rispecto alla amicitia che ho con lui insino da pueritia et lo honore sarà bene allogato in lui che è persona da bene et di buona chasa. Insomma te lo raccomando et prieghoti gli faccia intendere per tua gratia quanto le mie lectere ti sieno accepte...》.

评论和把莱奥纳尔多·布鲁尼的《历史》翻译成意大利语。年纪大的佛罗伦萨人几乎都围在他的周围，想深入了解“自由人民”的历史和在他们统治下的意义。几乎相继发生的事情是，1472 年 8 月 3 日，他把《治国篇》题献给费代里戈·达蒙泰费尔特罗；1473 年 8 259
月 27 日，完成对布鲁尼著作的翻译。1471 年，他发表了对教皇西斯托四世的著名讲话①。8 月 17 日，给离开了佛罗伦萨的阿尔季罗普洛写了，据我们所知的最后一封信。从 1473 年起，便多次出任驻外使节，两次去法国，然后去米兰，两次赴罗马；并且去了沃尔特拉和比萨。他的人生可以说一帆风顺。他亲自写信到 1474 年 10 月为止；最后一封信是写给马泰奥·莫雷托医生的，又谈到阿尔季罗普洛的翻译工作，称他为“一位杰出的人物”；倒数第二封信也写于 10 月，是一封写给乔瓦尼·内西谈猎捕山鹑和有格里索参加的一次午宴。他在 10 月 5 日的信中，以开玩笑的口气说：“为了从某些消遣中得到安慰，最好要从纠缠不清的事务中摆脱出来”。值得注意的是，正如他把烹饪艺术称为“高雅享受”那样，他向普拉蒂纳大师“学习娱乐”，并对此还写出了论文。他在 1474 年 5 月 5 日给普拉蒂纳写了一封信，但是并没有谈“论高雅的学科”，而是谈马尼菲科所喜欢听的“论优秀的市民”。不久之前，在四月，费奇诺把马尔苏皮尼的儿子推荐给他，多纳托·阿恰约利从年轻时就非常赞赏那位马尔苏皮尼，曾说：“缪斯变成乞丐就会失去尊严”。再

① Per il commento alla *Politica* cfr. anche F. da Montefeltro, *Lettere di stato e d'arte* (1470－1480), a cura di P. Alatri, Roma 1949, pp. 106 sgg. L'orazione a Sisto IV è conservata in un gra numero di manoscritti (Magliab. XXXII, 39; Naz. II, VI, 17; Magliab. VIII, 1437, ecc.).

提到这些名字时，已是这一代人对下一代人的影响了。内西所描述的山鹑晚宴，可以使人产生许多联想。参加晚宴的人中有贾诺佐·马内蒂的秘书格里塞利，提到他可以使人想起老科西莫取得胜利的时代。而这位内西，最初是费奇诺的信徒，后来又成为皮科和萨伏那洛拉的追随者，就是未来的《新世纪的神谕》的作者，书中为使佛罗伦萨恢复古代文明风俗的费拉拉的苏格拉底唱赞歌。此外，今天的里努齐尼在反对美第奇时并不是作为敌人，而只是拉开
260 距离而已，正如后来在人民得势时他对萨伏那洛拉和美第奇的“暴政”持敌对态度一样。

总之，阿恰约利无论作为人文主义者还是文化人士，他的态度与他的贵族立场都是一致的：他作为良好的市民为他的佛罗伦萨的市民们工作，但在属于他的时间之内，他也保持着贵族式的距离。他希望阿尔季罗普洛到佛罗伦萨来讲学，并且接受他的深奥的理论，但是并不附和这位拜占庭人所掀起的柏拉图时髦潮流。而这个潮流使洛伦佐着迷，这样，在新时期和在新政策中，洛伦佐便按照古代的标准，成为“公共事务”的忠实仆人。

他同帕齐家族的关系密切，当帕齐家族的人反对美第奇的企图遭到失败以后，他正在出使罗马；似乎他和他的亲属也应被卷入到对失败阴谋的激烈反击中。但他的忠诚，使他继续得到信任。“他是阿尼约洛老爷的堂兄，虽然城市要考查他的诚信，但发现在他身上诚信还是不可侵犯地被保留着。”在那个关键的时刻，他又从罗马被召回到佛罗伦萨，很快又被任命为大使派往法国，去完成一项就当时的环境来说非常微妙的任务。洛伦佐也跟随同行。他需要在米兰停留。7 月 29 日，豪华者洛伦佐焦急地写信给季罗拉

莫·莫雷利说:"多纳托·阿恰约利要来。"但是,阿恰约利到达米兰后生病了。8 月 20 日,洛伦佐写道:"我们等待着……看看阿恰约利的病是否痊愈"①。1478 年 8 月 28 日,阿恰约利在米兰去世,享年还不到五十岁。他的悼词是由那位克里斯托福罗·兰迪诺写的,这人被认为是一位"不适应乡间镇集生活"的学者②。正是在帕齐家族的阴谋遭到失败的那一年,他的疾病结束了他的正处于 261
蒸蒸日上状态的生涯,他的突然去世,是如今那种佛罗伦萨的文化和教育类型已走向衰落的明显标志。另一方面,虽然有时出现的还是同样一些人物,不仅是费奇诺和他的追随者们,还有皮科和他的朋友们,以及萨伏那洛拉和他周围的学者们,但是形势已完全不一样了。阿恰约利是 15 世纪上半叶,像布鲁尼、马内蒂那样的人文主义文书长式的人物:他无论作为对手或是朋友,既可以同皮埃罗·德伊·帕齐和"我的兄弟"洛伦佐交谈,另一方面也可以同兰迪诺或费奇诺对话。

八

当克里斯托福罗·兰迪诺作为学校优秀和正直的教师,负责撰写对多纳托·阿恰约利进行颂扬的悼词时,无疑他是认为自己

① Arch. di Stato di firenze, M. a. P., 96, 83; 96, 238.

② L'*Eulogium in funere Donati Acciaioli* nei mss Ricc. 671, 914, 1199 (e trad. fra le *Diverse orationi*... raccolte... per Francesco Sansovino, Venezia 1561, I, 2). Poliziano scrisse i distici :《Donatus nomen, patria est Florentia,, gens mi / Azarola dimus, clarus eram eloquio. / Francorum ad regem, patriae dum orator abirem / in ducis Anguigeri moenibus occubui. / Sic vitam impendi patriae...》.

是在歌颂一位名门望族的重要人物，一位多年来“负责大学工作”，可以影响教授的任命，在佛罗伦萨学术界有相当分量的人。他的去世，肯定是文化界一位巨匠的消失，但首先是一位出身贵族的显要人士，熟悉人事关系和为人正直的人物的消失。但是，在那个时期，他的许多重要朋友，甚至亲戚，都处于不幸之中，或遭受打击，或被流放，很可能为数不少的人都仿效“神圣的”马尔西利奥·费奇诺的榜样，在帕齐家族发动阴谋之后，不再承认如今已名声扫地的人物，即使过去曾经极力恭维过他们并向他们献媚。

总之，多纳托·阿恰约利没有留下著名的作品。他的书信虽然有意义，但是没有流传开；他的著作几乎都不太引人注目。他的较大的成就是对《尼各马科伦理学》的评论，但是所有人都知道其内容主要反映阿尔季罗普洛的观点，此外，就是翻译布鲁尼的《历史》。如今，佛罗伦萨文化界的兴趣，已转向了其他方面。他的名
262 声是与古代辉煌时期的理想联系在一起的：在谈话或写文章时，如果想讲一下过去佛罗伦萨的崇高道德，他的名字还是很有用的①。

如果认为他的那些作品，其绝大部分没有出版，也不值得出版，能够向我们揭示出一位思想深刻的哲学家或风格独特的文学家，那将是个大错误。他既不是前者，也不是后者，尽管他对哲学很了解，相当熟悉亚里士多德和柏拉图，也知道很多有关中世纪和当代的情况。他是一位文雅的拉丁文作家，细心钻研古典作品的学者，对修辞学有特殊的爱好，也是一位不可忽视的用托斯卡纳方

① Cfr. , del Fonzio, *Donatus*, *de poenitentia*, ed. Cit., pp. 264 – 287 (《vir... quo nostra non habet civitas, nec fide meliorem, nec iustiorem...》). E, ivi, pp. 390 – 392, l'elegia《In obitu Donati Acciaioli》.

言写作的散文家。能证明这些的，除了他翻译的人们喜爱阅读的布鲁尼的作品外，还有许多他最初用俗语起草，后来写成的拉丁文作品，甚至包括某些信件和公函，都是那样的充满生气和令人赏心悦目。当征服一个古老的公共地方时，除了去阅读15世纪拉丁文作家的作品以外，还要看用俗语写的东西，因为它们往往是拉丁文作品的初稿，虽然不会发现隐藏的稀世珍宝，但却可以找到某些珍贵的篇章。这样就可以更有根据地谈论15世纪的文学创作，谈论智慧语言的特征，或者说谈论“拉丁语”，因为拉丁语有时在技巧方面不能表现某些特殊的效果，表现在精细深刻的推理中很难纳入某种习惯模式的思维和生活方式。

对于像阿恰约利这样非常谦逊的作家，以上的看法并不太出格，但是在他的笔记中可以找到一些智慧的深思熟虑的句子，那是一段一段的拉丁文复合句。他把一篇西塞罗或昆体良的文章拆开来，逐步进行分析，细心观察它的结构。使人感到，他如同一位艺术家在欣赏古罗马的一座建筑、一个神庙、一个圆顶，看各个部分 263
如何被连接在一起的，它们之间的“数”和秘密的比例关系。当然，这些东西已被后人所知，但是，这都是后来在讨论中所经常使用的某些词汇的反映，也许它们妨碍了对作者的某些态度和它们的含意的理解。那时的“模仿”真正在于寻求某种节奏的秘密与和谐的规律。对于古人，或者说对于那些完美的作品，人们要追问其完美的真正原因，想要发现那种数，或者说——如帕特里齐所说的那样——那种调节着古代创作的“逻各斯”(理性)。在某些被认为是《完美的人》的作品中，想要揭示其通过它，人性就得以卓越地体现的程序。普卢塔科的英雄们构成的并非是“理想”，而是对从他们

身上可以学习到某种生活方式的人性的歌颂。在这样的含意下，古代的“历史”，过去的政治事件，不再是作为一些模式，而是作为应当被珍视的“经验”表现出来。

这样，阿恰约利，他不仅是普卢塔科的读者，而且也是查理大帝的中世纪传记的读者和翻译布鲁尼著作的人，想把对现代事物的经验同古人的教诲结合起来，在形式上还要把优美的仿古拉丁文，同莱奥纳尔多・达雷佐的《历史》中的良好的佛罗伦萨方言结合起来。对亚里士多德的理解，虽然阿尔季罗普洛在大学里讲课，他作为一个从政的人物和历史学家，还是一直坚持强调伦理、经济和政治方面。历史和道德生活：无论亚里士多德的形而上学或正在兴起的柏拉图“神学”，都与它们无关。他说，好的基督徒应当在宗教中看到人与人之间的尘世联系和一种不灭的希望；而不要偏爱“极其奥妙的神学”。“我们要把那些许多属于神学家们思考的微妙研究放下来……那些都是神学家们的纯理论研究”。在肉身化的基督面前，人的唯一可能的态度，就是沉默地信仰。“如果我的四肢都变成舌头……，我的全身都会说话，我相信我也只能表达
264 或叙述这种极其神圣的神秘事物的极小部分”，在它的面前，“并非我缺乏理智，也不是感觉混乱，更不是舌头不灵”[①]。

1468 年 4 月 13 日，多纳托・阿恰约利在“三王朝圣会”中所引用的“基督身体的演说”的话，其中有习惯的修辞学上的做法，夸张而“古怪”，如当时所常常认为的那样，如果不能煽动起圣・贝尔纳迪诺・达锡耶纳的纯朴激情，或市民的义愤和某个萨伏那洛拉

① *Oratione del corpo di Christo*, ms Ricc. 2204, c. 180r.

式人物的恐怖力量，就不是雄辩的演说。在这里，也不用去研究他的措辞，而是把它们放在某种生活方式的环境中，在那里“市民的”义务之一也包括参加一些世俗人士的兄弟会，在会上歌颂“明智而谨慎”生活的崇高和“神圣”价值。按照演说中对正义的理解，信仰宗教也包含伸张正义的前景；因为如果在天上存在美德的话，这也就是正义。

有一次，多纳托·阿恰约利在写给洛伦佐的信中，友好地提到路易季·普尔奇。[①] 在那个年代，正是普尔奇比其他人更好地表达出认为宗教是人类社会的重要力量，它不同于其他形式的迷信。

当罗马人在仪式和虔诚中，
恐怖地注视着的时候；
上天喜欢这种宗教，
她能把人同禽兽区别开来。

把对绝对正义的信念，置于宗教的中心地位(“你知道，正义给好人以奖赏/给坏人以惩罚/保持正直的信念吧/不要对奖赏失望”)。有一次，阿恰约利面对战争和土耳其的扩张，悲伤地写道：
“不幸的人！你们到底希望什么？难道你们现在更喜欢流血、杀戮 265
和破坏。”这种感觉，在萨伏那洛拉身上就变成了对世界末日来临似的恐怖，在阿恰约利那里就有利于市民确切义务感的成长。

因此，正是在这种背景下阿尔季罗普洛，这位拜占庭学者便有

① Arch. di Stato di Firenze, M.a. P., 21, 79 (2 agosto 1468).

意地部分减少了他的教学工作。然而，他却成功地推动了柏拉图化的“唯心主义”运动的兴起，这种情况直到15世纪中期以前在佛罗伦萨是鲜为人知的。更晚一些以后，想把自己表现为真正柏拉图崇拜的发起者的费奇诺，便高兴地勾画出一幅变了形的历史形势图：正是科西莫，把他所喜爱的阿尔季罗普洛讲的真正亚里士多德，同马尔西利奥·费奇诺的真正的柏拉图一致起来。这样描绘的费奇诺背景，便把佛罗伦萨的亚里士多德文化的一个错误形象固定下来，在此基础上，插入了费奇诺的“新”柏拉图主义。它便持续地进行等级森严的划分，不准确地和幸运地把当时的亚里士多德学者们，再分为亚历山大学派和阿威罗伊学派。从部分原因来讲，这是个已习惯于引起争论的老问题，它很少符合15世纪末的意大利文化形势。这样，费奇诺还是花费新精力，向那些准备评价那个时期的哲学立场的人，强调它并重新提出来。

实际上，愿意了解阿尔季罗普洛作为翻译家和评论家的杰出活动的人，在这方面没有谁比通过阿恰约利更容易了解他，都会发现阿恰约利在佛罗伦萨知识界、哲学界、语言学界以及在科学人士中间的分量。要想研究那位拜占庭教师的工作，对那个时期进行思考，和他的工作的本意的人，应当改变费奇诺向我们提供的对场景的描述。

另一方面，如果说阿恰约利是阿尔季罗普洛的朋友和忠实信徒，在指出他以什么方式引导他的教学始终沿着从萨卢塔蒂，经过
266 布鲁尼，到马内蒂的路线这点上，并非不重要。伦理、政治、历史：阿恰约利从不离开这三个领域；他也研究实践中的“辩证法”，但着重强调其“修辞学”的含意。总之，他对进入等级秩序的推论不感

兴趣，而感兴趣的是形成论据的过程，讲话的组织和辩证法的创造性运用。正如波利齐亚诺在一篇序言中所说，阿恰约利倡导的辩证法不是普罗提诺的高贵、神圣和严肃的，作为形而上学知识中女皇的辩证法，而是介入到混乱的讨论中，组织具体有序研究的辩证法。

就这样，还不到老年，就在1478年去世的多纳托·阿恰约利已经不合时尚。他已不能同费奇诺的信徒们接触，后来无论在政治上或文化上也不同萨伏那洛拉的追随者们会晤。在政治方面，他同那些公开或不太公开的反对美第奇的人保持距离，过分同那位“僭主”合作，为了得到如里努齐尼那样一些人的无保留地支持；为了获得美第奇家族的赞许，同“佛罗伦萨自由派”的关系过于密切。

正是他的这种立场，后来制约了他的活动和作用的发挥，即使从长远来看，人们还会继续感到他存在的踪迹。然而就是此人，尽管无论从哪一个方面看，他都并非是第一流人物，他就是这样与刚走向没落数十年，但并不因此就显得不遥远的世界联系着。这位善良的人多纳托·阿恰约利，他去世了，可以说那时正是“豪华者”洛伦佐上升的年代，这样可以使我们了解到那些部分不同于在洛伦佐统治下的美第奇家族的佛罗伦萨形象，了解到她的文明、文化和生活习惯的基础。那时是严肃地，几乎是严厉地理解生活、知识和艺术；如果说有时在修辞上表现出有些夸张，那也总是伦理上的严肃性，还没有沦为道德主义者的说教。政治道德上的思考和历史的叙述，极大地丰富了经验；听取“古人们”严肃的教诲，可以更好地理解自己所处的时代，更清楚地知道为了什么理由生活。可 267

以更自觉地把自己所处的时代,同过去的时代相比较。但是,不要迷失在古老的时代中,要返回到新时代最清晰的事实上,要看到在人的面孔上继续保留的特征和已经变化了的特征。正如从古代的拉丁文,又返回到佛罗伦萨的俗语,其目的是“为了给城市带来更大的好处”。

如果说从这里一下过渡到在同一年代盛行起来的费奇诺的散文;如果说想一想他的形象所显示出的怪异的光彩,想一想沉醉在永恒理念的美妙世界中的热情;迷恋天国的无限和内省的诱人陷阱;面对那些缜密的思想家,还是要记住古老的朴实无华的但丁形象。那些被费奇诺令人惊叹的宏伟所引诱,忘记其他任何声音的人,就会阉割那个时期不仅有效,而且具有相当深度的主题。甚至要想对整个15世纪的思想家和问题作出评价的人,如果从“豪华者”洛伦佐宫廷里的“柏拉图主义”出发,就会说出一些与真实情况不符合的言论。

第二章　马尔西利奥·费奇诺身上的形象和象征 269

“你听着，佛罗伦萨，我告诉你；你要知道是上帝给我的启示：整个意大利的革新将从你这里开始”；但是这种宣布革新与和平的声音（“这个城市是/大堂的象征；/大家团结起来/就可以看到伟大的和平”），却在旧宫前面的火刑场上消失了。萨伏那洛拉死了，当佛罗伦萨的顽童们沿着阿尔诺河的河滩，寻找这位修士的残骸，为给那些为数不少的痛哭流涕的崇拜者作神圣的纪念物时，神学家马尔西利奥·费奇诺正在写针对这位可怜死者的为基督教教义辩护的《辩护词》，认为在萨伏那洛拉身上不仅有一个魔鬼附身，而是有一群魔鬼附身。即使在那个喜爱争吵的年代，也很少像那样在如此短暂的时间中，便汇集起这样多的为消除对一位死者记忆的咒骂。那篇臭名昭著的“谴责费拉拉的反基督分子的《辩护词》”多处违反真实的情况；它充分表明，费奇诺在通过这种如此心胸狭窄的行为玷污自己。实际上，从文章的风格、结构和引文来看，这是一位伟大的柏拉图学者的作品；但是，为了相信他写的东西，我们还需要了解时代的特征。在帕齐家族搞阴谋的时期，他是许多阴谋分子的朋友：后来阴谋失败，萨尔维亚蒂悲惨地丧命，以及愤怒的佛罗伦萨人民上街后发生的事件之后，这位虔诚的马尔西利

奥·费奇诺便迫不及待地赶快断绝所有危险的关系[①]。

270 他在对待他的有权势的保护者们时，极尽谄媚之能事。他在《生命之书》的序言中写道：迪奥蒂费奇·费奇诺医生的身体于1433年10月19日出生在费利内，他的出生是为了医治人们的身体。而他的灵魂的父亲则是祖国之父科西莫·德·美第奇。后者才是真正的医生，重塑了他的灵魂，使他离开加莱诺，通过柏拉图，开始医治心灵[②]。

在我们面前的是15世纪佛罗伦萨第一位在风格上华而不实，

① Sulle reliquie del Savonarola è da vedere J. F. Pici *vita R. P. Fr. Hier. Savonarolae*, Parisiis 1674, p. 95 (《...os, quod puer quidam dum veheretur in Arnum delapsum vehiculo pertulit ad matrem...》), e L. Landucci, *Diario fiorentino dal 1450 al 1516*, Firenze 1883, pp. 178-179(《...fu chi riprese di quei carboni che andavano a galla》). L'*Apologia pro multis florentinis ab Antichristo Hieronymo Ferrariensi hypocritarum summo deceptis ad Collegium Cardinalium* è conservata dal solo codice Magliab. VIII, 1443 del sec. XVI, da cui la trasse il Passerini (《Giornale storico degli Archivi toscani》, III, 1859, p. 115) e la riprodusse il Kristeller, *Supplementum ficinianum*, Flor. 1937, II, pp. 76-79. Del Savonarola il Ficino aveva nel '94 esaltato《la santità e la saggezza》, e l'aveva chiamato *divinitus electum*. E. Sanesi, *Vicari e Canonici Fiorentini e il《caso savonarola》*, Firenze 1932, pp. 15 sgg., giunse a negare l'autenticità dello scritto, riconosciuta invece dal Kristeller, *Supplementum*, I, p. CXLI. È curioso il fatto che il Camaldolense Paolo Orlandini, amico del Ficino, in un poemetto scritto poco dopo la morte del filosofo, riunisca in una visione di spiriti beati《Messer Marsilio di Ficino e Savonarola》(ms della Naz. di Firenze, Conventi G. 4, 826). Ma sulla questione vedi ora studio di A. Chastel, *L'Apocalypse en 1500. Le fresque de l'Antéchrist à la Chapelle Saint-Brice d'Orvieto*, 《Bibliothèque d'Humanisme et Renaissace》, XIV, 1952 (*Mélanges A. Renaudet*), pp. 124-140.

② 《Ego sacerdos minimus patres habui duos, Ficinum medicum, Cosmum Medicen. Ex illo natus sum, ex isto renatus. Ille quidem me Galeno, tum medico, tum platonico commendavit; hic autem divino consecravit me Platoni... Galenus quidem corporum, Plato vero medicus animorum...》.

矫揉造作的著名宫廷哲学家。佛罗伦萨早期的人文主义是朴实的，并且几乎是严肃的；它的繁荣以共和国的文书长们、政府人士和显贵家族成员的渊博文化知识为特征，而且伴随着他们的还有一些著名的僧侣、杰出的高级教士，甚至大学的优秀教师。这种高 271
级的文化，特别在政治和道德领域，是用来塑造在君主统治下的城市领导阶级的。在费奇诺的朋友中，有卓越的乔瓦尼·皮科，他是意大利最富有和最高贵的人士之一，是许多君主和最高统治者的朋友，在他之前还有极其富有的贾诺佐·马内蒂，有权势的多纳托·阿恰约利，他们都继承了科卢乔·萨卢塔蒂和莱奥纳尔多·布鲁尼的传统。

到费奇诺时，他是作为一个宫廷文人出现的，也不是大学的教师，而是服务于他认为有价值的君主，这不仅是为了给自己的家庭增添光彩，无疑还为了其他微妙的政治宣传的目的。而且，值得注意的有趣的事情是，这些佛罗伦萨的名人们经过半个多世纪，在亚里士多德的《尼各马可伦理学》和《治国篇》中寻找生活和政府管理的准则之后，科西莫掌权后便突然发现对柏拉图的热情。他的那些对手们失败后退居到修道院里或乡间，从斯多葛派的艰苦和禁欲智慧中寻求安慰；佛罗伦萨年轻人习惯于在教堂里听布道和听政府官员们的讲话，他们被告知应尊重文明生活和世俗行为的尊严，而费奇诺的信徒们则宣扬要陶醉在沉思默想的苦修中①。

---

① Di Giannozzo Manetti racconta Vespasiano da Bisticci che aveva a mente, 《per lungo abito》, la *Nicomachea*. Le sue orazioni in lode della《giustizia》si leggono, fra l'altro nel Palat. 51 e 598. Ma giova soprattutto scorrere la raccolta del Ricc. 2204, prendendo come punto d'arrivo il《pretesto》di Pier Filippo Pandolfini del 13 luglio

另一方面，帕齐家族的阴谋事件之后，在宗教问题上在佛罗伦
272 萨和罗马之间爆发了严重的政治冲突，而受美第奇家族支持和保护的柏拉图主义的传播，在方式上所表现出的某些肆无忌惮，与此不无联系。实际上在基层的知识分子中，经常都会听到在道德上无严格要求的少数贵族知识分子的怨言。佛罗伦萨分裂了，在痛心疾首的人群中，出现了真正的叛逆者①。

在这样的环境中，伴随着季罗拉莫·萨伏那洛拉的高贵的顽强态度，或者说皮科·德拉·米朗多拉的精力充沛的直率，令人尊敬但又口是心非的马尔西利奥·费奇诺的尊严不可能不受到贬低。甚至他的风格，有时我们都感到像 17 世纪的，与 15 世纪的大作家们比相距甚远。

1475, ormai tutto platonizzante. E tra gli autografi delle stesso Pandolfini leggiamo (ms Naz. II, IV, 192, c. 241：《non contenti adunque de la civile, non de la purgatoria virtù, conseguite la purgata iustitia...》). Da un lato il ritiro stoico di un Rinuccini, dall'altro l'evasione platonica. Quanto all'infatuazione platonica di Cosimo, al tempo del Concilio fiorentino e sotto l'influenza del Pletone, è da vedere la narrazione del Ficino premessa alla versione di Plotino nel '92.

① Per l'atteggiamento di Firenze, si rilegga per esempio, nella *Synodus Florentina*, la feroce invettiva contro sisto IV, stesa probabilmemte da Gentile Bechi (《...il custode del cielo ha aperto le porte a tutto l'inferno... chiama pace la guerra questo nostro vicario della verità...》). Su questo sfondo va colllocata la protezione di Lorenzo al Pico dopo la condanna, e tutto il favore per una certa fronda intellettuale antiromana. Quanto al tono dei rapporti fra i Medici e il Ficino, è da vedere la minuta di una lettera al ficino (nel Med. av. il Principato, 88, 202) con frasi come queste：《minorem profecto aut vim aut auctoritatem litterae tuae ad demulcendos animi nostri fluctus non habuerunt, quam Neptuni verba ad tempestates aequoris componendas... Sicuti Alexander solum a Lysippo fingi atque ab Apelle pingi patiebatur, ita ego cuperem tuis tantummodo laudibus decorari, si eius generis nostri animi dotes essent quo Alexandri faciem fuisse accepimus...》.

当我们想一想他的著作涉及面之广，在过去两个多世纪在整个欧洲引起的反响，以及他的某些观点的深刻含意，我们理解同时代人和后人对他的赞扬。我们理解那位高贵和不幸的人潘多尔福·科莱努乔，当他歌颂佛罗伦萨的光荣时，几乎赋予了思想以生命，把伟大的马尔西利奥·费奇诺放在中心的地位。用精神上的受折磨，对一种非英雄气概的软弱进行真正的救赎。

我们从传记作者们那里知道，他是按照当时的习惯，在一位名叫尼科洛·蒂尼约西·达弗利尼约的亚里士多德信徒、医生和哲 273
学家办的学校里，通过学习亚里士多德的文章成长起来的。我们从他的最初书稿的明确记载中，可以了解到他的青年时代的经历。但是，佛罗伦萨的亚里士多德主义，在蒂尼约西所赞赏的阿尔季罗普洛的讲学之后，已与过去的经院学派亚里士多德主义不一样了。我们不要忘记皮埃尔·菲利波·潘多尔费尼给我们留下的另一幅那位拜占庭学者的画像，他正在专注地研读《美诺篇》，难道他已充满了对柏拉图的热情？怎么能忘记普罗提诺著作的15世纪最权威的手抄本之一，即现在所说的《1970年巴黎的希腊文》，正是由过去的乔瓦尼·阿尔季罗普洛抄写的？①

① I primi saggi filosofici del Ficino, ancora aristotelizzanti, ha pubblicato il Kristeller in《Traditio》, II, 1944, pp. 274－316 (cod. Palagi 190 della Moreniana) e in《Rinascimento》, 1950. Tuttavia andrà probabilmente modificata tutta l'impostazione, canonica dopo il Della Torre, dei rapporti con le varie posizioni e correnti culturali fiorentine. Intanto va spostata la situazione del Tignosi, che nell'*Opusculum in illos qui mea Aristotelis commentaria criminantur* (Laur. Plut. 48,37－Naz. Conv. C. 8. 1800) polemizza vivacemente contro gli scolastici. La lettera del Pandolfini è nel Magliab. VI, 166, cc. 198r－199v. Sul Paris. Graecus 1970, cfr. Henry, *Etudes plotiniennes*, *II*, *Les manuscrits des Ennéades*, *Paris－Bruxelles 1948*[2], pp. 91－96.

可是，最微妙的事情是，费奇诺最初的爱是从卢克莱修开始的。后来，他的思想成熟以后，便把围绕宏伟但极其忧伤的伊壁鸠鲁概念所写的东西，付之一炬[①]。他甚至在《柏拉图神学》的某些篇章中表示出对一个没有希望的世界的恐惧，他说怎么可以接受
274 成为一个没有目的和没有意义的形体，我们猜想这个发展的路线是：从卢克莱修的失望，经过柏拉图的希望，引导费奇诺到达基督教的确定性。但是，这种确定性并未完全消除过去克服过的困难，而这些困难却总是存在于记忆中，这位哲学家重要著作中的某个未解的注释，都会产生一种非同寻常的力量。

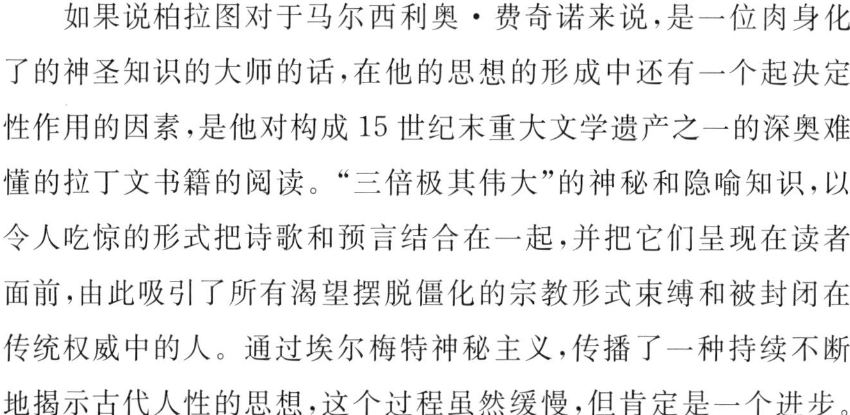

如果说柏拉图对于马尔西利奥·费奇诺来说，是一位肉身化了的神圣知识的大师的话，在他的思想的形成中还有一个起决定性作用的因素，是他对构成15世纪末重大文学遗产之一的深奥难懂的拉丁文书籍的阅读。“三倍极其伟大”的神秘和隐喻知识，以令人吃惊的形式把诗歌和预言结合在一起，并把它们呈现在读者面前，由此吸引了所有渴望摆脱僵化的宗教形式束缚和被封闭在传统权威中的人。通过埃尔梅特神秘主义，传播了一种持续不断地揭示古代人性的思想，这个过程虽然缓慢，但肯定是一个进步。

① Sui *commentariola in Lucretium*, *quae puer adhuc nescio quomodo commentabar*, cfr. Kristeller, *suppl.*, II, p. CLXIII (e *Opera*, Basileae 1576, I, p. 933). Ma è importante una lettera al Poliziano, di difesa, e certo non del tutto vera, anche se intitolata *laus veritatis* (《circumferuntur, ut ais, epistolae quaedam meo nomine quasi Aristippicae et quadam ex parte Lucretianae potiusquam Platonicae; si meae sunt, Angele, non sunt tales; si tales sunt, non meae illae quidem, sed a detractoribus meis confictae. Ego enim a teneris annis divinum Platonem, quod nullus ignorat, sectatus sum...》).

阐述存在物最神秘的部分，向人揭示它的起源，这如同无区别地向所有的人馈赠一件珍宝；无论任何人，只要真诚地和纯洁地在自己身上和在事物中去寻找，都会找到。人是非凡的创造物，他是上帝在世界上的活的形象；由于他同造物主之间的这种极其密切的亲缘关系，他自身也是创造者，他可以汇集和利用整个宇宙中的一切力量。

埃尔梅特神秘主义在一段时期满足了宗教的微妙需要，以及用巫术来征服事物的渴求，这种渴求一直流动在整个中世纪的地下层中。《皮曼德罗》中神圣的人，“隐秘的”人，是巫师，他有能力统治由各种元素组成的世界，统治星球的力量和魔鬼的力量。只要读一读也许是费奇诺著作中最奇特和最复杂的《生命之书》，就可以知道埃尔梅特神秘主义对他产生的魅力，他把它理解为能够打开所有神秘事物的钥匙的神学。

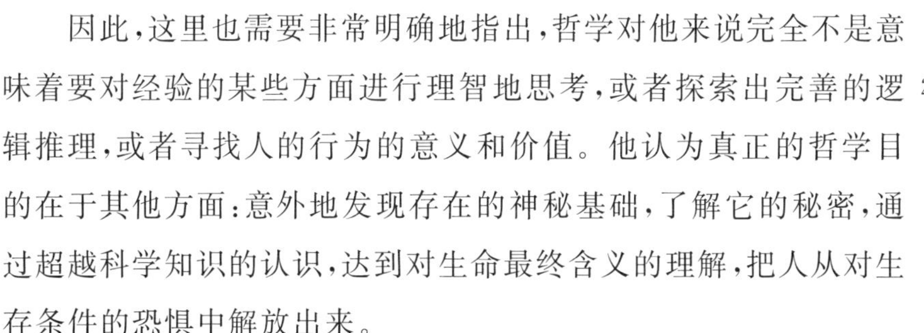

因此，这里也需要非常明确地指出，哲学对他来说完全不是意味着要对经验的某些方面进行理智地思考，或者探索出完善的逻 275
辑推理，或者寻找人的行为的意义和价值。他认为真正的哲学目的在于其他方面：意外地发现存在的神秘基础，了解它的秘密，通过超越科学知识的认识，达到对生命最终含义的理解，把人从对生存条件的恐惧中解放出来。

哲学家费奇诺的杰作《柏拉图神学》开头这样写道，人在这个土地上，如果不能达到肯定拯救自己的目的，那么，他与其他动物相比，将是最不幸的。因为只有人，才与生俱来便以他细微的感觉，痛苦地意识到自己的无法消除的局限性。在《脆弱的形体》中，他认为人虽然与其他动物相比有共同之处，但只有人在心中一直怀着忐忑不安的痛苦，一种在尘世上永不磨灭的渴望。因为——费奇诺不遗余力地——把痛苦和死亡归之于只有人才有的感觉：而且更为奇妙的是，感觉到一切事物都毫无意义，感觉到我们生活在虚无缥缈的世界中，生活在阴影的笼罩之下和虚幻中，感觉到我们只在现实的表面上行动，而无法掌握现实的奥秘。

现在，对于这种人的本性所带来的痛苦的欠缺意识，不可名状的需求，一位严肃的哲学家无法摆脱的尖锐和痛苦的失望感，只有两个出路：或者承认毫无办法，或者希望这一切只不过是一场噩梦；但是，对于事物的毫无意义也是一种迹象，它表明除了毫无意义的事物之外，还存在有意义的层面，光线尚未消失，一切都会揭示出来，泉源一旦找到就会真正满足一切渴望。

费奇诺在最初接受亚里士多德和卢克莱修思想的时候，探索在第一个方向中的模糊的可能性：接受尘世的不可避免的命运安
276 排。朝生暮死的生物，短暂地确定成为唯一的类，我们只能度过我们的时光，解决我们的生存问题。我们可以享受歌颂的和在繁殖行为中耗尽的神圣的“享乐”；我们可以在看到这个由植物和动物组成的美好家庭而心满意足；我们可以在允许的范围内获得我们可怜的欢乐，通过一种明确的意识和顺从接受对我们的统治，我们将从容地度过我们能赋予它的意义的一生。

费奇诺认为，亚里士多德和伊壁鸠鲁提供的前景是一致的：这两人都是“物理学家”，他们都不可能越出自然的界线；他们的局限都是让人处于无意义的状态中。亚里士多德——无论是亚历山德罗·迪·阿弗罗迪西亚或是阿威罗伊的思想——都是否认人作为个人的存在。我是宇宙物质的产物，或是某个人类形式的智慧的产物，并不重要。无论如何，我失去了自己，失去了我的个人特征。

如果我们读一读《快乐之书》，这是在关于亚里士多德的笔记之后，费奇诺的系统著作的第一本，它整个编写的是对卢克莱修思想的回忆，我们可以从中看到，他希望超越自然寻求一条出路，给人的不安一种积极的感觉：我们在流放中受苦；我们寻找的不是爱神维纳斯在战神马尔特怀中的欢乐，而是终于从尘世的牢笼中解放出来后，回到祖国时心灵产生的愉悦。我们不停地追求，不是表明向尘世的劳动推进，而是受到无限的模糊召唤：告知在事物之外，在所有的有限事物之外，还有真理和生命①。

费奇诺不断地宣称，亚里士多德只在物理学的领域里有效，然而值得重视的是在物理学之外，在世界之外，在符号之外，在彼岸。277
所有这些的根源，都在于他企图从根本上消除人类的不安，或者说祈求安慰我们的失望，寻找某种绝对的积极价值，把这种祈求理解为从现实的善产生的希望，并且转向绝对的善。我们每个人都是这种呼吁的携带者，正因为如此，它揭示出上帝的不可磨灭的声音。他又不断地回到古代模棱两可的人的神话中去，这样的人是贫穷和富有的儿子，总是想把自己占有极少财富延伸到遥远的美丽土地上去：但是真正的财富正是存在于贫乏中，存在于现在对失

① Nella *Theologia platonica*, XIV, 7, Ficino scriverà :《voluptates corporis tamdiu percipiuntur, quamdiu egestas et appetitio permanet》. Ma è importante che il *Liber de voluptate* finisse con un testo di Epicuro che, presso a morire, nello strazio del corpo si dichiara beato per la serenità interiore (《beatum se diem dicit agere, et tamen maximis doloribus cruciari...》). Il *de voluptate* reca la data del 1457, *anno aetatis suae* XXIV.

去的无限的善的思念中；正如普罗提诺所说，存在于对父亲之家的呼唤。

在这种对物理的亚里士多德和世俗的伊壁鸠鲁拒绝的情况下，他开始接近埃尔梅特、柏拉图、普罗提诺、普罗克和伪丢尼修士：在这个从自然向非自然的过渡中，在这个抛弃尘世的、脆弱的和忧伤的——正如塞内卡所认为的那样——总是不能满足需要的享乐中，去争取获得提出愿望的欢乐。其特征是痛苦地，甚至是剧痛地祈求，我们在《柏拉图神学》中可以读到：——仙女们，啊，我的上帝，一切都是梦；明天，当醒来的时候，面对生活，我们发现已坠入深渊，一切都是变了形的，那样的可怕；我们如同大海中的鱼，被禁锢在一个监狱般的水箱中，压迫着我们的是可怕的噩梦！

正是在这个时候，就阅读了反映这种忧虑的埃尔梅特的著作。实际上，埃尔梅特神秘主义不是第一次进入西方拉丁世界的文化中。曾经有阿普莱伊奥的《阿斯克勒庇俄斯》，有充满对“完美的命题”（Λόγος τέλειος）的引用和回忆的拉坦齐奥的著作。人文主义者们在《阿斯克勒庇俄斯》中，激动地读到对属于人的能力的著名
278 赞扬：“人真是一种美妙绝伦的动物，值得崇拜和赞扬（‘*magnum miraculum est homo, animal adorandum atque honorandum*’），他具有如同上帝一样的本性，似乎他自己就是上帝。”贾诺佐·马内蒂在他的著作《论人的尊严和卓越》中，大量地引用拉坦齐奥的充满埃尔梅特神秘主义观点的论述。只不过费奇诺在使用这些题材时，已从完全不同的角度去阐述他对人的价值的理解①。

---

① Prezioso per rendersi conto della tradizione ermetica è il IV volume degli

在大部分早期的人文主义作品中，人的伟大的标志，在于人在这个世界上所开展的活动。对人的能力的歌颂，在于建设我们的城市所进行的劳动。作为这种观点的提倡者的马内蒂，沉浸在亚里士多德的思想中：他特别喜爱读的书是《尼各马可伦理学》和《治国篇》；他的理想是积极生活的尊严。他写的最优美的篇章之一，是赞扬作为人的高贵证明的佛罗伦萨的辉煌：看看那些雕塑，布鲁内莱斯基的建筑，绘画，诗歌，宏伟的宫殿，商人们的活动，巨大的财富，这些都是我们的业绩。他还继续有力地指出："我们的这些业绩是人的业绩，因为它们是由人创造的，所有这些看得见的东西，所有的房了，别墅，城市，所有的地面建筑……。还有我们的绘画，我们的雕塑、艺术和科学；我们的知识……；我们无数的发明，我们所有的语言和文学作品。"而对这些"伟大奇迹"的认识和完成都是在大地上进行的。他也暗示有某种至高的隐秘的力量，即巫术般地对自然力量的神秘控制：但这也总是人的活动，是智者要深入到"自然界"(φύσις)的核心中去，了解隐藏的数据，控制其力量，为自己的目的服务。

而马尔西利奥·费奇诺在翻译《皮曼德罗》和其他一些文章的 279
时候，完全恢复了其拯救灵魂的宗教启示语调。人的伟大存在于他的神性本质中，存在于他内在地和本质地是一个神：也许是一个

Hermetica dello Scott completato dal Ferguson (e uscito nel 1936). Del tutoo insufficiente per la tradizione medievale dell'Asclepius è invece quello che dice il Nock(*Corpus Hermeticum*, II, Paris 1945, pp. 264 sgg.). Basti pensare che ignora di Vincenzo di Beauvais le larghe citazioni nello *Speculum naturale*, singolarmente importanti data la diffusione dell'opera. Allo studio della tradizione umanistica attendo da tempo.

从天上掉下来的，被流放到地上的神，他总是记得遥远的祖国，他应当回去，他不能不回去①。在费奇诺的本体论结构中，可以看到一种脱离自然世界必然命运的，不可磨灭的高贵痕迹。但是，他的这种高贵从本质上讲是出生的高贵，不是通过劳动和对德行的奖励获得的。

另一方面，那些埃尔梅特神秘主义的小册子也教会费奇诺超越这个世界看问题，超越自然的统治去理解上帝的秘密。它们告诉他一种获得拯救的神秘直觉，打破感觉世界的封闭就可以得到它，要超越经验外貌的容易使人受骗的外表进行思考。它们告诉他有一种救世主的智慧，这是上帝给予笃信他的智者们的，而对于世俗的人士，上帝则把它隐藏起来，隐藏在隐喻和象征的形象中，智者应当把它翻译出来。它们告诉他什么是完美的认识，这就是从每一本书中获取最深刻的价值，即神秘的感觉：获得它就可以同上帝联系在一起。但获得它的条件是不能停留在肉体上，身体上和土地上；要听从整个存在对我们的呼唤，透过遮盖着神的面容的面纱，这样，折磨我们的不安就会在另一个世界平息下来，那里才是我们的真正的世界，在那里存在着能够安慰我们的唯一的善，在那里不再有时间的消逝和死亡的来临。

280 埃尔梅特神秘主义——它带来了一个良机——它告诉人们，从遥远的时代起，人们已能揭示出上帝的面貌；它告知存在一种永

① *Theol. Plat.*, XIV, 7 ：《in mediis voluptatum ludis suspiramus nonnunquam, ac ludis peractis discedimus tristiores... quotiens otiose sumus, totiens tamquam exules incidimus in moerorem, quamvis moeroris nostril causam... nesciamus...》.

恒的启示，即所有的宗教都只不过是部分传统的表达方式；要在摩西、柏拉图和基督的和谐精神中实现宗教的和平。这样的和谐，一方面使我们相信真理是唯一的，本身是一致的和不朽的；另一方面，使宗教从它的所有困境和障碍中解脱出来，这些障碍就是令人受折磨的文字和僵化的仪式，它们似乎在抗拒哲学家的批评和压制信徒的热情。它要求透过真理的外衣直接观察到灵魂。真理在我们的心中跳动，存在于事物之中，并且无处不在。基督教使用能够打开一切神秘事物的钥匙——柏拉图传统的智慧，几乎以完美的方式诠释了真理。

费奇诺相信他的教导，来自于古老的埃及，认为毕达哥拉斯、柏拉图、斯多葛主义、新柏拉图主义和伪丢尼修士的著作之间的观点，都是一致的；这给了他一种令人欣慰的感觉，即在所有人之间存在深刻的一致性，存在一切不同信仰的交汇，存在所有各种启示之间的和谐，存在某种理论的坚实基础的可靠迹象。他从这里为他的基督教护教理论汲取灵感，并为之打下基础，他在这方面的最高成就是《基督教》这本书；他在其中把基督教教义视为上帝不断做出这类启示的概括和巅峰：人对超自然命运的坚定信念，尊重这些文献所体现的反映这种神圣愿望的不可摧毁的价值，把永恒的宗教和永恒的哲学联结起来。在他的护教理论中，费奇诺最满意的言论莫过于他希望所有的人民，在对善的崇拜中，实现宗教的和平。他说："因为上帝并不指责任何崇拜，只要它是人的，无论什么方式，都会走向上帝……。上帝是最高的善，事物的真、智慧的光和愿望的热情。因此……那些真诚地赞美上帝的人，善良地劳动的人，用语言传播真理的人，热爱智慧的人，以及充满爱心的人，都 281

是在不断地对上帝表示崇敬。”

因此，除了文字以外还存在着唯一的真理，但是，它的表现应当是可以感觉到，看到，有血有肉和以具体的形式出现的。柏拉图的传统满足了费奇诺的迫切要求，要他越过事物的表象，看见在我们周围的现实中存在某种隐喻和参照他处的象征。物理学家亚里士多德，如同其他的科学家一样，止步于大量数据之前；而柏拉图作为神学家，则逆光式地发现无处不存在某种隐藏的感觉和思想的导向。对于作为世俗的科学来说，事物就在那里，它们体现为形体和重量；而对于神性的哲学来说，事物的面貌则发生了变化，它们被安置在更高层的和谐中。因此，哲学是以尖锐的目光，看到事物的节奏和窥探它们的秘密；哲学运用自己的认识，释放隐藏的潜能，并让追求自由的人获得自由。

费奇诺著作的魅力正是在于此：要人们超越现实昏暗的表层，去发现无处不在的赋予一切以灵魂并联结一切隐藏的和谐印记；在观察宇宙万物时，不是看它的实体，而是看它的灵魂。正如看一个人时，不是看他穿的会腐烂的衣衫，而是看他的不死的灵魂，只有看见他的灵魂的人，才称得上看见了这个人。这样，一切事物都有它们的真实性，这就是它们的灵魂，无论植物、石头、天上的星星，无不如此。这个灵魂，也就是它们的生命的秘密所在，或者说一种节奏、一种形式、一种美的闪光。因为真实性绝非是一个逻辑词汇、一个抽象的概念，而是一个灵魂，或者说一个活的生命、秩序和优美的根源。这样，存在就其杰出方面来讲，就是生命和善良，就是上帝，就是光明和爱的源泉。

如果还可以继续称之为哲学的话，全部费奇诺的哲学就是这种把生命、秩序、美丽当作现实的直觉。因此，它是通过象征性的符号、图像和形象来表现和显示的。当我们在思想上明白，感觉到的事物只不过是一个符号时，就可以超越它，因为在逻辑的归纳中 282
找不到它的真实性，而相反，只能距真实性越来越远。真实性只能通过运用观念抓住数和节奏，即存在物的灵魂时，才能获得；正如艺术家在创作中所达到的真实性，只不过是在翻译神圣的艺术（上帝）创造一切的过程本身而已。认识就是直接观察每一种现实事物的组成行为，那个产生的过程是一切事物为之由来的源泉；因为在一切事物中都存在生命和灵魂，或者说一种神圣的光的无限延伸。

在《论爱》中，他告诉我们说："宇宙之美是上帝面孔的光辉"，费奇诺向我们展示出现实的不同层面，认为这就是宇宙从神圣的源泉流出之后，在它展开的过程中所表现出的抑扬顿挫的节奏，但它只不过是上帝之光的震颤和波动而已。

> 上帝的权威高于宇宙，高于天使，高于由他仁慈地创造并注入的灵魂，这样，它们就如同上帝的儿女一样，在他的光辉中充满美德，照耀着他创造的一切事物。这种从上帝那里发出的光辉，描绘出整个世界的秩序，比在世俗的物质中所看到的更为清楚：在这样的光辉中，显示出整个世界的形象，我们所看到的一切，在我们的眼中看到更清楚的是天使和人。还有天体、太阳、月亮和星星；各种要素、石头、树木和动物。这些图像在天使中称之为典范和理念，在灵魂中称之为理智和信息，在物质世界中称之为形象和形式。这些图像在世界上

是清晰的,在灵魂中更清晰,在天使那里最清晰。因此,上帝的同一个面孔,反映在不同层次的三面镜子中,即在天使中,在灵魂中和在尘世的物体中……。无论在天使中,或是在灵魂中,或是在尘世的物体中,反映出来的这个面孔的光辉和优美,都普遍地称之为美,对它所表现出来的渴望,都普遍地称之为爱。

在这个把整个现实变成光和爱的节奏中,在这个把世界变成
283 诗一般的视觉中,——想赋予诗以无限丰富和意味深长的内涵——可以看到费奇诺的特征。注意观察他的思想的人,明显看到他的概念的框架,这都来自于传统,并无任何新的东西,这位与众不同的作家的精力,都用在一种渺茫的情节中。他喜爱使用形象化的语言,通过形象和神话来表达他的思想,正是因为他的哲学并非抽象地推理,或是讲物理学,而是阐述对上帝的美丽面容的深刻见解,这个面容铭刻在事物的内部,找到它就找到生活在我们之中的上帝,用我们的认识完成他给我们画的圆圈:正如托马斯·康帕内拉的诗中所说:

上帝规定宇宙中的一切事物,
我去实现上帝的思考。

哲学是上帝的爱,并且回归上帝:这就是宗教:那是在最高的沉思中,达到在精神上同上帝的交流。

我们只有相信这点,才能理解费奇诺所采用的论述方式。对

他来说，哲学就是为了唤醒爱的爱。他写道："只有一个办法能使年轻人健康成长：这就是同他们进行苏格拉底式的对话，为了达到家庭式的愉悦的亲密，有时需要变成老顽童。"

这段话严格地从理智上讲，对于科学也是有益的：为了"看见"上帝，必须攀登内心重新获得和"再生"的向上阶梯。因此，费奇诺的哲学全部和仅仅在于要人们用灵魂的眼睛去"看"事物的灵魂：通过需要进行模仿的个人经验的叙述，进行爱的规劝：要推动被规劝者进入灵魂深处，因为在内部光的照耀下，世界更为清晰。从这里便开始了展示形象的进程，把大量经验得来的数据，浓缩为一个美丽的形象，但是其概念却更为抽象，对于活的个人来讲它是静止的和死亡的。忠实于柏拉图的情节就是把一切现实的根源，都看 284
作一个形式；知识的运动，只不过是从感觉的印象到理念的过程，逐渐在形象的大量流动中用概念的语言，引导思想去感觉至高无上的光辉。

> 当人的眼睛看到人时，便在想象中产生人的形象，并对此形象作出判断。当人看灵魂时，用思想的眼睛就可以看到沉浸在神的光辉中的人的理智或理念。由此便会立刻迸发出某种火星，这里就可以真正看出人的本性，看其他事物亦是如此。

因此，只有观察费奇诺的这些形象，我们才能忠实地沿着他的路线前行，虽然无法达到在爱的交汇处的目的，那就是智者的死亡，哲学家费奇诺说："经过这样的死亡，便产生更崇高的生命。"①

中心的议题无疑是人，而且是人的内心，灵魂统治着身体，并从包含着它的身体中释放出来，按照普罗提诺的看法，最好是这样。如此一来，论题便立刻转移到了阿维森纳的飞行的人的形象上，人在无阻力的空间飞行，没有任何感官的刺激或激励，在那里身体似乎已经消失，消融在远离一切事物的遥远中，而灵魂却抓住了自身，发挥单纯和自主的作用。

这就是世界上人的眼睛的目的，它是宇宙的镜子，有意识地收集和携带无处不在的上帝的形象，"站起身来望见上帝的面孔，在
285 灵魂中就闪现出光芒"。一切形象都是通过眼睛收集、传播和反射的光线获得，但在这些光线中存在秘密的光，"因此太阳光描绘出它照射的所有物体的形状和颜色……；眼睛又借助自然光线的帮助，看到被如此描绘的太阳光，因为眼睛看到了光和被光所描绘的事物。所有被看到的这些世界秩序，都是被眼睛捕获到的"。一切都是天父的光芒在闪烁，正如某种能产生振动和火花的微笑，这就是灵魂：整个世界仿佛都是由目光和注视组成的一篇讲话，"由此产生——费奇诺总结说——世界上的一切装饰都是上帝的第三张面孔，经过太阳吸收的光线，再把它传递到人的眼睛中"。

这便是人的主题的症结，或者说世界的交汇，现实的一切秩序，一切等级的存在物，都在这里结合，低级的世界同高级的世界连接进来，人把这一切都收集到自身中，人的观念延伸到了宇宙，

---

① Cfr. E. Gombrich, *Icones Symbolicae. The Visual Images in Neo - Platonic Thought*, 《Journal of the Warburg and Courtauld Institutes》, vol. XI, 1948.

把分散的小溪导入唯一的源泉，在循环的流动中，让存在物心脏的跳动从中心到个体，再重新返回中心。

就这样，光的主题同爱的主题是紧密联系在一起的，这里光指出本体论的基础，是神圣的光在扩散中的下降运动；而爱则是被转换为上升的运动，在它获得所希望的返回过程中，颂扬事物和谐的价值。在这里，《柏拉图神学》表现出融合和更新了古希腊思想中一些最常见的观点：世界是一把由上帝定好了音的齐特拉诗琴，一切都是音乐的和有灵魂的，因为“一位活的造物者的产物，应当是唯一活的产物”：这个唯一就是土地的灵魂，它让植物生长，岩石发生起伏消长的变化；有一个最高的灵魂推动着所有的灵魂，所有的一切都同整体的单元结合在一起，带着具有热量的光，又转换成对上帝的爱。

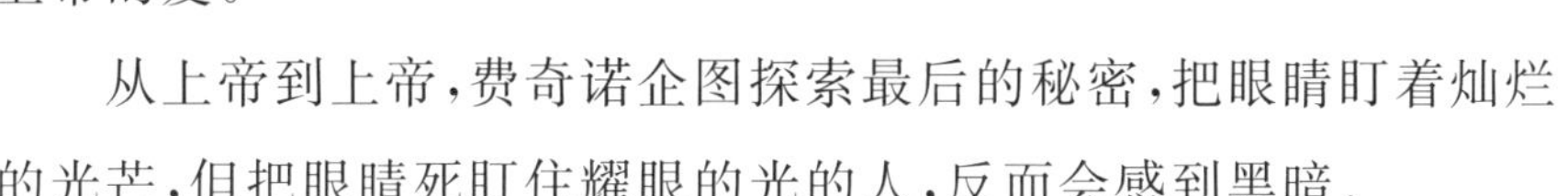

从上帝到上帝，费奇诺企图探索最后的秘密，把眼睛盯着灿烂的光芒，但把眼睛死盯住耀眼的光的人，反而会感到黑暗。

286

你想很容易得到光的理性吗？……到每样理性的光中去寻找吧……。上帝的光是什么？是他的无限的善良和纯真。在天使中呢？肯定智慧会从上帝那里延伸，充满着如愿的欢乐。天上的事物怎么样呢？那是从天使那里来的对生命的复制，从天上展开美德的宣布与展示，一种天空的微笑。在火中呢？它从天上的事物中融入某种活力，并且活跃地扩散。在那些事物中并不缺少感觉，这是融入上天的恩惠。在有感觉的事物中是精神上的愉悦和感觉的力量。总之，在所有的事物中都喷发出内在的繁衍能力，在每个地方都有神圣的真理和善良的形象……但是，上帝是一种无限的光，他强烈地存在并经过于所有的事物之中和之外。他是光之由来和生命的源泉，正如大卫所说，我们看见了光：那是看到每个事物中都存在一切事物的眼睛，真正看到自己身上也存在一切事物，当看见自己时，也看见了一切事物。

如同宇宙的光，产生后便转变成爱。

从考察自身的光到接受神圣的光，是移动和被吸引：这种被吸引就是真正的爱……。当上帝把他的光投向灵魂时，光就覆盖了全部灵魂，人在它的引导下便会走向幸福，幸福存在于上帝那里。

在费奇诺著作的美好描述中，许多都是对光的描写的篇章，直到对朱利亚诺皇帝的演说的评论，那里描绘的一幅情景是：人类进入一个没有星星的黑夜，在一片漆黑之中，突然射出太阳的光芒，众人唱起了赞美诗，仿佛出现了真正上帝的形象。

这些文字后来成为了学校的教材，再通过希腊人马鲁洛的大
287 自然颂歌，或者莱奥纳尔多的《太阳颂》普及开来，直到康帕内拉的感情强烈的诗句。但是，所有费奇诺的关于天空描写的题目，都达到少有的气势磅礴的程度，习惯于读他的作品的人不会忘记，他描写的天空时而神秘、遥远、充满可怕的威胁和奇形怪状的怪物，时而又一切都非常和谐、允诺、面孔都极其美丽和充满——正如他在写给贝尔纳尔多·本博的信中所说——“生命的繁殖力和优美”。

至此为止，如果有人问这样构造的真正理论价值何在，那么很难作出简单的回答，而且看法不尽相同。费奇诺的最大功绩，在于

他是柏拉图、普罗提诺的全部著作，和所有柏拉图主义直到普塞洛的重要文献的翻译者和阐述者。提出这样的哲学，还加上这样的"思维形式"，这种思辨的方向在整个欧洲引起的反响，直到浪漫主义的唯心主义充分发展的时期都还能感觉得到，这是一项杰出的工作。费奇诺之后，没有一篇谈论思想的著作中，不存在直接或间接的他的影响的痕迹。没有费奇诺，便无法理解欧洲文化中那种内在感觉的更新，和那些16、17世纪在宗教和伦理生活方面的新的论调。在所有最专业的人文主义语言学遗产中，他是现代意识的大师之一；因此，值得很好研究他所作出的鲜为人知的和影响深远的贡献。

对于他的原稿，应当区别对待它们在实践、宗教、伦理和政治方面的重要性，它们反映在鼓励宗教容忍的理念上，反映在维护不同信仰人民之间的和平上，反映在对人类友爱共处的赞赏上。更不用说，他在新的基础上对基督教护教理论的扩散所做的贡献，特别是在天主教会中通过埃吉迪奥・达维特博和塞里庞多所采取的行动之后，他的思想通过新教世界的不同渠道，汇集到现代宗教思想的主流立场上。

至于最终谈到他的形而上学的概念，可以说是如同一篇能够安慰人心的美妙的童话，和一幅能把事物进行如同诗的形象化转变的作品，在其中他用心的理智去满足心的需求。恐惧、痛苦和死
亡，不是三段论式推理的结论；是所有人的经验向所有人提出的严 288
肃的问题。科学的理智——费奇诺作为医生和科学家非常清楚这点——也有一定的局限，但它不能逾越人类条件的界线。最后弥补的办法，只能如同苏格拉底为达到目的所使用的那样：童话。

“也许我们此刻梦想的东西，也许现在展现在我们眼前的并非真实的事物。”这样，费奇诺在进行诗一般转换的局限性上，总是使用神学家的语言。在否认灵魂不灭的阿威罗伊的信徒们面前，马尔西利奥·费奇诺大声说：不可能，那样就太悲观了！他知道得很清楚，他的回答也不恰当，仅仅是一个断言而已。但是，如果他的回答不能安慰那些被认定有罪的人的短暂希望时，他为什么不这样做呢？

博埃齐奥曾经引用过一句在整个中世纪成为名言的亚里士多德的话：“如果透过阿尔奇比阿德的美丽外表，我们能看见他的内脏，那多么恶心。”那么，为什么不在对腐烂的恐惧之上，蒙上一层诗的幻想面纱呢？为什么不允许心灵超越理智呢？为什么不越过科学的短暂肯定，接受形而上学的许诺呢？“豪华者”洛伦佐重复费奇诺的话：“认识想把无限关闭在我们的思想中：爱却让我们的思想为神圣仁慈的无限而膨胀。”

请注意，这并不排除——对于费奇诺这位哲学家来讲，如同不可缺少的继承物一样，也会感到忧郁，像那些感到时光的流逝，和承认把需要转换为希望，把希望转换为肯定时存在着风险的人一样。但是，他也如同他的那些艺术家朋友们一样，想把自己的忧伤转变成为一首歌。我认为，这就是他的“神学”的实际价值：某些篇章从诗的意义上看是有效的。也许从这一点上讲，他正是那位柏拉图的真正弟子，柏拉图曾经写道：“哲学是最高级的音乐”，如果不会音乐，就不配做哲学家。

第三章　达芬奇时代佛罗伦萨的文化 289

1906年4月，“列奥那多·达芬奇研究会”在佛罗伦萨举行了一个相当有名的题为《哲学家达芬奇》的讨论会，贝内德托·克罗齐认为，正如他在后来重申的那样，“几乎在把魔鬼当成律师”，他强烈地认为称这位伟大的艺术家是哲学家并不合适。但是，达芬奇具有“精密的、严格的和不知疲倦的对自然界事物”进行研究的品质，是一位“可信赖的科学规律和技术装置的制定者”[①]。也许，今天对当时的所有那些提法，并不能完全接受；也不可能有根据地否认达芬奇懂得一切哲学的基本原则，由此他才能对自然规律的

---

① B. Croce, *Leonardo filosofo*, *Conferenza*, in appendice al *Saggio sullo Hegel*, Bari 1913, pp. 213–240. Su Leonardo *non filosofo* sono da vddere, soprattutto, le pp. 217–218, 220–221(《làanimo e la prosa di Leonardo ci elevano, senza dubbio; ma non perciò ci elevano alla filosofia》), p. 226 (《afilosofo in quanto naturalista, e antifilosofo in quanto agnostico》), p. 235 (《la poca soddisfazione che il trattato di Leonardo dà a chi si volga a cercarvi una filosofia dell'arte...》). Ed è da vedere anche l'eloquente saggio del Gentile (ora nel vol. *Il pensiero italiano del Rinascimento*, Firenze 1940–1943, pp. 117–149) con le sue considerazioni preliminari (《... per tutti questi rispetti può dirsi a ragione che Leonardo non appartenga alla storia della filosofia》). 〖Ma cfr. ora làimportante studio del Lupotini, *La mente di Leonardo*, Firenze 1953, per un'impostazione ben diversa da quella accennata in queste pagine.〗

影响范围和他制造的“机器”作出判断[①]。

290 克罗齐，在他的那篇如今已很遥远的讲话中，坚持认为达芬奇态度的“经验性”特征，和他主要关心的是纯科学方面的秩序。但是，克罗齐本人，除了那些使他感到厌烦的习惯性的颂扬之词外，我相信，他也重视在达芬奇留下的作品片段中包含的某些纯粹属于哲学格言的内容。正因为注意那些格言的人，都会把它们同作者的基本思想联系起来思考，把它们置于当时的文化环境中，从而在这个问题上得出更多新的感受，以便对作为哲学家的达芬奇，如同作为科学家的达芬奇一样，进行更加准确的界定。要在后来很晚的时候出现的关于达芬奇的神话面前，去寻求历史地理解这样一个人和他所处的时代并无多大好处，相反，应当尽可能首先准确地定位他在他那个世纪所占有的实际位置，切不要忘记在《大西洋手稿》（第 119 页）上读到的略带幽默感，也许还有点淡淡的忧伤的告诫：“瞧瞧，我并不能弄到非常有益或是令人高兴的东西，因为在我之前出生的人已拿走了所有有用的和需要的题材，我如同一个穷光蛋一样，最后到达市场，我只能拣一点别人早已看过，不愿意要，并且由于没什么价值而拒绝接受的东西。这些被人瞧不起和遭到拒绝的商品，经过许多买主后都还留在那里，我付出了一点点钱买下来，然后我不是到大城市去，而是到贫穷的乡村去分发它

① Il Croce stesso, p. 213n, sottolineava, quasi mettendo in guardia, il suo intento polemico; il che non toglie che le sue notazioni rimangano in sostanza valide. Sui limiti della《logica》di Leonardo è da vedere, ora , quanto osserva F. Albèrgamo, *Storia della logica delle scienze empiriche*, Bari 1952, pp. 49 sgg.

们，让它们获得由我赋予的应得的赞赏”①。

达芬奇的这些著名手稿引起的反应非同凡响：上面有奇特的 291
人物，精美的植物、动物和新型机器的形象；在计算的数字之间又插入格言、谜语、题词和长串的词汇，还有开玩笑的话和令人困惑的句子，还有不停地重复某种思想直到找到最为简洁有效的表达形式为止；这些一段段的文字无疑都是令人惊叹的，但还要注意到，与其说是艺术家留下的作品，还不如说是伟大的诗人，甚至说科学家或哲学家留下的作品。他可以在上面不停地修改，直到找到明确的真理为止，他追求的并不在乎要获得更美丽的形象或更响亮的声音。因为达芬奇的这些手稿，不仅对视觉和想象力带来冲击，在严格的推理和逻辑方面也赢得同样的赞赏。对于履行自己职责的历史学家和批评家来说，想找到的不仅是阐述长篇大论的机会，达芬奇的手稿上不少有名的片段，与其说是深思熟虑后的结论，还不如说是在匆忙阅读中写下的摘要；对于其中科学的内容的有效性问题，不少地方显得混乱和矛盾②。只需看一看他思考

① Giudiziose limitazioni al mito romantico di Leonardo fa, con puntuali esatte osservazioni, A. Marinoni nella edizione degli *Scritti letterari*, Milano 1952, p. 21 :《l'eccessiva insistenza sul carattere divinatorio, reale o presunto, di certi... pensieri, ha spostato la nostra attenzione più alla periferia che al centro della sua personalità》; eccessiva col suo amore, talora, G. Fumagalli nel suo *Leonardo*《*omo sanza lettere*》(firenze 1938), che pure è libro prezioso, ricchissimo di dottrina, di temi fecondi e di esatti rilievi.

② Scriveva il solmi, *Le fonti di Leonardo da Vinci*,《Giorn. St. d. Lee. It.》, Suppl. 10 - 11, 1908, p. 3 :《I *Manoscritti*, restandoci in forma di note preparatorie e sconnesse, ci presentano insieme a ciò che è frutto della mente di Leonardo, ciò che non è se non una semplice copia di opere oggi dimenticate, ma nei secoli XV e XVI nite e diffuse... 》.

的某个主要问题，例如力量或冲动的问题，就会立刻明白不同因素的奇怪混合，以及有时甚至是理论上的对立，这样的对立在那些古
292 怪注释的篇章中相遇时，找不到综合的看法①。对于具有艺术家气质和美学敏感性的人，无疑看到它们时必然会激动和惊奇。但是，作为研究思想的历史学家，不能不感到迷惑和失望。因为，无疑他对知识有无限的渴求，加之有极其锐敏的观察和非凡的表达能力，他不仅能观察到可见的东西，而且还能把心灵深处的不同感受，通过视觉语言表现出来。但是，也应对某些理智的综合秩序方面的能力不足进行评估，更不用说要有良好规范的试验程序。对理智进行赞扬是容易的，但要说理清晰却很困难；援引经验是容易的，要把系统的经验组织起来却很困难。当达芬奇宣称："在我把这种情况作为普遍的规律之前，我总要试验它两三次"时，我不想说真的他就确定了实验科学的牢固准则，也并非标志着在方法上与布里达诺那些物理学家所使用的相比较，有什么明显的进步，布里达诺常说："我并非这方面的专家，因此我不知道是否是真的。"

① Per rendersi conto della difficoltà di organizzare la riflessione di Leonardo sui temi capitali basterà ripercorrere i testi sull'*impeto* nella ricostruzione dell'Uccelli (*I libri di meccanica*, Milano 1942, pp. 385 – 398). La difficoltà è senza dubbio accresciuta dalla impossibilità di datare con sicurezza tutti i vari frammenti ; resta il fatto che i pensieri riuniti dall'Uccelli discendono da dottrina e teorie fra loro diverse e non conciliabili, che richiedono una più esatta collocazione temporale. Quanto alle varie forme che assunse ka teoria dell'impeto sono da vedere ora gli studi eccellenti di A. Maier, *Die Impetustheorie der Scholastik*, Leipzig – Wien 1940, e *Die Vorläufer Galileis im 14. Jahrhuudert...*, Roma 1949, pp. 132 – 54. E sul movimento non vanno dimenticate le lucidissime testi di Occam. (sulla necessità di datare i frammenti filosofici cfr. l'esatto rilievo di G. Castelfranco, *Leonardo scrittore*, 《L'Arte》, ottobre 1937, p. 263.)

(*ego hoc non sum expertus*, *ideo nescio si est verum*)①

经常说达芬奇是一位创新者和先驱:在统治大学的权威们制 293
定的准则面前,在面对以模仿古人为基础的人文主义文学—修辞学的浪潮面前,“非文学人士”的达芬奇,几乎是第一个起来反对求助依附于数学的具体经验的人,从而成为新科学的始祖。在与同时代的哲学和自然科学领域里的经院派亚里士多德主义的斗争中,在同伦理和历史的修辞学人文主义的斗争中,达芬奇真正是第一位新人,一位能“突然产生完全改变现状”思想的奇迹般的英雄。

要批驳这样的判断如今已并不困难或奇怪。只需拿起一本上个世纪末的无故被忘记的书,即拉法埃洛·卡维尔尼的著作《意大利的实验方法史》看一看就可以知道,早在中世纪晚期的学校中,就已经在教授达芬奇从其中引用机械原理的多用途定义。在说过一个严肃的历史学家应当有愧于说:“是达芬奇创建了实验科学”的话之后,卡维尔尼称,在16世纪以前的科学传统中,不难发现自然的源泉,从那里涌现出这位文艺复兴时期伟大艺术家所宣称的

① Il testo di Leonardo nel cod. A della Bibl. de l'Institut de France, fol. 47r (e in G. Fumagalli, *Leonardo*《*omo sanza lettere*》, cit., p. 43). Il testo di Buridano nel *De coelo et mundo*(ed. E. A. Moody, Cambridge Mass. 1942 e in A. Maier, *Die Vorläufer Galileis* cit., p. 137, n. 15). L. Thorndike, *A History of Magic and Experimental science*, vol. V, pp. 16 sgg. (New York 1941), limita al massimo, e certo eccessivamente, il valore dello sperimentalismo di Leonardo, ma è senza dubbio nel vero quando afferma, p. 19:《This representation of da Vinci as far in advance of his time and in touch with modern science reminds one of the similar pictur drawn of Roger Bacon by his earlier modern admirers》. Una limitazione anche più forte nell'articolo di J. H. Randall Jr., *The Place of Leonardo da Vinci in the Emergence of Modern Science*,《Journal of the History of Ideas》, XIV, 1953, pp. 191-202.

百科全书式的不同理论[①]。

294 大约在十年以后，一位法国第一流的历史学家和科学家皮埃尔·迪昂，在他的优秀著作里揭示出达芬奇在不少方面，特别是在物理学领域继承了前人的思想，他的这些文章后来被收集到马尔科隆戈的文集里。当然，这些研究并不完全令人满意，这既由于遗漏，也由于有些固执地过高估计库萨诺对15世纪意大利文化的影响。另一方面，如果最终把达芬奇置于他所处的历史环境中，对这种环境的某些方面的错误理解和看法上的模糊，对在一个正确背景下确定这位思想家和科学家的现实意义的企图，将产生不利影响。尽管如此，一个达芬奇的模棱两可的形象也就这样保存下来，经院主义以文艺复兴的名义，语言学的人文主义以科学的名义，佛罗伦萨“含糊的”柏拉图唯心主义以经验的名义，都批评达芬奇是“没有文学的人”（*omo sanza lettere*）[②]。今天，要把达芬奇历史地

① R. Caverni, *Storia del metodo sperimentale in Italia*, Firenze 1895, vol. IV (cfr. P. Duhem, Etudes sur Léonard de Vinci, Seconde série, Paris 1909, pp. 361－363 : *Sur la mécanique de Léonard de Vinci et les recherches de Raffaello Caverni*). Fu il Marcolongo a richiamare l'attenzione del Duhem sull'opera del Caverni, poiché il Duhem nel vol. I dei suoi studi (1906, p. 123) aveva affermato anch'egli che《le più nuove e audaci intuizioni di L. Erano state suggerite e guidate dalla scienza medievale》. Come è noto R. Marcolongo completò e aggiornò le ricerche del Duhem (*La Meccanica di Leonardo da Vinci*,《Atti R. Acc. Delle Scienze fisiche e matematiche》, serie II, vol. XIX, Napoli 1933. Scrive A. Uccelli, *op. cit.*, p. XXXIII :《In Italia, l'avere sintetizzato ed aggiornato l'opera del Duhem alla stregua delle nostre ultime conoscenze in materia di codici vinciani costituisce il merito di R. M.》).

② Leonardo Olschki in un'analisi ricca di notazioni validissime (*Geschichte der neusprachlichen wissenschaftlichen Literatur*, I, Heidelberg 1919), sostenne che Leonardo si allontanò da Firenze per sfuggire al fumoso neoplatonismo; ma come ad esso rimanesse fondamentalmente debitore, nel bene come nel male, hanno, e giustamente,

放回属于他的那个时代，无疑就应当对他成长的那个环境作正确的研究。

他的生命中的前三十年——这在一个人的思想成长中起重要 295
作用的年代——达芬奇是在佛罗伦萨度过的，他在那里停留一直到 1482 年，这是值得记住的一年，正是在这一年里，根据某些人了解的情况，费奇诺出版了他的《柏拉图神学》①。他后来去了米兰、帕维亚、威尼斯，这些在文化环境上有很大差异的地方；但是，他还是多次回到过佛罗伦萨。因此，我认为要了解达芬奇的思想，不可能不需要深刻研究佛罗伦萨整个社会的情况，可以用一句风格主义的语言进行概括：人文主义，新柏拉图主义，“充满着追求高雅的唯美主义和幻想的唯心主义环境”。还不用说在那些年代，佛罗伦萨是欧洲文化的中心，人们从德国到这里来学习科学和艺术，巴黎的索尔谤大学的学者们如同等待和讲解新的福音书一样，等待和

sottolineato un pò tutti, dal Gentile al Cassirer(*Individuo e cosmo nella filosofia del Rinascimento*, trad. it., Firenze 1935) a f. M. Bongioanni (*Leonardo pensatore*, Piacenza 1935), alla Fumagalli (*op. cit.*, p. 44, n. 4), al Marinoni (*op. cit.*, pp. 11–12). E giova ricordar la lode aperta che, dopo la morte del Ficino, il platonico e ficiniano giovanni Nesi fece di Leonardo, che—ribadiva Gentile nel 1937—《ebbe ispirazione e norma di pensare dal capo dell'Accademia fiorentina》.

① Nel famoso elenco di opera e d'autori scritto in rosso nel codice Atlantico, fol. 210r si trova il titolo *de immortalità d'anima* che G. d'Adda (*Leonardo da Vinci e la sua libreria. Note di un bibliofilo*, Milano 1873) identicava col *De immortalitate animae* del Ficino (cfr. Richter, *The Literaty Works of Leonardo da Vinci*, London 1883, vol. II, pp. 442, 444 ; e, ora, Marinoni, *op. cit.*, p. 243). Il Solmi, *Le fonti di Leonardo da Vinci*, pp. 153–154, lo esclude senza buoni argomenti indicando un improbabile volgarizzamento di testi del Filelfo. Al Solmi sfugge la risonanza enorme che ebbe dovunque in Italia, e fuori, l'opera del Ficino.

讲解佛罗伦萨的“新著”[①]。

在15世纪下半叶的佛罗伦萨的语言学人文主义中，有一位中心人物，他既不迂腐，也不机械模仿古人，也不狂热追求语法：他就是安杰洛·波利齐亚诺，他比达芬奇年轻两岁。要准确地了解什
296 么是真正的人文主义语言学，就需要立刻提到他的名字。他继承了瓦拉的伟大传统，既是哲学家、法学家和历史学家，还是一位能写风格优美的宗教诗和世俗诗的诗人，他懂希腊文、拉丁文和俗语，精力充沛，具有饱满的革命热情。语言学对于他来说，就是要到语言存在的具体历史环境中去发现它的充分的含义。语言学是一个批判的行为，它把一切形式的理论都纳入人类活动的世界中，把一切文献、一切理论、一切教条、一切权威，都置于时间的坐标之中。因为只有人类的语言学——它绝不会完全重复——才能开始并对一切权威的批判进行彻底的最无偏见的辩护，使人们思想上形成习惯，要把自古以来最受崇拜的文献，包括一切宗教的圣经，都放回它们产生的时代和环境中去。要用自己的眼睛，即是只有用拔除一切前提和假设的理智的眼睛去看：这是伊拉斯谟对瓦拉的称赞，我们也可以用它来称赞波利齐亚诺。瓦拉的极其勇敢的目光，瞄准了《新约》和关于《君士坦丁赠礼》；波利齐亚诺转向《查

① Scrive (ex Parisiis, Kal Sept. 1496) R. Gaguin, *Epistolae et orationes*, ed. L. Thuasne, Paris 1904, n. 76 (P. O. Kristeller, *Supplementum Ficinianum*, Flor. 1937, II, p. 242):《 Virtus et sapientia tua, Ficine, tanta in nostra maxime Academia Parisiensi circumfertur, ut cum in doctissimorum virorum collegiis, tum in classibus etiam puerorum tuum nomen ametur atque celebretur》. È una delle molte testimoniaze : è facile ricordare Germano di Gnai, o Lefèvre d'Etaples, o Reuchlin, o molti altri celeberrimi.

士丁尼法典》：把每条法律的条文，都置于这个学校的最公开的批判中；正是在这个学校中，人们学会了用绝对自由的理智，去阅读宇宙这本大书。达芬奇经常引用的文件，在“重复者”和在“号手”上，多少是建立在《权威》之上的，数十年后在广为传播的瓦拉的著作《辩证法》中宣称的逻辑革新面前，还似乎能听到这样微弱的声音！在那里，瓦拉不是一般地追随亚里士多德，而是力图历史地重新定位和介绍亚里士多德的方法，他并不是把这种方法视为人类思想必需的规律，而是视为一种历史的产物，需要用历史的眼光进行解释，并历史地为知识的进步所超越。正如成为学校的教科书和该世纪最伟大的著作之一《论文雅》，其中就充满着优美的人性 297
化语言，谈话中表现出对生活的含义及其重要性的深刻理解。

当翻阅达芬奇的手稿，看到他所用的丰富的词汇时，这些词汇也许来自于佩罗蒂和托尔特利，可以从其中领略到上述的文雅，我想说的是，他通过语言所表达出的忐忑不安的温柔，深刻和细腻地描绘了他的整个心灵的活动，这绝不是反对人文主义的人所能想象得到的，他仿佛如同一位热恋中的青年在追求唯一心爱的情人而感到失望的那样[①]。因为人文主义作为它的最有效的方面之一，就是赋予语言以整个思想的愿望，通过语言展示思想，直至心

① Sullo studio che Leonardo fece del Perotti cfr., in sintesi, Marinoni, *op. cit.*, pp. 227 sgg. Scrive De Robertis, *La difficile arte di Leonardo*, in Studi, Firenze 1944, p. 79 :《anche la materia verbale nasce in L. da una lunga fatica. Sempre per cercare la massima aderenza con la massima brevità, ed eccitare l'inventiva. Pagine intere son piene di mucchi di parole, di elencazioni interminabili che nella sua mente dovevano esser tanti nuclei vivi di dove aspettava di sprigionarsi il suo larlar metaforico》.

灵深处最隐秘的部分，这样，思想和语言之间，灵魂和肉体之间，就不再有任何差别，最后，整个身体为灵魂所照亮，不再戴着面纱，或封闭在牢笼里，而是呈现在光天化日之下，全面显露出来。例如在瓦拉的著作中关于波利齐亚诺的篇章，为佛罗伦萨大学准备的教学提纲里，甚至在他的书页旁边写的注释中，我们都可以读到他对语言的神圣特征的满腔热情的敬仰。瓦拉说，语言的值得令人钦佩的神圣性在于：因为诗人、历史学家或某一位不知名的人在一份古老文件或石头上写的字，都是不可重复的，它表示某个时间，某种生活和某种心灵的感受，它除了时间和空间之外，还歌颂真正神圣的共享。

列奥那多·达芬奇非但不反对人文主义，甚至有时使人感到
298 他在这方面达到了夸张和极限的程度，正是在那些使人困惑不解的手稿中，可以看出他一往情深地迷恋于探索揭示语言内涵的一切可能性。当文字语言不够用时，他也沿着这个方向，去寻求绘画的语言，在他的内心深处认为诗和画都是同源的，他说："画是哑人的诗，诗是盲人的画，它们都尽可能地模仿大自然的能力。"

但是，有人说人文主义是模仿作者，而不是模仿自然，达芬奇用模仿自然来反对模仿作者。当然，无论从这一方面或那一方面来讲，都可以有很多话可以说：但是，在人文主义者关于模仿问题上有一个广为人知的例子，那就是波利齐亚诺同科尔泰西之间进行的一场有名的争论。我们看到它不仅对意大利文化产生了深刻的影响，而且在16世纪的欧洲也广为传播。波利齐亚诺说得很清楚，对西塞罗和塞内卡的模仿意味着什么，如果进行模仿的是人，不是猴子，他必然会想到自己同被模仿者之间的关系，他会返回自

身，用被模仿者使用的方式进行创造，重新发现自己的本性，重新找到自然。模仿古代的苏格拉底，并不断创造出新的苏格拉底形象。马尔西利奥·费奇诺说，那些大师们促使我们进行创造。这样，模仿就是创造，就是从源头上寻找被扭曲了的自然本性[1]。

当达芬奇在佛罗伦萨成长的时候，波利齐亚诺还未到佛罗伦萨大学任教，但是，从1456年起，马尔西利奥的好朋友克里斯托福罗·兰迪诺就开始在那里任教，他是阿尔贝蒂的崇拜者和热心的柏拉图主义信仰者，即使有时显得有些天真和轻率。他学识渊博，
是美第奇家的常客，但有时也有点奴颜婢膝；有一次，他的一位胆 299
怯的朋友对他说，最好他能去普拉托的学校里教书，而不是在佛罗伦萨[2]。达芬奇正是从兰迪诺翻译的——虽然不是都译得很好——普林尼的一部作品《自然史》里学习到了不少东西，达芬奇经常使用这部书。但是，一提起兰迪诺的名字，不能不说另一位极

① La polemica sull' *imitazione* Poliziano - Cortesi è ora riprodotta nel vol. *Prosatori del Quattrocento*, Milano - Napoli 1952. Sull' *imitazione* umanistica son da tenere presenti i precisi rilievi di L. Russo. *Problemi di metodo critico*, Bari, 1952[2], pp. 130 sgg. Sulle risonanze europee di certi concetti cfr. B. Weinberg, *Critical Prefaces of the French Renaissance*, Northwestern University Press, Evanston 1950.

② Il giudizio negativo sul Landino è dell'Acciaiuoli (ms Magliab. VIII, 1390). Sul larghissimo uso che Leonardo fece del *Plinio* landiniano cfr. E. Solmi, *Le fonti* cit., pp. 235 - 248. Per qualche giudizio critico contemporaneo molto severo intorno alla trad. di Plinio, cfr. B. Croce, *Uno sconosciuto umanista quattrocentesco*: *Giovanni Brancati*, 《Quaderni della Critica》, n. X, 1948, pp. 20 - 21. Un puntuale esattissimo accostamento a un insegnamento del Landino fa il Marinoni, p. 231, a proposito degli studi linguistici di Leonardo. Non convincente, invece, quel che il Solmi sostiene circa una conoscenza da parte di Leonardo delle *Castigationes plinianae* del Barbaro (op. cit., pp. 85 - 86).

其重要的人物，他就是拜占庭人阿尔季罗普洛，他也是在同一年开始在佛罗伦萨大学任教的。达芬奇认识他，同他谈过话，尽管达芬奇记事时惜墨如金，他还是在笔记里留下了这段记忆。阿尔季罗普洛的这些谈话涉及什么内容，我们从一个学生写给他的一位乡下朋友的信中，可以很容易了解到。那是一个星期天的下午：学生们和朋友们都到阿尔季罗普洛教授的家里去，看见他正在阅读柏拉图的对话。他们停下来同他谈话，他也开始同他们讨论他正在阅读的那本书，然后谈论到柏拉图思想和希腊哲学。不一会儿，他们一齐出门，沿着城市中心的街道散步，边走边议论，一直谈到受胎告知教堂，他们在那里，在教堂前面，同路上遇见的某个教士、熟人或好奇者，都继续平静和友好地讨论哲学问题[①]。

我有意引用这一段非常坦率，并不是为了发表的文献并非偶
300 然，可以看出文字是仓促写成，并不规范；但是，这样的例子很多，例如克里尼托所作的描述，或者如半个世纪之前尼古洛·德拉·卢纳所作的描述，以及有不同倾向和看法的人士在圣马可修道院会晤时所作的描述。不要忘记的是，在15世纪的佛罗伦萨这样思想的传播是很快的，基本上是在一个狭小的圈子里，所有人都是某种文化氛围的参与者。从规模不大，却很热心的兰迪诺的语法文化开始，到精细的学者，希腊的亚里士多德的优秀评论家阿尔季罗普洛的深入哲学思考，其中包括对《物理学》的思考，到直至菲洛波诺的希腊人的智慧——为什么说到菲洛波诺——因为他根据“运

① Ms Magliab. VI, 166, cc. 108r - 109v. Cfr. Codice Atlantico, f. 12v; E. Solmi, *Leonardo*, 1923[4], pp. 12 - 14.

动的力量"(κινητικη δύναμις)和"动能"(ἐνέργεια κινητικη)的观点提出的一种理论与布里达诺和阿尔贝尔图奇奥关于《动力》的理论非常接近，而这正是达芬奇仔细研读过的一本书[①]。

但是，如果说提到阿尔季罗普洛是件很有意义的事的话，那么，在《大西洋手稿》中提到保罗·托斯卡内利也并非不重要，这位伟大的佛罗伦萨人保罗，是位第一流的具有欧洲声誉的科学家，他对物理学、天文学和数学问题都进行了深入的研究，库萨诺是他的朋友和引导他走上研究数学和天文学道路的人，正如一位伟大的德国历史学家所描述的那样，他的影响通过贝乌尔巴赫和雷焦蒙塔诺到达了哥白尼[②]。兰迪诺给我们留下了一幅关于保罗的惟妙惟肖的画像：不喜爱应酬，孤独，充满幻想，几乎脱离在他身旁并关心他的城市，沉湎于对大自然现象的研究，并且是一位伟大的计算家。在这种观察与数学的卓有成效的结合中，在列奥·巴蒂斯塔·阿尔贝蒂身上体现为把作为一个作家的非凡才华同罕见的深 301
入哲学思考结合起来[③]。所有这些名字出现在达芬奇的笔记中，并非偶然；这些都是居住在玛丽亚信徒教堂同君主广场之间的一些人，他们可能在某个节日的下午相遇，同某位善良的修士或某位

① Cfr. l'introd. Cit. a *I libri di meccanica*, pp. LXIII – IV.

② Cassirer, *op. cit.*, pp. 61 – 62.

③ Sull'Alberti e Leonardo cfr. Solmi, *Le fonti* cit., pp. 37 – 43; purtroppo il Solmi, quasi temendo che L. fosse diminuito dalla grandezza dell'Alberti, esce in giudizi molto straini (《L. B. A. è un compilatore... mostra una desolante superficialità... divolgatore... ama il sapere per renderlo poi di pubblica utilità...》). Giustamente A. Uccelli, *op. cit.*, p. CLV, insiste invece sulla necessità di estendere l'indagine. Le stesse《ragioni》di Leonardo ho cercato di mostrare altrove come siano presenti nell'Alberti.

前程远大的青年艺术家在一起，在井台旁边或在修道院庭院里讨论问题：讨论经验和理智，光明和黑暗，知识和爱；但是，也讨论某些在学校做解剖时发现的奇怪问题，学校根据规定——“任何不懂得人体解剖学的医生都是不优秀和不合格的医生”——市政府可以提供足够的男性和女性尸体，包括被判处死刑的罪犯的尸体，只要学生能够尽快进行解剖研究，“因为刚死不久的人体容易解剖，并未腐烂”①。

一幅 15 世纪末佛罗伦萨的风俗画很快呈现在我们眼前，那是在诗琴和谐的音乐声中，在新柏拉图主义者举行仪式的焚香烟雾中的佛罗伦萨，然后受人尊敬的乔治·杰米斯托让狡猾的科西莫改变了主意，从承担对有教养的资产阶级的市民义务，转向对宇宙

302 单一本原的深思。实际上，事情也并非完全是这样：在佛罗伦萨大学中，有众多听众的阿尔季罗普洛正在讲授更新了的和精细的亚里士多德学说，而在这位拜占庭学者曾经就读过的帕多瓦大学中，已积累起了大量最富争议的逻辑学和物理学方面的问题。“英国的”逻辑学，或者说最近发展起来的唯名论者关于逻辑—方法—逻辑的最新讨论，同新的方法论——据已知情况——有惊人的相似

① *Statuti della Università e Studio Fiorentino... pubblicati da* A. Gherardi, Firenze 1881, p. 74. A proposito dell'uso abbastanza diffuso in firenze di necroscopie cfr. L. Thorndike, *Science and Thought in the Fifteenth Century*, New York 1929, pp. 123–132, 290–295 (*A Fifteenth Century Autopsy*, compiuta da Bernardo Torni). Ma basta rileggere il *De abditis nonnulis ac mirandis morborum et sanationum causis* di Antonio Benivieni(Pubblicato postumo da Girolamo nel 1506 ; e sul B. è da vedere l'introd. di Luigi Belloni all'ed. del *De regimine sanitatis*, Torino 1951, e quella di Renato Piattoli all'*Elogio di Cosimo*, firenze 1949).

之处，这种情况从该世纪初起在佛罗伦萨引起的兴趣就从未中断过；讲这种逻辑的唯名论，也就是讲需要作为数学运算宝贵成果的实验科学的一种新方法[①]。带着用逻辑方面的问题来研究巴黎的物理学家们得出的大胆的重大结论，并非偶然。

从 14 世纪末到 15 世纪初，这类讨论就已在阿尔诺河边上热烈地进行着，那个地方似乎从 14 世纪中叶开始，就是佛罗伦萨的学者贝尔纳尔多·达雷佐修士的家，他在对奥卡姆现象进行的夸张中，与尼古拉·达奥特雷考特的严密的经验主义逻辑学相遇，并与之发生冲突，尼古拉·达奥特雷考特在索邦大学讲课时，以《反对贝尔纳尔多·达雷佐法官》为题，对他进行猛烈攻击[②]。提到尼古拉·达奥特雷考特，就是提到一种经验主义模式——从这个意义上讲，他在现代学者们的眼中就是榜样。谈到奥卡姆，就意味着谈到一种发展了的运动理论的作者，他甚至可以取代亚里士多德的地位，就其文雅和思想锐敏程度来讲，超过了 15 世纪最杰出的 303
物理学家和逻辑学家。正是奥卡姆，我们不要忘记，推翻了亚里士多德关于运动的理论。14 世纪末，佛罗伦萨的学者们还用诗歌颂扬过他，当比阿焦·贝拉卡尼——达芬奇引用并研究过他的讲

① Cfr. L. Geymonat, *Caratteri e problemi della nuova metodologia*, estr. dagli《Atti e Memorie della Colombaria》, Firenze 1952, p. 11(e J. R. Weinberg, *Nicolaus of Autrecourt. A study in 14th Century Thought*, Princeton University Princeton 1948).

② Su frate Bernardo vedi N. Papini, *Etruria francescana*, I, Siena 1707, p. 11; sui suoi rapporti con Nicola di Autrecourt, J. Lappe, *Nicolaus von Autrecout, sein Leben, seine Philosophie, seine Schriften*,《Beiträge z. Gesch. d. Philos. des Mittelalt.》, VI, 2, 1908, e, specialmente, B. Nardi, *Il problema della verità* ecc., Roma 1951, pp. 46－53.

话——受到普遍的欢迎时，这样的情况从《阿尔贝蒂的天堂》一书中和从各图书馆的借书登记里可以看出，贵妇人们和善良的修士们都喜欢布里达诺的著作①。比阿焦写的文章涉及透视学、运动速度、大气现象、球体和其他一些有用的问题。沿着 15 世纪的足迹——不可否认地——在佛罗伦萨许多兴趣都发生了变化；语言逻辑的官方授课，我们要到帕维亚才能找到，这是过去很难想象的。但是，一方面物理—逻辑学的讨论，另一方面实验性的调查，却是每天的日程；无处不留下它们的痕迹。这是奇怪的，但也不很奇怪，人文主义者们对语言的兴趣有时似乎更注意同新逻辑学家们的优秀遗产相衔接；我们不要忘记——因为这是很重要的——在学校中对逻辑学的讲授常常委托给人文主义者，因为他们能够把它同语法、修辞和其他的"布道"课程结合起来：这样，教逻辑学和辩证法的波利齐亚诺——或者我们今天就称他既是一位语法学家，又是语言学家和语文学家。在另一方面，又有医生、物理学家、实验工作者和解剖工作者，70 年代之后，在佛罗伦萨的法学家和语法学家之间，为了威望和薪酬上的原因继续存在着争吵。但是，

① Per le citazioni che Leonardo fa del Pelacani cfr. solmi, *Le fonti* cit., pp. 227 – 229 (Uccelli, *I libri di meccanica* cit., pp. CXXXIX – CXLII). Sul Pelacani, L. Thorndike, *A History of Magic*, vol. IV 1943, pp. 65 – 79, e A. Maier, *Die Vorläufer Galileis* cit., pp. 279 – 299 (per la sua presentazione nel *Paradiso degli Alberti* cfr. l'ed. di Alessandro Wesselofski, Bologna 1867, I, I, pp. 132 – 142 e III, 3, pp. 18 – 19). Notizie interessanti sulle *letture* che si facevano in Firenze alla fine del sec. XIV si trovano in N. Brentano Keller, *Il libretto di spese e di ricordi di un monaco Vallombrosano per libri dati o avuti in prestito*, 《Bibliofilia》, vol. XLI, 4, 1939, pp. 136 – 158. Fra le opere che più circolano si trovano Buridano, il Pelacani, Alberto di Sassonia, i logici inglesi ecc.

从一个学科跳到另一个学科或身兼几个学科研究的人，也不在少 304
数：费奇诺是医生、哲学家和文学家，波利齐亚诺还是法学家；安东尼奥·贝尼维耶尼既从事人文主义学科的研究，又进行病理解剖学的重要研究。即使佛罗伦萨大学的人到了比萨，教师们仍在佛罗伦萨人的圈子里讨论。同贝尼维耶尼一起从事解剖工作的医生贝尔纳尔多·托尔尼详细记录了大马尔利亚诺的情况，达芬奇在米兰时还长时间地研究过这份文件①。

当时以"唯心主义的梦幻者们"的佛罗伦萨而闻名，这就是达芬奇成长的环境，也是后来意大利和欧洲优秀文化成长的氛围，当时把佛罗伦萨视为欧洲最重要和最现代化的中心之一，也许正因为在那些年代里，它显示出某种多样性和复合性的精神。十分注意具体经验的托马斯主义，在杰出的乔瓦尼·多米尼奇之后，在圣安托尼诺主教之后，在萨伏那洛拉的身上得到突出的体现，萨伏那洛拉在他上学时所用的哲学笔记中，摘录了许多大阿尔贝尔托关于大自然现象的论述。我不知道在面对达芬奇的"童话"发出惊叹的人中间，有多少人读过那位圣马可修士的笔记摘要，当然它既非是原著，也鲜为人知。读过在大学预备班中使用的由大阿尔贝尔

① Interessanti scritti del Torni nel Riccardiano 930 e, a c. 26r, la discussione del Marliano sui problemi del movimento. Per gli studi condotti da Leonardo sul Marliano cfr. Solmi, *Leonardo*, cit., pp. 85 – 86 ; *Le fonti* cit., pp. 207 – 209 ; *Uccelli*, *op. cit.*, pp. CLIII – IV. Ma il quadro della vita culturale fiorentina potrebbe ampliarsi ancora ; perfino un teologo come il conventuale Gargano senese, morto nel 1523, ma per lunghi anni già dallo scorcio del Quattrocento professore allo Studio, discute su questioni di《fisica》con gli uomini di scienza (cfr. il ms della Naz. di Firenze, Conv. D. 2. 502).

托写的课文的人，都会感觉到达芬奇的笔记与其十分相似，那是一
305 些带着中世纪的名言警句和动物寓言的文章[1]。在《大西洋手稿》中，把阿尔贝尔托和托马索，名言警句和普林尼结合在一起的一篇笔记，可以到菲莱尔福的信件，波焦的《妙语》和普拉蒂纳的《论合理的享乐》中去寻找，后者的标题就很明确，并非讨论沉思中的愉快，而是烹饪的配方：总之，是一本烹调手册。这些都是一些大众读物，也许是某位圣马可修士的，在他的书房里可以找到所有的书，包括波焦和普拉蒂纳的著作[2]。

无疑，在多米尼奇和圣安托尼诺的路线上，萨伏那洛拉代表的是 15 世纪佛罗伦萨文化的最右翼，即使这个右翼在某些时候还接近如贝尼维耶尼那样的科学家、著名医生、病案的杰出描述者和优秀的病理解剖师。但是，那个年代在佛罗伦萨不同的亚里士多德哲学—科学氛围是很多的，从阿尔季罗普洛的自由和无偏见的圈子，到向尼科洛·蒂尼约西医生的新问题开放的经院哲学派人士，到在最新的物理学争论中表现思想缜密的托尔尼。不用说还有继

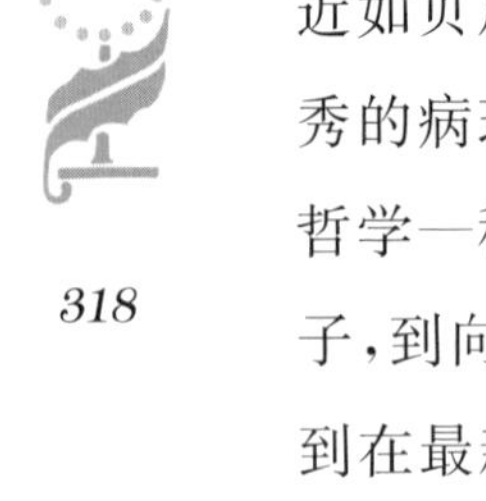

---

① *Savonarola*, *Compendium totius philosophiae*, Venetiis 1452, pp. 324 sgg. Il che non significa, come il Solmi credette di poter concludere (*Le fonti* cit., p. 47), che Leonardo avesse una larga conoscenza di Alberto Magno (《si può concludere con certezza che Leonardo ha lette e rilette le opere di Alberto Magno... ma per la profondità e l'altezza delle idee Leonardo si eleva di gran lunga sopra Alberto...》). Come ha osservato l'Uccelli, solo una volta Leonardo cita esplicitamente e sicuramente Alberto (Cod. Atl., f. 210r a), e non Albertuccio ; e quanto egli attingesse direttamente al grande studioso, e non piuttosto a intermediari o a critici, non è stato mostrato né dai generici raffronti del Solmi, né da altri.

② È il famoso elenco in rosso del Cod. Atl., f. 210r a, studiato fin dal 1873 da Girolamo d'Adda. In particolare sulla *Chiromanzia* cfr. l'introd. del Frezza all'ed. della *Chirimanzia* di G. Marzio (Napoli 1951), pp. XLIII - IV.

承马内蒂传统的，阿恰约利圈子里的伦理和政治的亚里士多德主义；也许还有圣玛丽亚新教堂的某位医生的纯阿维森纳主义[①]。 306
此外，还有天文学、星占学和地理学方面的理论家们；认识当时一些手工业者的情况，对理解达芬奇的思想也非常重要，那是些按照炼金术—巫术混合起来的祈求和配方，为了改变尼绒布料的颜色或对金属进行加工的手工业，那里汇集了非常古老的隐秘传统和许多单纯的世俗技术。在那些人中，有像阿尔贝蒂那样伟大的科学—哲学—艺术家，也有像托斯卡内利那样的纯粹的科学家。

最后，还有自己的新柏拉图主义小教堂的马尔西利奥·费奇诺，关于他，需要更多说几句。首先要说明的是，他从来没有放弃过对医学的研究，他写过关于卫生方面的著作，他又一直从事巫术的研究，同时又从事一般称为"实验技艺"的研究。他的活动开始时是关注物理学和透视学方面的问题，后来很快就确定了一个对他的思想产生重大影响的题目：光和视觉[②]。

① Per le conoscenze che Leonardo aveva di Avicenna cfr. Solmi, *Le fonti* cit., pp. 78－81. Non si dimentichi che Avicenna era testo corrente negl'insegnamenti universitari così di medicina, come, talvolta, di filosofia. Qui ci si riferisce al caso specifico di Andrea Cattani da Imola, dell'ospedale di Santa Maria Nuova in firenze, sotto il gonfaloniere Pier Soderini, e lettore di filosofia allo Studio. Troppo noto è il tignosi come medico e come filosofo.

② È inutile tornare qui su quanto il Ficino ha contribuito alla filosofia della luce. Per gli scritti di prospettiva cfr. la *vita* contenuta nel Palat. 488 dell Naz. di Firenze—vita stesa probabilmente dal Caponsacchi—ove si legge：《attese ancora... alla Matematica e alla Astronomia nella quale quanto progresso facesse in poco tempo ciascuno dai molti suoi componimenti lo può agevolmente iudicare. Diede opera ancora alla Prospettiva, di che io ho veduto in penna alcune sue considerazioni della visione con alcune altre degli specchi così piani come concavi...》.

我相信，如果有人把费奇诺的整个思想概括为两个论题：光和爱，也无不妥。爱是宇宙生命自身的搏动。他说，“爱存在于一切事物中，并向一切事物传播……爱是一切自然界事物的要素和保持者；是一切技艺的老师和主人……”。但是，对费奇诺来说，如果说爱是内在的力量和现实的灵魂，那么宇宙的外衣就是光。用爱
307 就会感觉到现实中的爱，用眼睛就会看见现实的形式；这种看和爱的结合，经过费奇诺的沉思，是生命果实的生产者。在《大西洋手稿》中，达芬奇写了著名的一段话：“事物带着爱，作为形式和感觉的主体，向被爱的事物移动，与被爱的事物结合，便产生了同样的事物。……作品是产生于结合的第一个产物。”同马尔西利奥的《宴会》相比较，怎么没有甚至是语言的相似之处呢？但是，如果再读一下仍然在《特里乌西安努斯手稿》中的以下两段文字，会感到其相似之处就更为明显：“感觉是尘世的，理智是在沉思时超越感觉之外的东西……”；“我的身体从属于天，天从属于精神”（*lo corpo nostro è sottoposto al cielo*, *e lo cielo è sottoposto allo spirito*）。这些都是在当时佛罗伦萨的文化中非常常见的观点。它们并不是达芬奇的，而是他的前人的，在名言警句中记载得更突出、更优美：“在大地上没有任何堪称伟大的东西，如果没有人；在人中没有任何堪称伟大的东西，如果没有思想和灵魂。如果你上升到了这样的高度，你就可以进入天堂”（*nihil magnum in terra praeter hominem*, *nihil magnum in homine praeter mentem et animum*; *huc si ascendis*, *coelum transcendis*）①。

① È testo notissimo del Pico. Dell'uomo microcosmo parla Leonardo nel Cod. Atl., f. 55v. Pico nell'Oratio lo chiamava ormai tema *tritum in scholis*.

以上不得不使我们对整个情况进行具体调查和讨论，它涉及达芬奇的摘录和概括，有时并附有美丽插图的星占术和天文学，巫术和招魂术，数学和实验，真正的原因和符号——“招魂术，……由风吹动的旗帜”。但是，没有人会想到，达芬奇以往考虑的问题和哲学方面的思想，至少部分地应当在这位艺术家成长的那个同一时代的佛罗伦萨文化环境中去寻找，那是一个充满各种兴趣的丰富的环境，其中也逐渐孕育成熟了对整个方向进行概括的费奇诺的杰作：1469 年开始写，但是到 1482 年才出版的《柏拉图神学》。

光和光学问题，以及关于光的隐喻；宇宙中心的眼睛不是感觉，而是思想；人是微观的宇宙，人是工匠，诗人，或者说创造者：所 308
有这些就是费奇诺在 70 至 80 年代之间在佛罗伦萨的观点。“眼睛一睁开，就可以看见我们头上半圆形天空中的满天星星……，我们的思想瞬息之间就可以从东方跳到西方，所有其他大自然的事物在速度上都与此极其相似……。身体腐烂时灵魂不会腐烂，灵魂在身体中犹如使管风琴发出声音的风，管风琴的一根管子坏了，不会影响管风琴的良好作用。”这样，达芬奇就反映在他的《特里乌西安努斯手稿》和《大西洋手稿》的片段中，在那里，力量，而且是宇宙的力量推动一切，并赋予一切以灵魂，这样的不断冲击的力量被认为是精神性的：“力量是一种精神的、无实体的和不可捉摸的能量……。我说是精神的，因为其中存在看不见的、无实体的和不可捉摸的生命，因为产生它的实体在形式上和重量上都无增长……。力量是一种精神的本质……。力量不是别的，它是一种精神上的道德，一种看不见的能量，它是被创造出来的和可渗透的。有感觉的实体，通过偶然的暴力，把它渗透到无感觉的实体中，赋予无感

觉的实体以类似的生命；这样的生命是绝妙的创造；它迫使和极大改变所有被创造物的地点和形式，它根据不同的原因有区别地和迅速地扩散。”在法兰西学院的 B 集手稿中，还可以读到：“我说的力量是一种无形的和不可见的精神力量……；我说是精神的，因为在它中间有无形的积极生命；我说它是不可见的，因为产生它的实体在重量上和在形式上都没有增长。”在《大西洋手稿》中还说：“力量就是百分之百的力量本身，全部存在于自身的一切部分。”

对此，莱奥纳尔多·奥尔斯基认为，“是焚香的烟雾迷住了观察者极其明亮的眼睛，狂热的佛罗伦萨的再洗礼教徒们在其中幻想自己的世界”（*intorbidamenti causati all' occhio del limpidissimo osservatore dai fumi d' incenso con i quali die florentiner Schwärmer sich ibre Atmosphäre bildeten*）。我不知道是否可以接受这样形象化的贬低，但是，作为基本的历史判断，我感到奥尔

309 斯基是有道理的[①]。那种精神力量的概念，与理智的运作并没有多大关系，然而却与费奇诺关于生命隐秘和宇宙活力的题目，紧密相连。跟随他的论点逐步向前的人，会发现还有相当长的路程要走。但是，在达芬奇身上有两个特点，或者说在关于他的传记中必

---

① L. Olschki, *op. cit.*, vol. I, p. 260. Il luogo è citato anche da G. Castelfranco nel suo acuto saggio *Il concetto di forza in Leonardo da Vinci*, 《Proporzioni》, 3, 1950, p. 121, ove sono giuste affermazioni sulla spiritualità della forza com'è intesa in Leonardo. L'influenza neoplatonica, comunque la si valuti, rimane ineliminabile proprio in uno dei temi essenziali della riflessione di Leonardo, pur dovendosi tener presente, come ho cercato di far vedere altrove (《Scientia》, vol. 46, 1952), il significato di " materia sottile e mobile " che è spesso da attribuirsi al termine " spirito".

须提及的两个方面的问题，不能不给予注意。他曾谈到绘画科学中的“神性”（*la deità ch' ha la scienza del pittore*），这种神性“可以把画家的思想转变成类似于神的思想”：他在认真地作出这样的阐述之后，又加上了一段广为人知的看法，说绘画“是科学和大自然的合法女儿，因为是大自然产生了绘画”，这样，“我们也可以直接称呼绘画是大自然的子孙和上帝的亲人”。对于第二句话并不感到奇怪，注释家们也不感到奇怪，他们援引但丁作为例子。但是，达芬奇在这里是从整体的观点去看绘画和大自然的。

而马尔西利奥·费奇诺在他的《神学》第四卷中，讨论的正是调节大自然的原因和无限的理性问题。他说：“如果人的艺术是模仿自然，如果人的艺术通过一定的理智制作自己的作品，与自然的相似；使用的技艺越生动和越有智慧，他制作出来的产品也就越生动和越美丽。如果甚至技艺通过活跃的理智，生产无生命的事物……，作为生产有生命的和形式的大自然理智，该有多么活跃？……人的技艺是什么，难道不是从外在塑造物质的自然？自 310
然是什么，难道不是从内在使物质定型的技艺？正如树木长成什么样，它的定型因素存在于树木本身之中一样。人的技艺虽然来自外部，并在创作时让它附着和渗入到正在制作的作品中去，但是如果作者能把自己的某种思想同作品综合起来（*ut certa opera consummet certis ideis*），将制作出比模仿自然更优越的作品！他不像测量员测量土地那样，使用外在的工具只在物质的表面上划符号，而像几何学家那样，幻想在物质的内部存在某种幻想的形式（*ut geometrica mens materiam intrinsecus phantasticam*）。在这种情况下，当测量员在计算图形的理念时，便在内心产生各种不同

形象的幻想，这样，在大自然中存在神圣和智慧的造物主，它通过受到生命动力渗透的理念相结合，极其容易地从内在对物质进行塑造。一件艺术作品是什么，难道不是造物主的思想渗透到个别物质中去的结果吗？大自然的创造就是大自然的思想渗透到物质本身中去……。你还犹豫承认在大自然中存在确切的理念吗？这样，人的艺术按照偶然的理念从外部进行创造，塑造偶然的形式，大自然的艺术通过本质和永恒的理念，从物质内部生产和表现本质的形式。”①

绘画科学同自然科学之间的不可思议的结合点，对于这二者来说人的思想“转变为类似神的思想”；这种思想上的联系——也是达芬奇思想的灵魂——正是在柏拉图—费奇诺的哲学中找到自己的根。因为画家为了成为“创造者”，就必须发现“大自然造物”的秘密，或者说从表面的观察到深入的观察，到经验的“理智”，到
311 连贯原因与结果之间的必然，这样他自身也就内在地融入原因之中。这样，在创造的“理念”中便确立了经验的“理念”，确立了偶然现象的数学必然理念：思想的眼睛越过感觉的眼睛发现形式和母体。关于自己，达芬奇奇妙地写道：“我在渴望的驱使下，去看大自然鬼斧神工地创造的许多奇怪形式，我甚至在一些悬崖峭壁上闲逛，我来到了一个大洞穴的入口，面对这个大洞穴，我感到既惊奇又无知，我弯下腰，用疲倦的左手撑住膝盖，用右手举到眼睛上面遮住光线往里瞧，蹲下身来左看看，右看看，希望能发现什么东西，但由于我刚进来，眼前一片黑暗，什么也看不见。那时我的心中立

① Ficini *Opera*, Basileae 1576, vol. I, ff. 122-123.

刻出现两种感觉:害怕和希望;害怕是由于面对巨大黑暗的威胁,希望是想看看里面是否有令人惊奇的东西”。

我们在法兰西学院的 F 手稿中可以看到,在对柏拉图的《蒂迈欧篇》的评论中,达芬奇从中继承了全部的几何学基础理论。在对《蒂迈欧篇》的评论中,马尔西利奥·费奇诺就“在物理学包含着数学中,需要证明物理学正是因数学而存在”进行了长时间的讨论。他坚持需要把来自经验的认识同数学联系起来,这是任何科学都应遵循的道路和方法(*omnis eruditionis ingenuae vis*)[①]。他立刻举出当代的一些例子,从医生皮埃尔·雷昂·达斯波莱托到 312
宇宙志研究者佛朗切斯科·贝林格里。而达芬奇也宣布了一条他的著名理论,即“任何人类的研究,如果不通过数学的展示,都不能称之为科学”(*nessuna umana investigazione si può dimandar vera scienza, s'essa non passa per le matematiche dimostrazioni*)。此外,他还指出,数学本身就是一种珍贵的研究工具,他援引柏拉图—费奇诺的论点:把从经验获得的研究,置于构成一切绝对理念结构的数学基础之上。数学基础是隐喻性的纯理性思维,它能敲打和调节整个宇宙的和谐与深层需要,创造真正的世界奇迹。“啊,多么不可思议,啊,奇妙的需要,你用你的法则,以最简便的方

---

① Ficini *Opera* cit., vol. II, f. 1464r. Cfr., di Leonardo, ms F, f. 27r－v (*I libri di meccanica* cit., pp. 1－3). Per Platone fonte di L. cfr. Solmi, *Le fonti* cit., pp. 231－234 e *Studi sulla filosofia naturale di Leonardo da Vinci*, Modena 1898, pp. 88－89. Il Solmi sostiene in più casi la derivazione, piuttosto che dal comune *Timeo*, da Alberto Magno, sempre nell'idea, non dimostrata davvero, che Leonardo avesse《letto e riletto》Alberto. Ma su certe《fonti》di Leonardo molto c'è ancora da dire, come ho cercato in alcuni casi specifici di mostrare in una breve memoria della《Colombaria》di Firenze del 1953.

法，迫使所有的结果展示它们的原因，这就是奇迹……。”

正是在这里，细心观察的人可以看出，达芬奇的实验主义本身的局限就存在于数学的“理念”中，与其说它是研究的逻辑工具，不如说它是形而上学的前提。他就是如此坚持经验，称自己是经验的儿子，但是，他也正是在这种思想理念的客观情节的形而上学前提中遇到障碍，在不可变形式的形而上学前提中遇到障碍，这样的障碍打碎了他在一系列个别观察中的实验性考察，同时制定的所谓大自然的“法则”，也由于形而上学地任意扩展而受到损害。他的数学理念的模棱两可的特征，使他在一种未能足够地深化的哲学，和一种未能有序地组织起来的科学之间，摇摆不定。他的实验主义像他的技术，像他的不可能用的或错误的机器，给人一种支离破碎的，或幻想式消遣的感觉，而他的带普遍意义的惊人论断，有时却不恰当地采用哲学含义的形式。《画家的科学》想在一定程度上，在视觉方面建立一个存在物的整体的概念，结果却衰竭在沉思的苦修中；实验消失在好奇的注释中；玩具般的机器用于在摩尔人
313 卢多维柯节日的娱乐；我们发现的是一位永远令人震惊的艺术家，一位崇高的诗人，和一位真正独一无二的令人困惑的散文家；但是，我们既没有发现现代技术，也没有发现培根式的实验科学，伽利略式的综合，最后，也没有发现费奇诺的形而上学。达芬奇不仅从费奇诺那里借用了他的光的“哲学”的中心思想，甚至还为了那有名的《太阳颂》借用有关太阳的隐喻，在那里，他指出来源于马鲁洛的自然颂歌，但是其中的内容大概从属于在马尔西利奥·费奇诺著作中居主导地位的那首激动人心的诗，那是一首真正对太阳的颂歌，他想象在某个时刻一切光线都消失了，包括天上的星星，

在极其寒冷的夜里，宇宙已凝固不动。这时，突然升起了太阳，生命开始复苏，一切生灵都欢呼太阳的出现，她是生命的源泉，上帝的真正形象。因为她是光的来源和象征，是身体和思想中的真正生命。达芬奇在《大西洋手稿》中写道："她堪称为上帝，普照万物的光，照亮着我，光的源泉"①。但是，费奇诺用了许多篇幅描述太阳，其内容也更多：他贬低了地球中心说的可能性，创造了太阳中心说的心理气氛，坚持必须以太阳为中心。这样，如同像皮科一 314
样，以更精细和更科学的眼光，观察已被超越和不能令人满意的托勒密体系的历史含义，有时再次使用了多个世界的理论。

① Per il Marullo cfr. M. Marulli *Carmina*, ed. A. Perosa, Zürich 1952, pp. 136 sgg.（*Hymnorum* III, 1: soli）. Più lungo discorso meriterebbe la teoria della visione（cfr. Solmi, *Nuovi studi sulla filosofia naturale di Leonardo da Vinci*, Mantova 1905, pp. 137－218）. Le influenze della *Prospettiva* del Peckham, di Vitellione（Alhazen）, e della *Prospettiva* di Bacone sono state rilevate（cfr. Solmi, *Le fonti* cit., pp. 81－84, 226－227, 295－297）. In altri casi si tratta di temi diffusi. Cfr. per es. Quanto nel Cod. Atl. f. 270v è detto sulla visione（《 Dico la virtù visivale astendersi per li razzi visuali insino alla superfizie de' corpi non transparenti, e la virtù d'essi corpi astendersi insino alla virtù visivale... 》; Ficino, *In Plotinum*, *De visione*, *Opera*, II, f, 1750:《visio potissimum fit quia vel radius ab oculo visualis proficiscitur ad visibile, vel a visibili iam luminoso nonnihil procedit ad visum...》: che è poi la teoria del *Timeo*, 45b su cui Chalc. 257. ancora dice Leonardo:《questa nostra anima... tiene le sue membra spirituali per lunga distanzia lontane da sé e chiaro si vede nelle de' razzi visuali, i quali, terminati nell'obbietto, immediate dànno alla loro cagione la qualità della forma del loro rompimento》; e Ficino, f. 1751:《una〖opinio〗animam ita per radios visuales sicut per capillos sese propagare vel manus, atque ita sensibilem tangere...; secunda, animam non propagari per radios, sed eos quasi virgas extendere ad obiectum, eosque ad animam inde reverberari; tertia, lumen figurari ab obiecto atque ita figuram ad oculos pervenire...》. Questo non vuol dire che eonardo conoscesse Ficino o Plotino in questi luoghi; indica la diffusione di certe discussioni ed anche di certe immagini).

如此多地谈论费奇诺，并非无益，也未越出本文范围：他非常明确地反对库萨诺影响的流行看法，实际上从 19 世纪以来，这种对意大利文化的影响，被奇怪地夸大了。迪昂在他的巨著《研究》第二部分中，用了大量的篇幅来阐述所谓的库萨诺—达芬奇的血缘关系，这种关系后来为卡西尔所重复，并作为无争议的东西被普遍接受[①]。今天，不仅没有严肃的证据表明达芬奇同库萨的红衣主教的艰深哲学论文之间有亲缘关系，而且他的那些论文对于像费奇诺那样的研究柏拉图的著名学者们来说，和对于像皮科那样不惜代价购买手抄本的人来说，都是鲜为人知的。毫无结论的某些理论上的接近，最多说明这些理论有共同的出处，或者只能证明其纯真的特征。正如有位杰出的历史学家指出，在达芬奇的文献中有一个库萨诺的印记，因为在那里提到“哲学家埃尔梅特”，但
315 是，他们忘记了费奇诺翻译的埃尔梅特的书，其译本在 1471 年出版后在二十年间重版了七次，是当时最成功的译著之一，甚至形成了某种真正的时尚[②]。

实际上，列奥那多·达芬奇生活在当时欧洲最文明和最完美之一的环境里，他所从事的研究也是当时发展起来的最新研究，他又在帕维亚、米兰、威尼托和北部的圈子里遇到当时正在进行的关于逻辑学和物理学的激烈讨论，那是一场利用世界古代形象，从

---

① Cassierer, *Individuo e cosmo*, p. 85 :《sappiamo come siano stretti i rapporti effettivi che corrono tra N. Cusano e Leonardo... come L. abbia accolto direttamente dal C. una grande quantità di problemi... L. risale al C.... ne raccoglie l' eredità...》. Con molta maggior fondatezza il Solmi, *Nuovi contributi alle fonti dei mss di Leonardo da Vinci*,《Giorn. st di. lett. it.》, vol. 58, 1911, pp. 304 - 305.

② Duhem, *Etudes*, II, p. 151.

14 世纪起就已经开始的讨论。他作为非凡的艺术家和极富独创色彩的作家，当然不是他创立了实验的方法，或对数学和经验，或对物理学进行综合，但他可以作为一个过渡性的很好的标志，即从他有时对其结果作了摘要的深刻批判性精心创作，到新概念的形成之间的过渡性标志。他接触到了方法论的进程和如今已超越了古老的亚里士多德思想的力学理论，他在这里如同其他地方一样，带来清晰观察的巨大贡献。但是，他在哲学领域未达到现实的新观点，而是局限于敏锐地重复普遍性议题所发生的变化；在科学领域，如果说没有制定出独创的综合性理论，他却在不止一处深化了具有丰富含义的已经形成的论点。他是一位不知疲倦的观察者，用惊人的说服力审视自己的经验，但是，他并不总是能超越无系统的“巫术”实验的进程；他以纯真的直觉，感到技术的巨大价值，他肯定是一位非凡的“工程师”，但是，他又不止一次地追随幻觉，而不是通过必要的谦逊道路进行具体实施；在这种情况下，他有时也更像鲁杰罗·培根，而不像伽利略。他首先是一个富于时代特征的人，一个卓越的城市和一个变动中不安定的世界的成员。但是，他无论在什么时候都对各种事物充满兴趣，并意识到人的中心地位，人用自己的双手建设自己的世界。 316

重新把达芬奇置于他所处的时代，置于他的具体的历史环境中，置于他的人的尺度之下，排除任何神话，也许是尊重一个人的最合适的方式，我可以说，他对人的尺度的感觉，有时是极其纯朴的；除了可怕地迸发出无序的力量之外，他总是渴望着迷人的女人形象，和形式的永恒和谐。

索　引

（本索引所标页码为原书页码，参见中文本边码。
页码后面的 n 代表该页的注释。）

图书在版编目(CIP)数据

中世纪与文艺复兴/(意)欧金尼奥·加林著;李玉成,李进译.—北京:商务印书馆,2017
(汉译世界学术名著丛书:120年纪念版:珍藏本)
ISBN 978-7-100-14884-9

Ⅰ.①中… Ⅱ.①欧… ②李… ③李… Ⅲ.①文艺复兴—研究—欧洲—中世纪 Ⅳ.①K503

中国版本图书馆CIP数据核字(2017)第161196号

汉译世界学术名著丛书
(120年纪念版·珍藏本)
中世纪与文艺复兴
〔意〕欧金尼奥·加林 著
李玉成 李进 译

商 务 印 书 馆 出 版
(北京王府井大街36号 邮政编码100710)
商 务 印 书 馆 发 行
北京中科印刷有限公司印刷
ISBN 978-7-100-14884-9

2017年12月第1版 开本 710×1000 1/16
2017年12月北京第1次印刷 印张 23
定价:115.00元